移転価格税制の研究

Studies on the Transfer Pricing Tax Regime

日税研論集
Journal of Japan Tax Research Institute

VOL 64

目　　次

研究にあたって ……………………………… 金子　宏・1

第1章　序説―意義と内容 ………………… 金子　宏・3

　Ⅰ　意義と発展 …………………………………………………… 3
　Ⅱ　わが国における移転価格税制の導入とその内容 ………… 7
　Ⅲ　その後の制度の改正 ………………………………………… 11
　Ⅳ　地方税と移転価格税制 ……………………………………… 17
　Ⅴ　結びに代えて―若干のコメント― ……………………… 18

第2章　移転価格課税における無形資産の扱い ……………………………………… 中里　実・25

　はじめに―移転価格課税分析の前提としての経済理論 ……… 25
　Ⅰ　移転価格税制の分析における経済理論の応用 …………… 27
　　1　移転価格税制 ……………………………………………… 27
　　2　移転価格問題の発生メカニズムと取引費用経済学 …… 28
　　3　arm's length price の算定をめぐるファイナンス理論
　　　　の活用 …………………………………………………… 29
　　4　利益に着目する方法の重要性 ………………………… 30
　Ⅱ　無形資産の意義 …………………………………………… 32
　　1　資産の概念――資産の定義とファイナンス理論 …… 32

　　　　2　無形資産の概念 …………………………………………… 32
　　　　3　無形資産の範囲確定の困難 ……………………………… 34
　　　　4　移転価格課税における無形資産 ………………………… 35
　　　　5　裁判所における経済理論の受容可能性 ………………… 36
　　Ⅲ　経営指導と無形資産 ………………………………………………… 36
　　　　1　海外子会社に対する経営指導 …………………………… 37
　　　　2　理論的な区分 ……………………………………………… 49
　　　　3　配当と移転課税との二重課税 …………………………… 51
　　Ⅳ　残余利益分割法と重要な無形資産 ………………………………… 54
　　　　1　無形資産の意味 …………………………………………… 55
　　　　2　残余利益分割法の意味 …………………………………… 56
　　　　3　途上国等の課税恩典のとらえ方 ………………………… 59
　　　　4　基本的利益の類似性の基準 ……………………………… 61
　　Ⅴ　シークレット・コンパラブルについて …………………………… 62
　　　　1　独立企業間価格の算定方法とコンパラブル …………… 62
　　　　2　独立企業間価格の算定方法と外部コンパラブル ……… 63
　　　　3　シークレット・コンパラブル …………………………… 63
　　ま　と　め ………………………………………………………………… 67

第3章　事業再編 ……………………………… 増井　良啓・69

　　は じ め に ……………………………………………………………… 69
　　Ⅰ　事業再編とはどのようなものか …………………………………… 72
　　　　1　事業再編の定義 …………………………………………… 72
　　　　2　事業再編の背景 …………………………………………… 73
　　　　3　事業再編の具体例 ………………………………………… 74
　　　　4　産業空洞化論との関係 …………………………………… 79
　　Ⅱ　移転価格税制との関係で何が問題になるか ……………………… 81

1　事業再編の角度からみたアドビ事件 …………………… 81
　　　2　OECD 移転価格ガイドラインの 2010 年改訂 …………… 88
　Ⅲ　今後の検討課題 …………………………………………………… 97

第4章　事前確認制度 …………………………… 谷口　勢津夫・103

　Ⅰ　はじめに ………………………………………………………… 103
　Ⅱ　事前確認の法的性格・位置づけ（1）
　　　－事前確認制度の趣旨目的からの検討－ ……………………… 109
　　　1　事前確認制度の趣旨目的 ………………………………… 109
　　　2　納税者サービス …………………………………………… 112
　　　3　価格形成関連資料収集 …………………………………… 114
　Ⅲ　事前確認の法的性格・位置づけ（2）
　　　－事前確認の対象からの検討－ ………………………………… 117
　　　1　独立企業間価格の算定の法的性格 ……………………… 117
　　　2　事前確認の判断手法・過程 ……………………………… 119
　Ⅳ　事前確認の法的性格・位置づけ（3）
　　　－確認通知の法的拘束力からの検討－ ………………………… 126
　　　1　事前確認と文書回答 ……………………………………… 126
　　　2　事前確認とアドヴァンス・ルーリング ………………… 127
　Ⅴ　事前確認制度のあり方－結びにかえて－ …………………… 129
　　　1　事前確認制度の目的の正当性 …………………………… 130
　　　2　事前確認制度の手段の合理性 …………………………… 131
　　　3　事前確認制度の法制化に向けて ………………………… 138

第5章　移転価格税制と「文書化」… 太田　洋・北村導人・141

　Ⅰ　移転価格税制の文脈における「文書化」の意義及び目的 …… 141

Ⅱ 我が国の移転価格税制への「間接的文書化」制度の導入
～平成22年度税制改正 ……………………………………………… 142
  1 平成22年度税制改正による納税者が提示又は提出
    すべき「書類」の明確化 …………………………………………… 142
  2 平成22年度税制改正による「間接的文書化」制度の
    インパクト …………………………………………………………… 144
  3 OECD移転価格ガイドライン第5章の「文書化」に
    関する指針の斟酌 …………………………………………………… 145
Ⅲ 移転価格税制における「文書化」と推定課税規定における
  法解釈上の問題点 …………………………………………………… 146
  1 推定課税の適用要件と「文書化」に関する法的論点 ………… 146
  2 独立企業間価格を算定するために必要と認められる
    「書類」の意義 ……………………………………………………… 148
  3 「遅滞なく」の意義と平成22年度税制改正による実務
    的影響 ………………………………………………………………… 151
  4 「提示し，又は提出しなかつたとき」への該当性の判
    断 ……………………………………………………………………… 153
  5 措法66条の4第8項所定の質問検査権の行使による
    第2項の課税と第6項所定の推定課税の関係（不文の
    要件としての「推定課税の必要性」を要するか否か）
    …………………………………………………………………………… 162
  6 推定課税が行われた場合における納税者側の立証の程
    度 ……………………………………………………………………… 166
Ⅳ 移転価格税制における「文書化」と同種事業者に対する質
  問検査権に関する規定（措法66条の4第8項）に係る解
  釈上の問題点 ………………………………………………………… 169
  1 措法66条の4第6項と同様の解釈上の問題点 ……………… 169
  2 シークレット・コンパラブルを用いた課税処分と不提

　　　　出要件 …………………………………………………………… 169
　Ⅴ　グローバル・ドキュメンテーションに関する実務対応 ………… 172
　Ⅵ　結　　語 …………………………………………………………… 174

第6章　移転価格調査
　　　　―推定課税規定を中心に― ……… 占部　裕典・177

　はじめに ………………………………………………………………… 177
　Ⅰ　移転価格税制における税務調査と推定課税 …………………… 181
　　1　措置法66条の4第6項と第7項の規定における文言
　　　の解釈 ……………………………………………………………… 181
　Ⅱ　法人が書類等を「遅滞なく提示し，又は提出しなかった
　　とき」…………………………………………………………………… 192
　　1　「遅滞なく」……………………………………………………… 192
　Ⅲ　措置法66条の4第6項と第7項の関係 ……………………… 195
　　1　資料入手の努力義務と不提示 ………………………………… 195
　Ⅳ　措置法66条の4第8項 ………………………………………… 203
　　1　国税通則法74条の2と第8項の関係 ……………………… 203
　　2　シークレットコンパラブルの運用の明確化（比較対象
　　　企業に対する質問検査権）……………………………………… 204
　　3　税務調査による課税処分と守秘義務～平成23年度国
　　　税通則法改正による理由附記の拡大 ………………………… 209
　　4　措置法66条の4第6項又は同条第8項の適用要件 ……… 210
　Ⅴ　法人税の質問検査権の行使と措置法66条の4の関係 ……… 212
　　1　税務調査手続（課税処分の判断過程）と推定課税の手
　　　続 …………………………………………………………………… 212
　　2　税務調査の過程と取りまとめ ………………………………… 214
　　3　調査の通知，必要性の告知・調査理由等の告知 ………… 216

　　　　4　調査の範囲と調査方法の選択 …………………………… 217
　　　　5　国税通則法改正による税務調査と納税者の権利保障……… 219
　　Ⅵ　推 定 方 法 ……………………………………………………… 222
　　　　1　推定による独立企業間価格 …………………………………… 222
　　　　2　措置法66条の4第6項の推定課税の基礎となる法人
　　　　　　の営む事業の同種性及び事業内容の類似性の程度 ………… 225
　　おわりに～推定課税規定の効果 …………………………… 231

第7章　移転価格課税に係る紛争の処理
　　　　　―租税条約に基づく相互協議における
　　　　　　仲裁手続を中心に― ………………… 赤松　晃・235

　　Ⅰ　は じ め に ……………………………………………………… 235
　　Ⅱ　移転価格税制に係る紛争の処理に関する制度の枠組み ……… 237
　　　　1　国内救済手続と租税条約に定める相互協議 ………………… 237
　　　　2　移転価格課税の状況と相互協議の申立ての状況 …………… 238
　　　　3　紛争解決の方法としての租税条約に定める相互協議の
　　　　　　意義 …………………………………………………………… 240
　　　　4　租税条約に定める相互協議の基盤整備としての国内法
　　　　　　の改正 ………………………………………………………… 241
　　Ⅲ　租税条約に定める相互協議による国際二重課税の救済の仕
　　　　組み ……………………………………………………………… 243
　　　　1　租税条約に定める相互協議の意義 …………………………… 243
　　　　2　相互協議申立ての受理 ………………………………………… 245
　　　　3　相互協議の合意に基づく対応的調整の実施 ………………… 248
　　　　4　相互協議の合意の成立―強制仲裁手続の導入 …………… 251
　　　　5　紛争予防のための事前確認制度と相互協議 ………………… 257
　　　　6　二国間租税条約に基づく相互協議による紛争解決の限

　　　　　　界 ··· 259
Ⅳ　租税条約における仲裁手続 ·· 262
　　1　前　　　史 ··· 262
　　2　EU 仲裁条約の概要 ·· 263
　　3　OECD モデル租税条約 25 条 5 項に定める相互協議に
　　　　係る仲裁手続 ·· 266
　　4　米国租税条約が定める相互協議に係る仲裁手続の発展
　　　　と現状 ··· 268
　　5　日本の租税条約に定める相互協議に係る仲裁手続 ············ 275
Ⅴ　ま　と　め ··· 293
　　1　移転価格課税に係る紛争の処理の選択肢と租税条約に
　　　　定める相互協議の機能と限界 ··· 293
　　2　相互協議の一部としての仲裁手続の類型 ························· 295
　　3　日本の租税条約に定める相互協議に係る仲裁手続の特
　　　　徴－実行可能性を高める仕組み ······································ 298
　　4　移転価格課税に係る紛争の処理に関する残された課題 ··· 300

研究にあたって

東京大学名誉教授　金子　宏

　移転価格税制については，最近，その適用処分に対する訴訟の増加に伴って，次々と新しい問題や難しい問題が生じている。

　そこで，日本税務研究センターでは，平成22年度の研究プロジェクトの1つとして，移転価格税制をとりあげた。研究の対象として，移転価格税制に関する重要な問題をいくつか選定して，担当者を決め，研究会を開いて，担当者の報告に基づき，議論を重ねた。

　この論集は，その研究の成果である。序説（金子）に続いて，無形資産に関する法と経済学の観点からの分析（中里論文），国際的事業再編に関する研究（増井論文），事前確認制度に関する研究（谷口論文），文書化の問題点に関する研究（太田・北村論文），推定課税制度に関する研究（占部論文）および仲裁手続を中心とした紛争の処理に関する研究（赤松論文）から成っている。

　いずれの論文も，移転価格税制の重要な問題点について，外国の文献・資料等も参照して広い視野から突っ込んだ検討を加えており，興味ぶかい有益な作品であると考える。

　本論集が，わが国における今後の移転価格税制の制度・理論および実務の発展に役立つならば，それは執筆者一同にとって大きな喜びである。

　なお，途中で執筆者の変更があったこと，その他の事情によって本論集の出版がおくれたことについて，関係者各位のご海容をお願いしたい。

第1章　序説－意義と内容

東京大学名誉教授　金子　宏

I　意義と発展

　移転価格税制（Transfer-pricing tax system）とは，親子会社・兄弟会社等の関連会社の間で，独立当事者間の正常な市場価格と乖離した価格ないし対価で資産の譲渡，役務の提供等の取引が行われた場合に，独立当事者間の正常な価格ないし対価（arm's length price）で取引が行われたものとみなして所得を計算しなおし，課税する制度である。経済価値の移転が実際の価格ではなく，正常な価格で行われたとみなす制度であるため，移転価格税制と呼ばれる。

　たとえば，相互に特別の関係のない独立企業間では，製造業者がその製品1個を5,000円で卸売業者に譲渡し，卸売業者はそれを10,000円で小売業者に譲渡し，小売業者はそれを15,000円で消費者に販売するのが普通であるとしよう。若し，卸売業者と小売業者が親子関係にあり，卸売会社は黒字続きの優良会社であり，小売業者は多額の欠損金をかかえる赤字会社であるとした場合に，卸売会社がその製品を5,000円で小売業者に譲渡し，小売業者がそれを15,000円で消費者に譲渡した場合には，仕入価格と譲渡価格が同額であるため，卸売業者には所得は生じず，したがって税負担も生じない。他方，小売業者の段階ではこの取引から1万円（15,000－5,000）の利益が生

ずるが，それは欠損金の繰越控除によって課税の対象から除外され（欠損金の繰越控除率が100％であると仮定する），税負担が生じない。したがって，親子会社間で正常な対価で取引が行われていれば，1万円（欠損金の繰越控除により5,000円（税率を50％と仮定する））の利益が生じているにも拘らず，税負担はゼロとなる（例1）。

逆に，卸売会社が累積欠損金の多い赤字会社であり，小売会社が黒字続きの優良会社である場合に，卸売会社がその製品を1個15,000円で小売業者に譲渡し，小売業者がそれを同額の15,000円で消費者に譲渡すると，卸売業者の段階ではこの取引から1万円（15,000－5,000）の利益が生ずるが，それは欠損金の繰越控除によって課税の対象から除外され，小売業者の段階では，仕入価格と譲渡価格が同額であるため，利益は生じず，したがって税負担も生じない。この場合も，親子会社間の取引が正常な対価で行われていれば，グループ全体としては10,000円（欠損金の繰越控除の結果，5,000円）の利益が出ているにも拘らず，税負担はゼロになる（例2）。

移転価格税制は，例1の低額譲渡の場合には，卸売業者は10,000円でその商品を譲渡し，小売業者も10,000円でそれを取得したとみなして卸売業者および小売業者の所得を計算して課税し，例2の高額譲渡の場合も，卸売業者は10,000円でその商品を譲渡し，小売業者は10,000円でそれを取得したものとみなして卸売業者および小売業者の所得を計算し直して課税する制度である。

例1の低額譲渡や例2の高額譲渡は，租税回避を目的として行われることが多い。その意味で，移転価格税制は，租税回避の否認を重要な目的とする個別的否認制度である。しかし，租税回避が目的ではなく，なんらかの事業上の理由がある場合であっても，企業の適正所得を算出するためには，移転価格税制の適用の必要性は否定できないから，その適用を認めるべき場合があり，各国の移転価格税制もそのような考え方をとっている[1]。

移転価格税制はアメリカで最初に採用された[2]。すなわち，アメリカでは親会社が子会社（特に外国子会社）に所得を移転して租税を回避するのを防止

するため，1921年に，内国歳入庁長官に関連企業の会計を連結する権限を与える規定が設けられた（1921年歳入法240条（d）項）。次いで1928年には，会計の連結の手法の代わりに，総所得等の配分の手法が採用された（1928年歳入法45条）。その内容は，1986年の改正で条文の末尾にスーパー・ロヤルティー・ルール（super-royalty-rule）と呼ばれる一文が付加された点を除いては，現行の内国歳入法典482とほぼ同じである。ちなみに，現行の内国歳入法典の482条は，次のように規定している。いわく，

「法人格を有するか否か，アメリカ合衆国で設立されたものであるか否か，連結申告の要件を満たしているか否かを問わず，同一の利害関係者によって直接・間接に所有されまたは支配されている2つ以上の組織・営業または事業のいずれに対しても，財務長官またはその代理人は，脱税を防止し，あるいはそれらの組織・営業または事業の所得を正確に算定するためにそれが必要であると認める場合には，それらの間に，総所得，経費控除，税額控除，その他の控除を配分し，割り当て，または振り替えることができる。無体財産権の譲渡または使用権の供与の場合には，当該譲渡または使用権供与にかかる所得は，当該無体財産権に帰すべき所得に相応したものでなければならない。」

この1986年に付加された後段の規定は，無体財産権はそれぞれ個性が強いのみではなく，関連企業の間で譲渡や使用権の供与が行われるのが一般的で，独立当時者間価格の算定が困難であるため，それが生み出す利益に即し

---

(1) わが国を含め，移転価格税制を採用している国々では，いずれも，立法上はそのように考えられている。『昭和61年版 改正税法のすべて』194頁参照。
　　アメリカにおける議論については，金子宏「アメリカ合衆国の所得課税における独立当事者間取引の法理」同『所得課税の法と政策』（1996年，有斐閣）254頁，260頁以下（初出，1980年）参照。日本法については，同「無償取引と法人税－法人税法22条2項を中心として－」金子宏・上掲書318頁，345頁（初出，1983年），同『租税法（18版）』286頁参照。
(2) 注（1）金子「アメリカ合衆国の所得課税における独立当事者間取引の法理」259頁以下，増井良啓『結合企業課税の理論』（2002年，東京大学出版会）162頁以下参照。

て所得を計算できることを定めた規定である[3]。

　アメリカの移転価格税制は，最初から国内の関連者間取引のみでなく，国外関連者（国外の親会社・子会社等）との間の取引にも適用されることになっていたが，第二次大戦後の，(1)アメリカの企業の海外進出と海外展開の急速な拡大，および(2)外国企業のアメリカ子会社の設立の増加に伴って1968年に最終規則が制定され，国内の関連者間の取引のみでなく，国外の関連者との間の取引にも広く適用されるようになった。たとえば国外の関連者への資産の輸出価格が独立当時者間価格に比較して低いという理由で増額更正処分を行う例や，外国の関連者からの資産の輸入価格が独立当事者間価格に比較して高すぎるという理由で増額更正処分を行う例が頻発した。独立当事者間価格よりも低い価格による輸出や独立企業間価格よりも高い価格による輸入によって，アメリカの企業の所得が外国に移転することになるのでそれを防止する必要がある，というのがその理由である。わが国の自動車会社のアメリカ子会社への車の輸出についても，移転価格税制の適用によって莫大な金額の追徴課税が行われ，大きな問題となった[4]（この事例は，オート・ケースと通称された）。

　ヨーロッパ各国においても，第二次大戦後，アメリカと同様に企業の外国への進出が盛んになり，また，外国の企業の自国への進出が盛んになったため，アメリカの動きに刺激されて，国際取引に限ってであるが次々と移転価格税制が導入された（イギリス・1970年，ドイツ・1972年。フランスは，所得課税について国外所得免除主義（源泉地課税主義）を採用していることとの関係で，すでに1933年に導入していた。）。

---

(3) その背景と経緯については，中里実『国際取引と課税－課税権の配分と国際的租税回避』299頁以下参照（1994年，有斐閣）。

(4) これらの事例については，藤江昌嗣『移転価格税制と地方税還付－トヨタ・日産の事例を中心に－』（平成5年，中央経済社）参照。

Ⅱ　わが国における移転価格税制の導入とその内容

　わが国でも，企業の国外進出はすでに昭和40年前後から増加し，昭和50年代にはその多国籍化が本格化していたが，上述のような世界の立法の動向に刺激されて，移転価格税制を採用すべきであるという意見が強くなり，昭和61年度税制改正で，法人の国際取引に限って移転価格税制が導入された[5]。その準備のために，昭和60年に大蔵省に主税局長の私的研究会として，「国際租税問題研究会」が設置され，そこで論点の整理と検討が行われ，それを基礎として制度作りが行われた。出来上がった制度は大筋でアメリカの制度を模範とするものであった[6]。

　導入当時の制度の内容の概要は，条文（租特66条の5。その後，平成4年度改正で，1条繰り上がって66条の4となった）に即してみると次のとおりである[7]。

(1) 法人が，昭和61年4月1日以後に開始する事業年度において，その

---

(5) わが国における導入の背景と経緯については，「移転価格税制の創設」『昭和61年版　改正税法のすべて』188頁以下参照。
(6) その内容については，（注）5「移転価格税制の創設」194頁以下参照。
　　わが国の制度の概略および問題点については，さし当たり，金子宏『租税法（18版）』482頁以下，同「移転価格税制の法理論的検討－わが国の制度を素材として－」同『所得課税の法と政策』（1996年，有斐閣）363頁以下参照（初出，1993年）。その他の文献については，金子『租税法（18版）』484頁の脚注29以下，493頁の脚注37に引用の文献のほか，巻末参考文献欄の（4）国際租税法（950頁以下）の部分の関連の著書および論文集中の関連論文等を参照されたい。ほかに，望月文夫『日米移転価格税制の制度と適用』（平成19年，大蔵財務協会），山川博樹『移転価格税制　－二国間事前確認と無形資産に係る実務上の論点を中心に－』（平成19年，税務研究会）参照。
　　重要な問題点および事例について体系的に検討を加えた最近の有益な論文集として，中里実，太田洋，弘中聡浩，宮塚久編著『移転価格税制のフロンティア』（2011年，有斐閣）参照。
(7) 導入の経緯と内容については『昭和61年版　改正税法のすべて』186頁以下参照。

法人にかかる国外関連者[8]（わが国の法人と特殊の関係のある外国法人のこと）との間で，資産の販売，資産の購入，役務の提供，金銭の貸付け，技術の供与等の取引を行った場合に，その取引につき，その法人がその国外関連者から支払いを受ける対価の額が独立企業間価格（独立当事者間価格（arm's length price）のこと）に満たないとき，またはその法人がその国外関連者に支払う対価の額が独立企業間価格を超えるときは，その法人のその事業年度の所得（および解散による清算所得[9]）に係る法人税関係法令の規定の適用については，その国外関連取引は，独立企業間価格で行われたものとみなす（租特66条の5第1項）。

(2) 独立企業間価格の計算は，棚卸資産の販売または購入については，原則として，①独立価格比較法，②再販売価格基準法，③原価基準法によるものとし，これらの方法を用いることができない場合には，④以上の3つの方法に準ずる方法その他法令で定める方法を用いるものとする（同2項1号）。棚卸資産の販売または購入以外の取引についても，原則として上述の①，②，③の方法と同等の方法によるものとし，これらの方法を用いることができない場合には，上述の④の方法を用いることとする（同2号）。④の「その他法令で定める方法」としては，利益分割法が採用された（租特令39条の12第8項）。これらの方法およびその後の制度の改正については本章Ⅲ(10)を参照されたい。

---

(8) 国外関連者の意義については，現行租特66条の4第1項および租特令39条の12第1項～4項参照。相互に関係のない2つの法人が第3の法人の株式を50％ずつ保有し，ともに同じ影響力・支配力をもっている場合に，第3の法人は2つの法人のいずれかの法人の関連者といえるか否か，「50％以上基準」は妥当ではなく，「50％超基準」が妥当なのではないか，の問題については，赤松晃「我が国の移転価格税制における『支配』の意義について－Arm's Length Transactionの法理による検討（上）（下）」ジュリスト1137号133頁，1139号194頁参照。
(9) 法人の解散による清算所得に対する課税は，平成22年度改正で廃止されたため，それに伴ってこれらの規定も削除された。以下では，規定のうち，清算所得にかかる部分は省略する。

(3) 移転価格税制を適用する場合における，国外関連取引の対価の額とその取引にかかる独立企業間価格との差額は，法人の各事業年度の所得の金額の計算上，損金の額に算入しない（同3項。平成2年改正で4項に繰り下げ）。若し，この差額を寄付金（法税37条1項）に当たると解して損金に算入した場合には，移転価格税制の適用の効果が全部または一部失われるから，この規定はいわば当然の規定である。

(4) 法人が国外関連者との取引を他の者（非関連者）を通じて行う場合として政令（現行租特令39条の12第9項）で定める場合における非関連者との取引は，その法人の国外関連取引とみなして，移転価格税制を適用する（同5項）。この種の取引は，第3者介在取引と呼ばれるが，例としては，①輸出取引についていえば，法人と非関連者との間の取引の対象となる資産が国外関連者に譲渡されること，およびその対価の額が取引の時点において契約等であらかじめ定まっており，且つその対価の額がその法人と国外関連者との間で実質的に決定されていると認められる場合，②輸入取引についていえば，国外関連者と非関連者との間の取引の対象となる資産が当該法人に譲渡されることが，取引の時点で契約等によりあらかじめ定まっており，且つその対価の額がその法人と国外関連者との間で実質的に決定されていると認められる場合，を挙げることができる。

これらの場合には，法人と非関連者との取引は，国外関連取引とみなされ，その取引価格が直接に国外関連者との間で取引をしたと仮定した場合における独立企業間価格と異なるときは，直接に国外関連者と取引をしたと仮定した場合における独立企業間価格で取引を行ったものとみなされる。この規定は，国外関連者との間に第三者を介在させることによる租税回避を防止することを目的とするものである。

(5) 調査担当税務職員が，法人に各事業年度における国外関連取引にかかる独立企業間価格を算定するために必要と認められる書類，帳簿，または，

これらの写しの提示または提出を求めた場合において，その法人がこれらを遅滞なく提示または提出しなかったときは，税務署長は，その法人の国外関連取引にかかる事業と同種の事業を営む法人で事業規模その他の事業の内容が類似するもののその事業にかかる売上総利益率またはこれに準ずる割合を基礎として再販売価格基準法もしくは原価基準法またはこれらの方法と同等の方法により算定した金額をその独立企業間価格と推定して，その法人の当該事業年度の所得の金額または欠損金額について更正または決定をすることができる（同6項）。これは，移転価格税制の適用について納税者の協力が得られない場合に同種・事業規模類似法人の売上総利益率等を用いて「推定による課税」を行うことを認める規定である（本論集第6章参照）。

(6) 調査担当税務職員は，法人と国外関連者との間の取引に関する調査について必要があるときは，その法人に対し，国外関連者の保存する書類・帳簿またはこれらの写しの提示または提出を求めることができる（同7項）。この場合において，法人は，これらの資料の提示または提出を求められたときは，その入手に努めなければならない（同）。これは，法人に国外所在資料の入手努力義務を定める規定であり，納税者がこれに従わない場合には，(5)で述べた推定課税が行われる。

(7) 法人は，各事業年度において，国外関連者と取引を行った場合には，その国外関連者の名称および本店または主たる事務所の所在地その他省令で定める事項を記載した書類（明細書）を，その確定申告書に添付しなければならない（同8項。現行租特規22条の10）。

以上が，昭和61年に導入された移転価格税制の概要である。
なお，移転価格税制の不可欠の一環である相互協議による合意に基づく対応的調整（correlative adjustment）の規定も移転価格税制の導入に合わせて新たに設けられた。たとえば，わが国の法人がアメリカの子会社に製品を単位

価格 150 で輸出した場合において，アメリカの税務当局がその製品の独立企業間価格は 100 であると考えた場合には，移転価格税制を適用し，単位価格 100 で輸入したとみなして増額更正処分を行うことになる。その結果，輸入価格と独立企業間価格の差額 50 について二重課税が生ずる。この二重課税を排除するために，わが国の税務当局はアメリカの税務当局に，租税条約で定められている相互協議を申し入れることができる。アメリカの側では，仕入価格が高くなればアメリカ子会社の所得が減少し，その結果アメリカの税収が減少するから，日本とアメリカの利害は対立することになるが，仮に協議の結果，日米両国が相手の主張を部分的に受け入れて，この製品の独立企業間価格は 125 であるという合意に達したとしよう。このような場合の手続としては，すでにオート・ケースの頻発に対応して，昭和 45 年に，租税条約実施特例法 7 条および国税通則法施行令 6 条 1 項 4 号が創設され，日本の親会社は，所轄税務署長に対して後発的理由による減額更正の請求をすることができ，それに対応して，税務署長は，上述の合意の内容に適合した更正をすることができることになっていた（移転価格税制の創設に伴い，租税条約実施特例法 7 条もさらに整備された）。いうまでもなく，この更正がなされると上述の単位価格のうち 25 の部分に対応する法人税額は還付されることになる。これが対応的調整と呼ばれる制度である（本論集第 7 章参照）。

III その後の制度の改正

移転価格税制は，以下に述べるように，その後，なんども改正され今日に至っている[10]（前述のように，平成 4 年度税制改正で，条文が 1 条繰り上がって 66 条の 4 となった。）。

(1) 第 1 に，昭和 62 年に，移転価格税制の適用については，通常の事例

---

[10] この部分は，主として，各該当年分の『改正税法のすべて』を参考とした。

に比し，更正・決定までに長い期間を要し，また相互協議による合意にもかなり長い期間を要することにかんがみ，わが国の税務当局と条約相手国の権限ある当局との間で合意した期間については，相互主義に基づき，延滞税を課さず，または還付加算金を付さないことができるよう，必要な規定が設けられた（延滞税につき，租特66条の5第7項，租特令39条の12第12項，13項。還付加算金につき，租税条約実施特例法7条4項，同6条2項1号）。

　なお，昭和62年に，移転価格税制の適正・円滑な執行を図り，合わせてその執行について法的安定性と予測可能性の確保を図るため，通達上の措置として，いわゆる事前確認制度が設けられた（本論集第4章参照）。

　(2)　第2に，平成3年度改正では，次に述べるようにかなり広範囲な改正が行われた。

　①従来は，移転価格税制の適用についても，他の租税事案と同様に除斥期間（更正・決定の期間制限）は3年（無申告の場合は5年）であったが，移転価格事案においては，調査に長い期間を要することが多いこと，外国でも6年としている例が多いこと，にかんがみ，除斥期間が6年に延長された（租特66条の5第15項）。また，除斥期間の延長と平仄を合わせるため，法人が国外関連者との取引を独立企業間価格と異なる対価で行ったことに伴い納付すべき税額が過少となり，または還付金の額が過大となった法人税にかかる徴収権の消滅時効は1年間は進行しないこととされ（同66条の5第17項），国税の徴収権の消滅時効が実質6年に延長された。

　②法人が，調査担当職員の要求に応じて独立企業間価格の算定のために必要と認められる帳簿書類またはその写しを遅滞なく提示または提出しなかった場合（前述Ⅱ(5)参照）において，独立企業間価格を算定するために必要があるときは，その必要と認められる範囲内において，その法人の国外関連者との取引にかかる事業と同種の事業を営む者に質問し，またはその事業に関する帳簿書類を検査することができることとし（同66条の5第8項），この質問に対して答弁をせず，もしくは偽りの答弁をし，または検査を拒み，妨げ，

もしくは忌避した者，この検査に関し偽りの記載または記録をした帳簿書類を提示した者は30万円以下の罰金に処することとした（同11項）。

③国外関連者に対する寄付金は全額を損金に算入しないこととされた（同3項）。これは，(イ)寄付金の損金算入による移転価格税制の適用の効果の減殺を防止することと，(ロ)わが国で課税対象となるべき所得を国外関連者に移転することを防止すること，を合わせて目的とする措置であり，移転価格税制の一環として重要な意味をもっている。

④法人は，各種帳簿や貸借対照表，損益計算書等を7年間保存しなければならないこととされているが，注文書・見積書・契約書・請求書・領収書等については，中小法人等に限って保存期間は5年とされていた。しかし除斥期間の6年への延長と徴収権の消滅時効の1年間の進行の停止措置に合わせて，これらの書類についても保存期間が6年に延長された（法税規59条2項・67条3項）。

(3) 第3に，平成14年の改正で，平成3年の移転価格税制の適用にかかる除斥期間の延長と平仄を合わせるため，①法人が国外関連者との取引を独立企業間価格と異なる対価の額で行った事実に基づいて法人税にかかる納税申告書（期限内申告書を除く。）を提出する場合，または②納税申告書の提出に伴い，課税標準もしくは税額等に異動が生ずることとなる場合において納税申告書（期限内申告書を除く。）を提出する場合，における加算税の賦課決定の除斥期間が従来の5年（租特70条4項2号）から6年に延長された（租特66条の4第16項（現行第15項2号））。

(4) 第4に平成16年度の改正で，1995年に作成されたOECDの移転価格ガイドラインに沿って，独立企業間価格の算定の方法として新たに取引単位営業利益法が追加された（租特令39条の12第8項2号）[11]。

---

[11] 計算方法については，『平成16年度版 改正税法のすべて』314頁参照。

(5) 第5に,平成17年度の改正で,移転価格税制の適用対象となる国外関連者の範囲に,①内国法人と外国法人との間に1または2以上の中間法人が介在し,両者の間に持株関係および実質支配関係の連鎖の関係または実質支配関係のみの連鎖の関係がある場合の外国法人,および②内国法人と外国法人とが同一の者によって持株関係および実質支配関係または実質支配関係のみによる直接の関係または連鎖の関係がある場合の外国法人が追加された(租特令39条の12第1項4号,5号)。

(6) 第6に,平成18年の改正で,対象法人から独立企業間価格の算定に必要な書類の提出がない場合に,比較対象法人から資料を入手して行われる推定課税(前述Ⅱ(5))における独立企業間価格の算定方法として,従来は,再販売価格基準法,原価基準法,およびこれらと同等の方法のみが認められてきたが,独立企業間価格の決定をより容易にまたはより適正に行いうるよう,新たに,①利益分割法に対応する方法(租特令39条の12第12項1号),②取引単位営業利益法に対応する方法(国外関連取引が棚卸資産の購入である場合については,租特令39条の12第12項2号,国外関連取引が棚卸資産の販売である場合については,租特令39条の12第12項3号参照),③上の②に掲げた方法に準ずる方法,および④上の②③に準ずる方法の4つの方法が追加された。ただし,これらの追加された方法は,再販売価格基準法,原価基準法およびこれらと同等の方法を用いることができない場合に限り,用いることができることとされた(租特66条の4第7項)。

(7) 第7に,平成19年度の改正で,諸外国の立法例にならい,二重課税の危険を防止するため,移転価格税制の更正または決定を受けた者が,租税条約の相手国との相互協議の申立てをした上で申請したときは,担保の提供を条件として,相互協議の期間中につき(詳しくは,納期限または納税の猶予の申請の日のいずれか遅い日から相互協議の合意に基づく更正があった日(合意が成立しなかった場合は,国税担当官がその旨を通知した日)の翌日から1月を経過する日

まで），移転価格税制の適用にかかる法人税およびその加算税の納税を猶予することとされた（租特66条の4の2第1項，第2項）。なお，合わせて，納税の猶予をした国税にかかる延滞税のうち猶予期間に対応する部分は，免除することとされた（同7項）。

(8) 第8に，平成20年度の改正で，国外関連者と取引を行った法人が確定申告書に添付すべき明細書（前述Ⅱ(7)）について，移転価格税制のより適正な執行の確保のために情報の収集の充実を図る必要があるとの理由から，様式の整備，記載事項の追加等が行われた（租特規22条の10）。

(9) 第9に，平成20年度の改正で，国外関連者との間の取引にかかる独立企業間価格の把握のためには，納税者の協力が必要不可欠であるところ，調査担当職員の要求に応じて納税者が提示・提出すべき書類（価格算定文書）の範囲・内容が法令上明らかでなかった（移転価格事務運営要領2-4に規定されていた）ため，66条の4第6項（旧66条の5第6項）の「独立企業間価格を算定するために必要と認められる書類・帳簿又はこれらの写し」という規定を「独立企業間価格を算定するために必要と認められる書類として財務省令で定めるもの」という規定に改め，範囲・内容を財務省令で明確に定めた（租特規22条の10第12項1号，2号）。これは，国外関連取引の内容および独立企業間価格の算定に関する情報の文書化（documentation）と呼ばれる手続であり，諸外国の立法例およびOECDの意見に従ったものであるが，企業が調査担当官の提出要求に遅滞なく対応するためには，実際問題としてこれらの文書をあらかじめ作成し，たえずアップ・デートし，保存しておくことが必要となる。その意味でこの改正は極めて重要である[12]（本論集第5章参照）。

---

(12) この点については，本庄資「情報の非対象性と文書化の必要性」同編著『移転価格税制執行の理論と実務』（平成22年，大蔵財務協会）489頁，496頁以下参照。

⑽　第10に，平成23年の改正で，独立企業間価格の計算方法について2つの重要な改正が行われた。第1に，平成22年にOECDが移転価格ガイドラインを改正して，独立企業間価格の算定方法の適用に関する優先順位を廃止し，「事案の状況に応じ独立企業原則の考え方に照らして最も適切な方法を選定する。」という方針を採用したことを受けて，わが国でも従来の独立企業間価格の算定方法の順位を廃止して，事案の状況に応じて最も適切な方法（ベスト・メソッド）を選定する仕組みを採用することとした（租特66条の4第2項柱書）。

　第2にこのような仕組みの下では，利用可能な算定方法が法令において一覧できることが好ましいため，利益分割法の下位分類として，政令で，①比較利益分割法（租特令39条の12第8項1号イ），②寄与度利益分割法（同ロ），および③残余利益分割法（同ハ）の3つの方法を掲げ，その意義を明確化することとした（租特令39条の12第8項）。

　したがって，現行法上の独立企業間価格の基本的な算定方法のリストは，次のとおりである。

①　独立価格比準法（租特66条の4第2項1号イ）
②　再販売価格基準法（同ロ）
③　原価基準法（同ハ）
④　利益分割法
　㈵　比較利益分割法（租特令39条の12第8項1号イ）
　㈻　寄与度利益分割法（同ロ）
　㈼　残余利益分割法（同ハ）
⑤　取引単位営業利益法（同項2号，3号）

⑾　第11に，平成25年度改正で，独立企業間価格を算定する際の利益水準指標に営業費用売上総利益率（いわゆるベリー比）を加えることとされた（租特令39条の12第8項4号，5号。第12項4号，5号参照）。

Ⅳ　地方税と移転価格税制

　法人住民税法人税割の課税標準は，基本的に各事業年度の法人税額であり（地税23条1項3号，292条1項3号），法人事業税の課税対象は，平成15年度改正で付加価値額および資本金等の額が課税標準に加えられるまでは，基本的に各事業年度の法人の所得であった（地税72条，72条の12）。その一環として，法人住民税および法人事業税の申告をした法人の法人税について更正・決定があり，それに伴い当該申告にかかる法人住民税および法人事業税の額が過大になる場合には，その法人は当該更正・決定の通知の日から2月以内に限り，法人住民税および法人事業税について後発的理由による更正の請求をすることができ（地税53条の2，321条の8の2，72条の33の2第1項，2項），それによって過大となった部分の税額の還付を求めることができる（地税17条）。

　租税条約の相手国によるわが国の企業の国外関連者に対する移転価格税制の適用について，わが国と当該相手国との相互協議によって，わが国の企業にかかる申告・更正または決定による課税標準等または税額につき，その内容と異なる内容の合意が行われた場合については，前述のように，租税条約実施特例法（昭和44年法律46号）の制定および国税通則法施行令の改正によって，すでに昭和61年の移転価格税制の採用以前から後発的理由による更正の請求が認められており（租税条約実施特例法7条（昭和61年に移転価格税制の導入に伴い，さらに整備された）および昭和45年改正の国税通則法施行令6条1項4号），それに伴って法人税につき減額更正が行われた場合には，地方公共団体も，更正の請求に基づき，法人住民税および法人事業税について減額の更正処分ないし再更正処分を行い，それによる減差税額をその年度に納税者に還付しなければならないこととされていた（前段の地方税法の規定と同じ規定が設けられていた）[13]。

　しかし，減額更正による減差税額を直ちに還付することは，地方公共団体

の財政運営に混乱と支障をきたして好ましくない，という地方からの強い主張に基づき，平成6年度の地方税法の改正で，更正のあった事業年度に直ちに還付する代わりに，当該更正の日の属する事業年度の開始の日から1年以内に開始する事業年度の法人税額から控除し，控除しきれなかった金額は，還付し，または未納の徴収金に充当することとされて今日に至っている（現行地税53条29項，30項，31項，41項，72条の24の11第1項，第4項，321条の8第26項，27項，36項）。

V　結びに代えて－若干のコメント－

　わが国で移転価格税制が導入された頃は，「この制度は存在すること自体に意味があるのだから，いわば伝家の宝刀として抜かないですめばそれにこしたことはない。」という意見が強かった。

　しかし，いったん導入されると，わが国の経済の急速な国際化の中で，この制度を適用すべき事業の増加にともなって，実際には頻繁に適用されて今日に至っている。国税庁発表資料「移転価格税制に係る調査の状況」によると，平成21年および22年における申告漏れ件数は，それぞれ100件および146件であり，申告漏れ所得は，それぞれ687億円および698億円である[14]。

---

(13)　アメリカの税務当局によるトヨタおよびニッサンのアメリカ子会社に対する移転価格税制の適用（オート・ケース）は，わが国の移転価格税制の採用（昭和61年度改正で採用。同年4月1日施行）よりも前であったが，それに対する相互協議の結果，合意が成立したのは，昭和61年4月1日以後であった。所轄税務署長は，トヨタ・ニッサン両社の相互協議の合意を理由とする減額更正の請求を認めて減額更正を行い，法人税額の一部を還付したが，この合意成立時期を基準として対応的調整措置の適否を判断することを認めた裁判例として，東京高裁平成8年3月28日月報42巻12号3057頁参照。

　　　この問題の経緯については，藤江昌嗣『移転価格税制と地方税還付－トヨタ・日産の事例を中心に』（平成5年，中央経済社）参照。

(14)　国税庁「平成22事務年度　法人所得の調査事項の概要」（平成24年8月9日付発表資料）

国際的租税回避の防止，国家間の適正な所得の配分を図るために，移転価格税制が必要な制度であることは，否定できない。また，現行の独立企業間価格の算定の諸方式（利益分割法等を含めた意味での算定方式）がそれぞれ一定の合理性をもっていることも否定できない。しかし，その適用にあたっては，ルール・オブ・ローの観点から，法的安定性の維持と予測可能性の確保に努めるべきであり，また，企業の取引価格決定等に，過度に介入することは避けるべきであり，さらに企業の自由闊達な活動を委縮させることのないように十分に注意を払う必要がある[15]（もちろん，このことは租税回避を認める趣旨を含むものではない。）。

　この観点から見て，わが国が，他の国々に先駆けて独立企業間価格の算定方法等に関する事前確認制度を採用したのは，法的安定性と予測可能性を確保し維持するための措置として高く評価されるべきである。

　平成23年10月に，同年度税制改正大綱（105頁）の方針に基づいて事務運営指針が改正され，独立企業間価格に関する幅の観念が採用された[16]。すなわち，指針3-5で，「比較対象取引が複数ある場合の独立企業間価格の算定」の見出しのもとに，「国外関連取引に係る比較対象取引が複数存在し，当該比較対象取引に係る価格又は利益率等が形成する一定の幅の外に当該国外関連取引に係る価格又は利益率等がある場合には，原則として，当該比較対象利益率等の平均値に基づき，独立企業間価格を算定する方法を用いるのであるが，中央値など，当該比較対象利益率等の分布状況等に応じた合理的な方法が他に認められる場合は，これを用いて独立企業間価格を算定することに留意する。」旨が規定された[17]。これは，基本的に2010年版の「OECD移転価格ガイドライン」（日本租税研究協会訳（平成23年）A7参照）の考え方を取り入れたものである。たしかに，この方法を用いれば，多くの場

---

[15]　この点については，注（6）の金子宏「移転価格税制の法理論的検討－わが国の制度を素材として－」同『所得課税の法と政策』364頁参照。

[16]　幅の問題については，注（6）の中里実・太田洋等編『移転価格税制のフロンティア』第2章93頁（太田洋－北村導人等）参照。

合に「当たらずといえども遠からず」の，あるいは異論の少ない推定値を得ることができるであろう。その意味で，この指針は，独立企業間価格の推定に合理性と客観性をもたらす方式として高く評価することができる。

しかし，①比較対象取引が1件しかない場合，あるいはごく少ない場合もあること，②独立企業間価格はもともと幅をもった観念であって，同一の資産についても複数の市場価格が成立するのが普通であること，等にかんがみると，かねて私が述べてきたように，「最も適切と認められる方法によって独立企業間価格が算出された場合に，その上下一定の範囲の安全帯（独立企業間価格幅（レンジ））を設け，その範囲内の価格は独立企業間価格として許容する」という考え方を残しておくことが，具体的事案において不合理な結果の生ずるのを防止するためにも，また自由競争市場における企業の価格決定権を尊重するためにも必要であると考える[18]。

最近における移転価格税制の適用事例の増加に伴って，それをめぐる訴訟も増加の傾向にあるが，それらの訴訟における最もコントロヴァーシャルな問題の1つは，シークレット・コンパラブルズ（Secret comparables（非開示の比較対象取引文書））の問題である（この問題については，本論集第2章および第6章参照）。移転価格税制の適用処分の適否が争われている訴訟において，納税者が，処分の根拠とされた同種ないし類似の事業を営む法人の比較対象取引に関する資料や文書の提出命令の申立てをした場合に，裁判所は，それらの資料や文書は，民事訴訟法220条4号ロの公務秘密文書（「公務員の職務上の秘密[19]に関する文書でその提出により公共の利益を害し，又は公務の遂行に著し

---

(17) 裁判例は，解釈論として幅を認めることはできないと判示してきた。松山地判平成16年4月14日月報51巻9号2395頁。その控訴審として，高松高判平成18年10月13日月報54巻4号875号参照。
　　しかし，平成23年の事務運営指針の改正は，一定の場合に一定の範囲で幅を認めることは解釈論として可能である，という考え方をとっているものと思われる。
(18) 注（6）の金子宏「移転価格税制の法理論的検討―わが国の制度を素材として―」同『所得課税の法と政策』387頁，同『租税法（10版）』（421頁）以降の各版の該当箇所参照。

い支障を生ずるおそれがあるもの」）に該当するという理由で，その申立を却下するのが普通である。その結果，納税者は，推定課税の違法性を争うために必要な文書や資料の閲覧を制限され，十分な立証活動を展開することができなくなる。これは，租税訴訟における公正な審理の確保の観点から見て重大な問題である。

　シークレット・コンパラブルズの問題およびそれにどう対処すべきかについては，いくつかの有益な研究がなされている[20]が，まだ十分な検討がなされているとはいいがたい。

　この点につき，私は，公務秘密（公務秘密といっても，租税訴訟においては，その大部分は私人の秘密である。推定課税の場合は，同種類似企業に関する情報である）の保護と租税訴訟における公正な審理の確保を両立させるための方策として，インカメラ・レヴュー（In-camera review）の手続を活用すべきであると考える[21]。すなわち平成13年の民事訴訟法の改正によって，公務秘密文書について，インカメラ・レヴューの手続が導入され，「裁判所は，文書提出命令の申立てに係る文書が第220条4号ロに掲げる文書（公務秘密文書）

---

(19) 公務員の守秘義務，特に租税職員の守秘義務については，金子宏『租税法（18版）』737頁以下参照。ここにいう「公務員の職務上の秘密」とは，公務員が職務を遂行するうえで知ることのできる私人の秘密で，それが公にされることにより，私人との信頼関係が損なわれ，公務の公正かつ円滑な運営に支障をきたすこととなるものも含まれると解されている（最決平成17年10月14日民集59巻8号2265頁参照）。移転価格調査の内容を記録した，国税庁の作成・保管に係る議事録については，東京高決平成19年7月18日月報54巻9号2065頁参照。なお，情報公開法との関係では，移転価格税制の適用に関する調査資料は，不開示情報たる「企業秘密関連情報」（同法5条2号イ）に該当すると解すべきであろう。
(20) この問題に関する研究として，赤松晃「シークレット・コンパラブルの機能と限界」国際税務18巻11号40頁，山本英幸「シークレット・コンパラブルによる移転価格課税と申告納税制度」租税訴訟3号125頁，居波邦泰「移転価格事案の訴訟に係る対処等の検討－米国の判例等を踏まえて－」税大論叢54号195頁，206頁以下，望月文夫「シークレット・コンパラブルに関する考察」税大ジャーナル20号73頁，野一色直人「シークレットコンパラブルを用いた更正処分の理由附記をめぐる課題」アコード・タックス・レビュー5号29頁参照。

に該当するかどうかの判断をするため必要があると認めるときは、文書の所持者にその提示をさせることができる。」(民訴223条3項)旨の規定が設けられた[22]。シークレット・コンパラブルズの問題の重要性にかんがみ、納税者から比較対象取引関連文書の提出命令の申立があったときは、裁判所は、すこしでも当該文書の公務秘密文書該当性について疑問をもった場合には、所轄税務行政庁に比較対象取引に関する資料や文書の提示を求め、それらの資料や文書の公務秘密該当性をインカメラで審査すべきであろう。もちろん、裁判官は、弁論主義の下では、インカメラ審査の結果、それらの資料や文書が公務秘密文書に該当すると判断した場合に、それらの資料や文書の閲覧の結果を心証形成に影響させることはできないが、しかし、弁論主義の下で事件の審理における両当事者間の公平の確保、たとえば両当事者の立証活動が公平に行われるように釈明権を行使すること等を通じて、シークレット・コンパラブルズの問題をかなり緩和させることができるのではなかろうか。さらに、立法論としては、インカメラ・レヴューの要件を緩和し、その範囲を拡大することも考えられる。

　尤も、私は、民事訴訟については門外漢であるから、ここではかねていだいている疑問を表明する以上のことはできない。民事訴訟の専門家の意見をききながら、さらに検討を続けたい。

　最後に指摘しておきたいことは、移転価格税制という制度のネーミングが時代おくれになりつつあるのではないかということである。アメリカの1986年改正までの制度や、日本を含めてその他の多くの国が、基本3法とその他の方法との間に優先順位を設け、その他の方法は基本3法を使えない場合にのみ例外的に使えるという制度が採用されていた時代には、移転価格

---

(21) 金子宏『租税法(15版)』452頁およびそれ以降の各版の該当箇所、本庄資「情報の非対象性と文書化の必要性」注(12)に引用の同編著『移転価格税制執行の理論と実務』497頁以下、注(20)の居波邦泰「移転価格事案の訴訟に係る対処等の検討―米国の判例等を踏まえて―」税大論叢54号460頁以下参照。
(22) この規定については、新堂幸司『新民事訴訟法(第4版)』571頁以下参照。

(transfer-pricing) 税制というネーミングは制度に適合していたが，OECD の 2010 年のガイドラインの改正に従って，わが国を含め多く国々が優先順位を廃止し，利益分割法を含む各種の方法のなかからベスト・メソッドを選択できることとなった現在では，利益分割法等の取引価格以外の基準を用いて所得を 2 国間に配分する方法をも包括する上位概念として，たとえば所得移転対策税制というようなネーミングを用いる方が制度に適合しているのではなかろうか。今後の検討課題としてあげておきたい。

第 2 章　移転価格課税における無形資産の扱い

東京大学法学部教授　中里　実

はじめに－移転価格課税分析の前提としての経済理論

　移転価格課税制度は，基本的に，二国間の税源の配分の問題であり，必ずしも経済理論を用いて分析・適用しなければならない必然性はないが，現代においては，特に無形資産の扱いをめぐり，相当，経済理論の浸透が見られる。そこでは，分析のためのみではなく，実務で現実に経済理論が応用されている場合もあるので[1]，本稿では，その成果を反映させるかたちで，移転価格課税における無形資産の検討を行いたい。

　移転価格課税における無形資産の扱いについて理論的に検討する際に必要と思われる基本的な考え方としては，以下の三つがある。

① 　第一は，**取引費用経済学**（コースの企業の理論を基礎とするもの）に基づく，市場と企業の関係に関する経済理論の応用という視点である。すなわち，企業は，その事業を拡大する際に，非関連企業との間の市場取引と，当該企業内部での企業内取引のいずれかを選択するが，どちらが選択されるかは取引費用により決まる。関連企業間の取引は，形式的には前者に，実質的には後者に類似したものである。

② 　第二に，資産とは，当該資産が将来生み出すキャッシュフローの束であり，その価値は，将来キャッシュフローの割引現在価値としてとらえるこ

とができるという，(主として実務において利益に着目する移転価格算定方法を考える際の)**ファイナンス理論を応用した考え方を**，無形資産の場合に適用するという視点である。特に，移転価格課税との関係においては，無形資産をこのように考えなければ理論的に意味のある議論がしにくい。

③ 第三に，無形資産は，それぞれが独自のものである場合が多いから，その価格付けが困難であるという視点である。それ故に，そのような無形資産の取引に関しては，移転価格課税において利益に着目する方法の有効性が高い。

したがって，以下においては，本稿とほぼ同時期に移転価格税制をテーマに執筆した論文である，中里実「**移転価格課税と経済理論：実務における経済理論の利用可能性**」[2]でやや詳しく論じた，企業グループに対する課税について理論的に考える際の取引費用経済学(コースの企業の理論を基礎とするもの)の利用に関する議論と，理論・実務における(移転価格算定方法を考え

---

(1) 移転価格課税における経済理論の役割については，中里実「移転価格課税と経済理論：実務における経済理論の利用可能性」(中里実編『移転価格税制のフロンティア』所収21-41頁，参照)。

また，1980年代後半における移転価格の経済分析については，中里実『国際取引と課税』(1994年)の第Ⅲ編第3章において，すでに詳しく論じた。そこにおける議論は，主として，中里実「独立当事者間価格決定のメカニズム」租税法研究21号49-72頁，1993年，及び，中里実「移転価格とリスクの関係に関するWillsの議論：研究ノート」一橋論叢110巻1号81-98頁，1993年における議論を整理したものである。また，この書物の執筆後においても，中里実「移転価格税制」ジュリスト1104号，123-128頁，1997年，中里実「移転価格税制と直接投資」・岩田一政，深尾光洋編『経済制度の国際的調整』第5章，1995年，及び，中里実「企業グループに対する課税のあり方」証券アナリストジャーナル34巻10号34-41頁，1996年を執筆している。さらに，オートケースについては，中里実「国際租税法上の諸問題」『多国籍企業の法と政策』所収211頁，1986年，広告宣伝活動により生み出された無形資産については，中里実(1998)『金融取引と課税』114-125頁，移転価格課税における機能とリスクについては，同437-487頁，参照。なお，中里実「移転価格課税と経済理論：実務における経済理論の利用可能性」は，これらにおいて述べたことを要約したものであり，これらにおける記述と重複する部分がある点に留意されたい。

(2) 中里実・太田洋・弘中聡浩・宮塚久編『移転価格税制のフロンティア』所収。

る際の）ファイナンス理論の応用に関する議論とを前提にして，主として，利益に着目する方法との関連で，無形資産に関する検討を行うこととする。具体的には，まず，移転価格課税における経済理論の応用について概要をごく簡単に整理し（Ⅰ），無形資産の意義について要約（Ⅱ）した後に，経営指導を例とした無形資産に関する移転価格課税の議論（Ⅲ），残余利益分割法の適用に関する議論（Ⅳ）を行い，最後に，無形資産取引との関連におけるシークレット・コンパラブルについて検討する（Ⅴ）。

なお，本稿においては，上記「**移転価格課税と経済理論：実務における経済理論の利用可能性**」との重複をできるだけ避けて，経済理論の利用一般に関する議論や無形資産の本質に関する議論についてはごく要約のみを述べて，詳細は当該別論文に委ね，もっぱら，無形資産の具体的な扱いに集中して論ずることとする。

Ⅰ　移転価格税制の分析における経済理論の応用

1　移転価格税制

関連企業間の取引は，形式的には市場取引（市場における企業と非関連企業との間の取引）に，また，実質的には，企業の内部で行われる企業内取引に類似したものである。移転価格税制は，関連企業間取引における価格を，前者の市場取引における価格に修正して課税を行うものであり[3]，その背後には，関連企業間取引よりも市場取引の方が適正であるという価値判断が暗黙の前提とされている。しかし，市場取引の方が適正であるという考え方自体に問題点がないわけではない[4]。また，課税において法人格ごとの区切りを絶対視することには必ずしも意味はない[5]。さらに，関連企業間取引において付された価格を市場取引の価格に修正して課税関係を考える制度である移

---

(3) 中里実「移転価格税制」ジュリスト1104号，123-128頁。
(4) 中里実「移転価格課税と経済理論：実務における経済理論の利用可能性」25-27頁，参照。

転価格税制は，市場取引を重視し，企業の独立性を強調する考え方に基づくものではあるが，どうしても一種の推定課税的側面を有することを否定できない。

2 移転価格問題の発生メカニズムと取引費用経済学

経済学の理論を用いた移転価格税制の分析については，かつて，別稿で論じた[6]ので，ここでは，その概要のみを示す。

Hirshleifer[7]が，効率的な企業内取引価格は限界費用であるとしたのに対して，Caves[8]は，コースの企業の理論を応用[9]して，取引の内部化による取引費用の削減こそが多国籍化企業が存在する理由であって，企業は，取引費用が最少化されるような企業規模に落ち着くのであり，その過程で，(取引費用の削減の要因である) 情報や無形資産の役割が重要な意味をもつ，と論じた。

Cavesの議論で特に重要なのは，企業内取引と市場取引の選択における課税の中立性[10]に関する部分である[11]。彼によれば，企業が何ゆえに企業グループを形成するのかという点に対する解答を理論的な視点から与えるのが，産業組織論の基礎となっているロナルド・コースの企業の理論 (theory of

---

(5) そもそも，法人課税の所得計算について法人格ごとの区切りを絶対視することに特段の意味はないという点については，中里実「法人課税の時空間（クロノトポス）－法人間取引における課税の中立性－」，『杉原泰雄教授退官記念論文集－主権と自由の現代的課題－』所収 361-380 頁，1994 年，参照。
(6) 中里実「移転価格課税と経済理論：実務における経済理論の利用可能性」22-24 頁，24-29 頁，参照。
(7) Jack Hirshleifer , On the Economics of Transfer Pricing, 29-3 The Journal of Business 172-184, 1956.
(8) Richard Caves, Multinational Enterprise and Economic Analysis, 1982.
(9) Cf. Robert G. Eccles, The Transfer Pricing Problem: A Theory for Practice, 1985; Kathleen M. Eisenhardt, Agency Theory: An Assessment and Review, 14-1 Academy of Management Review 57-74 1989.
(10) 中里実「移転価格税制」ジュリスト 1104 号，123-128 頁。
(11) 中里実「移転価格課税と経済理論：実務における経済理論の利用可能性」22-24 頁，28-29 頁。

the firm) である(12)とされる。この理論によれば，企業は経済主体としての側面を有するのみならず，取引の行われる場としての側面をも有しており，企業が経済活動を行うに際して市場取引を選択するか企業内取引（ないし企業グループ内取引）を選択するかは，取引費用により決定されるとされる。しかし，いずれのストラテジーを採用する場合であっても，企業は，その合理的な意思決定に基づいて企業形態・取引形態の選択を行っているのであるから，課税上も，その合理的な意思決定が尊重される（逆にいえば，課税が，企業形態・取引形態の選択に影響を与えない）ことが，課税の中立性の観点からは望ましいということができよう。

3　arm's length price の算定をめぐるファイナンス理論の活用(13)

　上で述べた市場と企業の関係に関する経済理論である，コースの企業の理論に基づく取引費用経済学を前提に，将来キャッシュフローの割引現在価値として資産を考える考え方を用いて移転価格の問題を分析すると，価格付けの困難な無形資産の取引については，利益に着目する方法の有効性が導かれる。

　その背後にあるのは，「取引の対象たる生産物を比較可能性の要素として絶対化するという態度は避けるべき」(14)であるという発想である。すなわち，移転価格課税においては，通常，**取引に着目する方法**が用いられるが，これは，企業の生産した**生産物**の価格に着目する方法であるから，基本的に，**生産物市場**で考える考え方であるととらえることができる。

---

(12) Ronald H. Coase, The Nature of the Firm, 4-16 Economica 386-405 (1937).
(13) Cf. Robert Ackerman and Elizabeth Chorvat, Modern Financial Theory and Transfer Pricing, 10 George Mason Law Review 637-673 (2001-2002); Arvind Mahajan, Pricing Expropriation Risk, 19-4 Financial Management 77-86 (1990); Ravi S. Achrol and Philip Kotler, Marketing in the Network Economy, 63 Journal of Marketing 146-163 (Fundamental Issues and Directions for Marketing (1999)).
(14) 中里実「国際取引と課税」433頁。

これに対して，移転価格課税を**生産要素市場における収益率**で考える考え方も成立する。そして，この生産要素市場から考える考え方は，実物で考える考え方（貸借対照表の借方で考える考え方）と，金融的に考える考え方（貸借対照表の貸方で考える考え方）に分かれる(15)。借方で考える考え方とは，すなわち，生産要素市場で取得される実物の生産要素（すなわち，土地等の天然資源，資本財，労働）の収益率に着目する考え方であり，貸方で考える考え方とは，企業活動を金融的に見て，（借方に列挙された）生産要素の取得資金（すなわち，負債，資本，労働持分）の収益率で考える考え方である。そして，特に，この最後の考え方が，利益に着目する方法と密接に関連する。

4　利益に着目する方法の重要性(16)

承知のように，生産物の価格に着目する方法には，関連企業グループの一体性から生ずる規模の利益や統合の利益を無視している，あるいは，比準の対象となる独立企業や独立企業間取引が存在しない場合があるといった批判がある。特に，無形資産が介在する取引がこれにあたる。これに対して，利益に着目する方法は，以上のような問題点をもつことが比較的に少ないと考えられている。

利益に着目する方法は，ファイナンス理論の観点から理論的に説明することができる(17)。コーポレート・ファイナンスの理論の洗礼を受けた後の現代的な経済理論の特徴の一つは，**企業活動を実物面からとらえずに**，キャッシュフローの面からとらえ，かつ，それを静的なものととらえずに，時間というファクターを重視するところにあるということができる。そこでは，な

---

(15) 中里実「移転価格課税と経済理論：実務における経済理論の利用可能性」30頁。
(16) 中里実「移転価格税制」ジュリスト1104号, 123-128頁。利益に着目する方法は，本来は，アメリカの1986年改正におけるスーパー・ローヤルティー・ルールの採用にはじまり，1988年の移転価格に関する白書において理論的な基礎を与えられ，1992年の規則案，1993年の暫定規則，1994年の最終規則において，程度の差はあるものの，アメリカにより主張されてきた方法である。
(17) 中里実「移転価格課税と経済理論：実務における経済理論の利用可能性」31-32頁。

によりも，投資が時間の経過とともに産み出すリターンの均衡という視点が重視される。従来の経済理論の下で，企業の目的関数の最大化の条件として企業の限界費用の市場価格における均衡が主張されたように，新しい経済理論の下では，企業の収益率の市場収益率における均衡が主張される。移転価格課税における市場メカニズムに対する一種の憧憬も，従来の経済学を前提とすれば市場価格の重視ということでたりたが，新しい経済理論を前提とすると，収益率の重視というかたちで表現されることになるであろう。

　また，価格に着目する方法が生産物の市場価格を用いたディマンド・サイドに着目する方法であるのに対して，利益に着目する方法は，生産要素ごとの市場リターン（収益率）を用いた企業のサプライ・サイドに着目する方法である。生産要素市場は生産物市場よりも一般的かつ抽象的で層が厚い（生産要素の種類は限られている）ために，生産要素市場では，どのようなものが生産されるかといったこまごまとしたことはさほど考慮せずに，また，個別の取引には拘泥せずに，生産要素ごとの収益率という抽象的な指標を考えればよい場合が多いものと思われる。したがって，生産物市場において比準対象が見出せない場合であっても，生産要素市場においては比準対象を見出すことが可能である場合が多いであろう。すなわち，収益率を用いた比準の方が，比較可能性の要件が緩くてすむために，比準対象を容易に見出すことができるのである。

　さらに，生産要素市場の金融面で考える考え方（生産要素の取得資金から考える考え方）の場合，すべてを金銭に還元して考えるので，生産要素市場の実物面で考える考え方よりも，一層，一般的かつ抽象的で層が厚いということができ，比準対象企業を見出すことがさらに容易である。

II 無形資産の意義[18]

　ここで，移転価格に関する議論において最も問題となっている無形資産について，理論的側面から整理しておこう。

1 資産の概念——資産の定義とファイナンス理論

　コーポレート・ファイナンス的に考えると，資産とは，将来キャッシュフローの束であり，投資（＝現在の支出）の見返りとして，将来のキャッシュフローをもたらすものと考えることができる。このようにフロー概念に基礎をおいて考えた場合，資産の価格は，当該資産のもたらす将来キャッシュフローを割り引いて現在価値になおしたものとなろう。そして，本質はあくまでもフローにあるのであり，ストックは第二義的なものということになる。

2 無形資産の概念
(1) 無形資産の本質[19]

　経済理論的に企業の無形資産の本質について考える場合には，結局，コーポレート・ファイナンス的に考え，無形資産についても，有形資産とまったく同様に見ていく必要がある（ただ，無形資産は，有形資産と異なり，目に見えないだけである）[20]。すなわち，無形資産についても，将来キャッシュフローを産み出すものが資産であり，資産とはそのような将来キャッシュフローの束であるから，その価値は，将来キャッシュフローの割引現在価値である。

---

(18) 中里実「移転価格課税と経済理論：実務における経済理論の利用可能性」35-37頁。
(19) 以下は，中里実「国際取引と課税」314-317頁，による。また，中里実「アメリカ租税法における無形資産の評価」財団法人産業研究所・『知的財産の金融商品化に関する調査研究』所収159-172頁。
(20) Charles H. Berry, Economics and the Section 482 Regulations, 43 Tax Notes 741, at 744-48, 1989.

無形資産も，有形資産同様に，所得を産み出す資産であることにかわりはない。

無形資産は，それを保有する企業に対して，それがない場合よりも多くの所得をもたらす。逆に，より多くの所得が産み出されることにより，無形資産の存在も確認できる。全く同じ製品を作っていても，企業により利益が異なるのは，より多くの利益を得ることのできる企業が，他の企業よりも安く生産を行うことができるか，高く販売することができるからである。安く生産を行うことができるのは，ノウハウ等を有しているからであり，これは過去の投資の結果である。高く販売することができるのは，ブランド等を有しているからであり，これも広告費等の過去の投資の結果である。このように考えていくと，無形資産は有形資産と全く同じで，いずれについても過去の投資が現在において利益をもたらすことがわかる[21]。

(2) 無形資産の特殊性

さて，無形資産の本質が上記のようなものであるとして，次に，無形資産の取引には特色があるという点についてふれておく必要がある。すなわち，無形資産は市場においては必ずしも効率的に取り引きされず，無形資産の取引に関しては市場の失敗が存在するという点である[22]。なぜ，無形資産の取引に関して市場の失敗が存在するかというと，第一に，無形資産は，その製造の限界コストがゼロに近く，フリーライダーの問題が出てきて，それゆえに無形資産は公共財的な性質を有し，市場に委ねておくと必要量が供給さ

---

[21] もっとも，無形資産と有形資産との間には，重大な課税上の差がある点に留意しなければならない。それは，無形資産を作り出すための支出（R&D，広告費等）は，支出時に控除が認められることが多いのに対し，有形資産を作り出すための支出は，繰り延べられることが多いということである（減価償却）。
Cf. George Mundstock, Taxation of Business Intangible Capital, 135 University of Pennsylvania Law Review 1179, 1987; Don Fullerton & Andrew B. Lyon, Tax Neutrality and Intangible Capital, in Lawrence H. Summers, ed., 2 Tax Policy and the Economy 63, 1988.

[22] もっとも，無形資産といっても，実際には様々な種類のものがあり，比較的定型的な無形資産については，必ずしも，このようなことはいえないであろう。

れないからである。また，第二に，無形資産の取引に関しては，ゲームの理論的な状況が存在する場合がある。供給者は，対価の全額を受け取るまでは，例えばノウハウの全部を相手に教えるわけにはいかず（さもないと，対価なしに知識を入手されてしまう可能性がある），逆に，需要者は，全部を教えてもらえないうちは全額を支払うわけにはいかない（さもないと，知識を得られないまま対価だけをとられてしまう可能性がある）。したがって，そこに，いわゆる，囚人のジレンマが発生してしまい，取引が行われなくなる可能性が生ずる。第三に，無形資産は，それを実際に試してみないと，その有用性がわからない場合がある（すなわち，その効果について不確実性が存在する）。

(3) **無形資産の価格**

また，無形資産は，情報の（一種の）独占権であり，それ故に，独占によるレント（ないし，準レント）を生み出すという点にも留意する必要がある。そして，この点こそが，移転価格課税において無形資産の扱いを考える際に最も問題となる点である。すなわち，それについては，市場取引というものを観念することが困難な場合が多く，それ故に，必然的に，利益に基づく方法が重要な意味を有するのである。

3 無形資産の範囲確定の困難[23]

移転価格課税の目的は，利益の国外移転に対応することであるから，取引の対象たる生産物を比較可能性の要素として絶対化するという態度は避けるべきである[24]。

無形資産は，貸借対照表の借方において，資本財として計上される場合と，人的資産の一部に潜在的に含まれる場合（たとえば，従業員の特殊な技能）とに大別される。このように，無形資産の難しさは，それが独立の資産として認識されない場合が少なくないという点である。市場においてある企業が他

---

(23) さらに，無形資産については，そこから利益を得べき者が開発者なのか，「所有者」なのかという問題も生ずるが，ここではふれない。
(24) 中里実「国際取引と課税」433頁。

の企業よりも多くの利益をあげることができるのは，他の企業の保有しない何らの無形資産を保有しているからであるとしか説明できない場合があるが，その無形資産が具体的に何であるかを確定することが現実には困難である場合が少なくない。したがって，たとえば，国外関連企業が実際には何らかの無形資産を保有しているが故に高い利益を上げているのにもかかわらず，そのような無形資産の認識がなされずに，利益の移転がなされているとして移転価格課税が行われる場合が生じうるのである。

4　移転価格課税における無形資産[25]

　無形資産は，基本的に独自のものなので，市場価格の発見が困難であるし，また，そもそも無形資産のように独占利潤をもたらすものについて市場価格を発見しようというのはある種の論理矛盾である。無形資産の本質は情報であり，情報の制限により超過利潤（レント）がもたらされるのであるから，無形資産については，企業内取引ないし企業グループ内取引の行われる場合が多く，したがって，その市場価格は算定しにくいというのが実情である。すなわち，ここに，取引に着目して基本三法を重視する移転価格税制の矛盾が露呈されることになる[26]。

　したがって，無形資産が関連する場合においては，実際には，利益に着目する方法を用いるしかない場合が生じてくる。無形資産の意味は，つきつめれば，情報の独占的利用なのであるから，情報の利用制限によりもたらされる将来キャッシュフローの増加から無形資産の価値を評価することが理論的には可能となる。無形資産は，将来純キャッシュフローの増加をもたらすも

---

(25)　中里実「無体財産権に対する transfer pricing についての経済分析」租税研究503号47頁（1991）参照。
(26)　アドビ事件（東京高裁平成20年10月30日判決）においては，日本子会社による販売という形式が，外国法人による販売と日本法人によるサービス提供というかたちに変更されたことに伴い，日本法人の利益が大幅に圧縮されたが，これは，考え方によれば，日本法人の有する顧客情報等の無形資産が，サービス提供形態に改められた後の取引形態において無視されたためであるとも考えられる。

のなのであるから，利益に着目する方法ならば対応可能な場合もありうるであろう。

5　裁判所における経済理論の受容可能性

ここでは，アメリカの状況が参考になる。アメリカにおいては，1988年のWhite Paperにおいて提案されたBALRM以来，経済理論を用いて，利益に着目する方法を正当化し，それを無形資産を用いた取引に実際に適用する努力がなされてきた。最近も，内国歳入庁は，2007年の"Coordinated Issue Paper-Sec. 482 CSA Buy-In Adjustments"[27]において，利益に着目する方法を強調している。また，Xilinx事件[28]等においても，経済理論を用いた方法を主張する課税庁と，それに反対する納税者の攻防が行われている[29][30]。このような点については，ここではふれない。

しかしながら，そこにおいては，必ずしも経済分析それ自体の精緻化が意図されているわけではないという点には，留意する必要がある。

III　経営指導と無形資産[31]

移転価格における無形資産をめぐる重要な問題として，経営指導に関する

---

(27) http://www.irs.gov/businesses/article/0,,id=174599,00.html
(28) Xilinx事件については，神山弘行「ザイリンクス事件米国連邦第9巡回区控訴裁判所判決」中里実・太田洋・弘中聡浩・宮塚久編『移転価格税制のフロンティア』所収308-340頁，参照。
(29) すなわち，タックスコートの判決を覆したXilinx, Inc. v. Comm'r, 567 F.3 d 482(9th Cir. 2009)において，裁判所は，取引と基本三法を重視する考え方を採用し，課税庁側の利益法適用の前提を逐一攻撃したので，無形資産取引の移転価格課税について，大きな変化の予兆かと思われたが，裁判所は，2010年に，Xilinx, Inc. v. Comm'r, 2010 U.S. App. LEXIS 778(9th Cir. Cal. Jan. 13, 2010)をそれを撤回し，再びタックスコートの判決を支持した。
(30) Veritas Software事件については，渕圭吾「ヴェリタス事件米国租税裁判所判決」中里実・太田洋・弘中聡浩・宮塚久編『移転価格税制のフロンティア』所収341-358頁，参照。
(31) 中里実「関連企業間の役務提供と寄附金課税」租税研究685号87頁（2006）。

ものがある。ここでは，この問題を例として，無形資産の扱いについて論じてみたい。

　日本法人が外国子会社等に対して指示を与える際に，そのような指示の結果として外国子会社の利益が増大した場合，当該指示が株主としての投資を守るための行為ならば，手数料は無料でいいと考えられる。株主（親会社）が，自らの投資を守るために子会社に指示したとしても，自らのための行為により相手方（子会社）から手数料はとれないから，子会社に手数料をチャージすべきであったとして親会社に対する寄附金課税や移転価格課税を行うことは困難である。

　これに対して，そのような株主（親会社）としての投資の延長としての行為ではなく，それを超えたより積極的な経営指導ならば，子会社は親会社に対して手数料を支払うべきであるし，また，それが無形資産の取引ならば，子会社は親会社に対して対価を支払うべきである。ここにおいて，経営指導が役務の提供なのか無形資産の取引なのかという問題も生じうる。以下，この点について論ずる。

1　海外子会社に対する経営指導
(1)　海外子会社と日本親会社

　外国に子会社を設立して，そこで利益をあげることは，それ自体，正当な事業活動である。その場合に，外国子会社のあげた利益は日本で課税されない（その例外は，タックスヘイブン対策税制である）。

　また，内国法人が外国子会社に対して経営指導を行ったとしても，その経営指導が株主としての役割から行われるものにすぎず，その経営指導が直接に当該外国子会社の利益獲得に結びついている場合でなければ，その外国子会社の利益について移転価格税制に取り込むことは許されない。経営指導があったらそれだけで海外子会社の利益の大部分が親会社の利益に（移転価格税制の適用により）取り込まれるという立場は，海外子会社を用いた事業展開を否定するものだからである。

(2) 移転価格事務運営指針

問題は、「経営指導」の内容に応じて、移転価格税制の適用により海外子会社から親会社が回収すべき部分を判断するための基準についてである。課税庁は、経営指導料を軸足として、海外子会社の利益をどこまで日本の課税権に取り込むことが許されるのであろうか。

このような場合に、「経営指導」の内容にかかわらず、ともかく多少なりとも「経営指導」が行われていさえすれば、それを軸足として、子会社の利益の多くの部分を親会社に帰属させる（日本で課税する）というような、吸引力理論的な立場は到底許容されるものではない。あくまでも、「経営指導」の内容に応じて、日本の親会社に対して配分される利益の額も異なったものとなる。

もちろん、一般的なメーカーの場合、製造を国外移転したとしても、様々な本社コストの回収の見地から、本社コストに見合ったかたちで外国の製造子会社の利益を親会社に配分することが許される場合が多いであろう。つまり、たとえ、外国子会社に製造機能を移転した場合であっても、研究開発やグループ経営管理機能は親会社に残すことが多いであろうから、日本における親会社に対する移転価格課税のリスクを回避するためには、技術提供や役務提供の対価を適正に算定し、コスト回収をはかることが必要である。しかし、商社等において、親会社の活動が基本的に単なる投資的なものにとどまるとしたら、メーカーの場合とは基本が異なるということになろう。

経営指導その他に関して、移転価格事務運営指針2-10は、以下のように述べて、当局の方針を示している。

「(1) 法人とその国外関連者の間で行われるすべての有償性のある取引は国外関連取引に該当するのであるから、当該取引の調査の実施に当たっては、例えば、法人がその国外関連者のために行う（法人のためにその国外関連者が行う場合も含む。以下同じ。）次に掲げる経営・財務・業務・事務管理上の役務（以下「役務」という。）の提供で、当該法人から当該役務の提供がなければ、対価を支払って非関連者から当該役務の提

供を受け，又は自ら当該役務を行う必要があると認められるものは，有償性のある取引に該当することに留意の上，その対価の額の適否を検討する。

　（中略）

　　イ　企画又は調整
　　ロ　予算の作成又は管理
　　ハ　会計，税務又は法務
　　ニ　債権の管理又は回収
　　ホ　情報通信システムの運用，保守又は管理
　　ヘ　キャッシュフロー又は支払能力の管理
　　ト　資金の運用又は調達
　　チ　利子率又は外国為替レートに係るリスク管理
　　リ　製造，購買，物流又はマーケティングに係る支援
　　ヌ　従業員の雇用又は教育

(2)　他方で国外関連者に対して親会社としての立場を有する法人が行う役務の提供に関連する諸活動であっても，例えば，親会社の株主総会開催のための活動や親会社の証券取引法に基づく有価証券報告書等を作成するための活動で，子会社である国外関連者に対する親会社の株主としての地位に基づくと認められるものについては，子会社である国外関連者の営業上，当該親会社の活動がなければ，対価を支払って非関連者から当該役務の提供を受け，又は自ら当該役務を行う必要があると認められず，有償性がなく，国外関連取引に該当しない。

　なお，親会社としての活動が，子会社に対する株主としての地位に基づく諸活動に該当するのか，役務の提供と認められる子会社の監視等に該当するかについては，それぞれの実情に則し，有償性の有無を判定することになる。」

このように，いわゆる企業グループ内において行われる役務提供に対する対価の回収との関連で移転価格課税が行われる際の基準について，この移転

価格事務運営指針2-10は示している。そして，元来，日本企業の本社の管理部門が外国の子会社に対して行った役務提供について対価を要求するということはあまり行われてこなかったが，最近においては現実に，日本の親会社の管理部門が外国の子会社に対して行った役務提供について，移転価格課税が行われる事案が発生するようになっている。

グループ内役務提供の存否の判定について，移転価格事務運営指針2-10は，経営・財務・業務・事務管理上の役務の提供で，当該法人から当該役務の提供がなければ，外国子会社が，対価を支払って非関連者から当該役務の提供を受け，又は自ら当該役務を行う必要があると認められるものは，有償性のある取引に該当する，としている。したがって，このような考え方に基づけば，たとえば，親会社が株主としての地位に基づいて行う活動は，ここにいう「有償性のある取引」には該当しない。

この点について，ある会計事務所のホームページにおいては，以下のように述べられている[32]。

「実際に，多国籍企業においては子会社が望むか否かにかかわらず，グループとして適切な判断を行うためにグループ全体の状況を把握するといった活動や，あるいは親子会社だからこそ出てくるような活動が頻繁に行われているのである。例えば，本社の経営幹部に定期的に子会社の状況を報告するために子会社の財務状況を収集・管理し，取りまとめ，常務会の議事録を海外子会社へフィードバックするといったような活動の有償性の有無の判定は様々な事実に基づいた深い洞察を要する。また，例えば，グループとしての全体最適を実現するために製造や販売のリソースをどのように各国に配分するかといった戦略の立案を行うといった活動も有償性があるか否かの判定は容易ならざるものがある。」

実際のところ，現実の経済取引においては，実に様々な種類の活動が行わ

---

(32) KPMGニューズレター，2005年11月，「移転価格調査の傾向と対策，無形資産取引と役務提供取引 Page3」，http://www.kpmg.or.jp/resources/newsletter/tax/200511_3/03.html

れている。その点から考えると，上の移転価格事務運営指針のポイントは，要するに，その最後の部分の，「親会社としての活動が，子会社に対する株主としての地位に基づく諸活動に該当するのか，役務の提供と認められる子会社の監視等に該当するかについては，それぞれの実情に則し，有償性の有無を判定する」という部分にあるものと思われる。要は，**個別具体的な事実関係の下における事実認定の問題**なのである。

したがって，この移転価格事務運営指針の具体的な場合における適用については，業種により，取引の態様により，相当の差異が生ずるものと思われる。すなわち，通常のメーカーの場合と，商社や銀行の場合では，同じ子会社の経営管理といっても，かなり差異があるものと思われる。

(3) 判決において示された基準

移転価格課税関係で，「経営指導」等に関する判決は今のところ見あたらないが，国内課税において寄附金課税との関係で，判決が存在する。東京地裁平成12年2月3日判決[33]がそれである。

この判決の事実関係は，以下のようなものである。外資系の内国法人が関連会社に対して支払う経営指導料の寄附金該当性が争われた事案である。

- オランダ法人であるフィリップス・インターナショナル・ビー・ヴィー（以下「PIBV」という。）は，NVPG製品事業本部の経営部門及び国際的方針作成部門と，統括的業務部門（Corporate Staff Department）とを有しており，フィリップスグループ全体を統制する任務を行っている。
- NVPGは，事業を行う国ごとに，現地法人（National Organization）を設立している。各現地法人は，所在地の国における社会情勢，経済情勢に基づいて策定された方針を推進する責任を負っている。
- PKKは，NVPGの100パーセント子会社として設立されたものであり，フィリップスグループの現地法人として，日本におけるフィ

---

(33) http://www.courts.go.jp/hanrei/pdf/BF1D9D1EEE263EC149256D41000B099E.pdf

リップスグループ会社の管理運営について責任を負っていた。
・NPC は，フィリップスグループの企業として，①海外で製造されたフィリップスブランドの製品を輸入して日本国内で販売を行うこと，②日本において OEM 製品（フィリップスのブランド名の付いた，フィリップスの製品仕様書に基づいて日本の製造業者によって製造されたフィリップスの商品）及び部品を含む各種製品の調達を行うことを，その役割としていた。
・NPC は，PKK から受ける一般経営・管理・技術援助・営業・法務等の人的役務等の対価として，NPC の年間売上総（予算）額の1パーセントに相当する金額を，PKK に対して「経営指導料」として支払っていた。
・NPC は，その会計処理において，日本において購買した OEM 製品等を海外のフィリップス関連会社に対して輸出する取引に係る収入を，NPC の売上として計上しており，その売上原価として，「輸出取扱手数料」を計上し，これを損金に算入していた。右「輸出取扱手数料」は，販売価格から，仕入価格，仕入諸掛及び NPC の購買取扱手数料を控除した残高として計算される額であった。

東京地方裁判所は，経営指導料の寄附金該当性について，以下のような判決を下している。

「(一) 法人税法37条は，どのような名義をもってするものであっても，法人が金銭その他の資産又は経済的な利益の贈与又は無償の供与をした場合には，広告宣伝及び見本品の費用その他これに類する費用等とされているものを除いて，これを寄付金として扱い，その価額については，一定の損金算入限度額を超える部分を，その法人の所得の金額の計算上，損金に算入しないものとしている（同条二項，六項）。

右規定によれば，ある一定の役務の提供に対して金員が支払われることを内容とする契約が締結されている場合であっても，提供される役務の価値を超えて金員が支払われ，当該超える部分が，経済的な利益の贈

与又は無償の供与と評価されれば，当該部分は，右条文の適用上，寄付金に該当するというべきこととなる。

ところで，提供される役務が市場性を有さず，客観的な価格が形成されていない場合，また，提供される役務が様々な内容を含むため個々具体的な役務の提供に係る対価を個別に観念し難い場合，役務提供者において当該役務を提供するのに必要な費用の額（以下「提供経費」という。）をもって，当該役務の価値を判断する基礎とすることは合理的な方法ということができるが，提供者における利益ないし報酬の部分も役務の対価として含まれてしかるべきことからすると，提供される役務の価値が，提供経費に尽きるものではないことは明らかである。特に，当該役務の提供が提供者の主たる活動になっている場合，提供した役務の価値が提供経費を大幅に上回る場合などにおいては，利益ないし報酬部分を加算しないことは不合理というべきである。そして，独立企業間で役務の提供に対する利益ないし報酬部分をどのように定めるかは，私的自治の原則により基本的には当該企業が契約により自由に定めるところにゆだねられているものというべきである。

したがって，提供される役務に対して支払われる対価の額が，役務提供者における提供経費を超えているからといって，当該超える部分が直ちに寄付金に該当すると速断することはできず，右超える部分が寄付金に該当するかどうかは，契約当事者である企業間の関係，当該役務提供契約において定められている役務の内容，対価の決定方法の合理性，実際の役務提供内容，提供される役務の被提供者における便益の大きさ，役務と右便益との関係の直接性，提供者において当該役務の提供がその業務に占めている地位等に照らして，役務の提供の対価が，独立企業間において行われる同種の契約で設定される対価の水準と著しく乖離していて，企業間の特殊な関係に基づく租税回避のための価格操作と認めるべきものかどうかによって，これを判断すべきものと解される。

（二）　そこで，本件における経営指導料について，寄付金該当性を検

討するに，前記一で認定したところによれば，PKK と NPC は，ともにフィリップスグループ会社として，NVPG の経営方針に則って全世界的に展開される同グループの事業の一端を担う機能を果たしていたこと，PKK は同グループの現地法人として日本における事業の責任を負っていたが，独自の販売活動はほとんど行っていなかったこと，NPC は PKK の子会社であり，PKK は平成 2 年 12 月期を除く本件各事業年度において NPC の株式の四分の三を所有していたこと，PKK は，NPC に対して一定のフィリップス製品の独占的な輸入販売権を付与し，NPC がフィリップス製品の国内販売を行っていたこと，PKK は，フィリップスグループが日本国内の製造業者から OEM 製品等を購買して調達する取引に関して，NPC が国内の製造業者から OEM 製品等を購買してこれを海外のフィリップスグループ会社に輸出する形式の取引を行うようにフィリップスグループ内において主張することを通じ，NPC の取引先の確保につとめ，NPC の輸出取引に係る売上に直接の影響力を有していたこと，かくして，NPC は，日本国内における販売及び国外のフィリップスグループ会社に対する輸出の各事業に関して，その多くを PKK に依存し，PKK は，右各事業に関して経営上の助言，人的資源の提供，法務，市場調査，広報活動などの事務を負担していたことなどの事情が認められ，また，NPC が，NPC の株式の 25 パーセントを所有していた松下電器産業との間で，昭和 47 年から昭和 52 年までの間，フィリップスからの輸入取引については FOB 価格の 1 パーセント，フィリップス又はその指定する会社との輸出取引に関してはインボイス価格の 0.5 パーセント相当額の金員を支払う旨の契約を締結していたことは，前記一 3（一）(1) で認定したとおりである。

　右の NPC と PKK との間の**役務提供契約に係る諸事実を勘案し**，また，フィリップスグループ以外の会社との間における類似の契約と比較してみれば，NPC が，PKK との間の役務提供契約に係る 1973 年覚書等に基づき，経営指導料を，NPC の年間予算計上の総輸出売上高及び

輸入国内販売高の1パーセントに等しい金額と定めてPKKに支払っていたことは，前記（一）で述べた判断の諸要素に照らし，NPCの販売面におけるPKKへの依存の広範さにかんがみて，**必ずしも企業間の特殊な関係に基づく租税回避のための価格操作と認めるべきような不合理なものということはできないというべきである。**

　これに対し，NPCが支払っていた経営指導料の対価を，PKKが計上していたPKKの社長室，専務室，広報室，法務室，生産企画開発室，外人給与担当及び技術本部費用のうちNPCが按分負担すべき額に限定されるべきであり，その余の金額は寄付金と評価すべきであるとする被告の主張は，右の認定に照らせば，採用できない。

　他に，本件の経営指導料の額が，独立企業間において行われる同種の契約に基づく対価の水準と著しく乖離していて，企業間の特殊な関係に基づく租税回避のための価格操作であるとすべき事情を認めるに足りる証拠はない。

　（三）　以上によれば，本件各更正処分のうち，NPCが支出した経営指導料の一部を寄付金に当たるとした部分は，違法というべきである。」

（強調，筆者）

この判決は，役務提供の対価が，以下のような視点から見て，「独立企業間において行われる同種の契約で設定される対価の水準と著しく乖離していて，企業間の特殊な関係に基づく租税回避のための価格操作と認めるべきもの」といえるか否かという基準を用いることにより，寄附金該当性の判断を行っている。

- 契約当事者である企業間の関係
- 当該役務提供契約において定められている役務の内容
- 対価の決定方法の合理性
- 実際の役務提供内容
- 提供される役務の被提供者における便益の大きさ
- 役務と右便益との関係の直接性

・提供者において当該役務の提供がその業務に占めている地位

その上で、この判決は、寄附金該当性の有無について、上の基準を前提に、取引における様々な事情を丹念にひろって、総合的な視点から判断し、当該事案における経営指導料を「必ずしも企業間の特殊な関係に基づく租税回避のための価格操作と認めるべきような不合理なものということはできない」という結論を下している。

この判決について、前掲のある会計事務所のホームページは、その注16において、ある論文[34]を引用しつつ、以下のように述べている[35]。

「有償性の判断の参考になる事例として、国内法人間での役務提供の対価が寄付金に該当するか否かが争われた判例（注15）があるため、紹介しておく。この事例は外資系企業の内国法人間の役務提供取引に係る経営指導料について、対価支払いのうち一部を寄付金として認定し更正処分を行った事案である。納税者はその支払った経営指導料は寄付金ではなく適正な取引である旨を主張し、裁判所は関連者から納税者への役務の提供の事実を認定し、原処分庁の寄付金認定を違法であるとし処分を取り消した。これは言い方を変えれば、関連者から納税者へ提供される役務の提供の有償性を裁判所が認めたと考えることも可能であり、国税当局も移転価格の執行の場面においてもこの事案が貴重な前例のひとつになると考えているようである（注16）。」

国内の寄附金課税に関して下されたこの判決が、移転価格課税に関する事案について考える際に実際にどの程度の意味をもってくるかは必ずしも明らかではないので、ここでは一つの参考資料として掲げておくが、いずれにせよ、諸事情を勘案して総合的に判断するという点においては、この判決の基本的な立場は、前掲の移転価格事務運営指針と同様である。

---

(34) 山川博樹「国際課税の現状と課題（第1回）」租税研究658号125頁（2004）。
(35) KPMGニューズレター、2005年11月、「移転価格調査の傾向と対策、無形資産取引と役務提供取引　Page3」、http://www.kpmg.or.jp/resources/newsletter/tax/200511_3/03.html

(4) 移転価格税制における無形資産について

ところで，移転価格税制において問題となる無形資産の意義については，租税特別措置法関係通達66の4(2)-3において，無形資産とは「著作権，基本通達20-1-21に規定する工業所有権等のほか，顧客リスト，販売網等の重要なものをいう」と規定しており，また，そこで引用されている法人税基本通達20-1-21は，工業所有権等の定義の中で「……生産その他業務に関して繰り返し使用しうるまでに形成された創作，すなわち，特別の原料，処方，機械，器具，工程によるなど独自の考案又は方法を用いた生産についての方式，これに準ずる秘訣，秘伝その他特別に技術的価値を有する知識及び意匠等をいう」と定めている。アメリカの内国歳入法典の第482条関係の財務省規則1.482-4(b)は，「無形資産とは，以下の無形資産を含み個人的な役務の提供から独立し，かつ，重要な価値を有する資産をいう」と定めているが，日本の通達の上の規定も，同様に，無形資産を，個人的な役務によって形成されたもので，当該個人的な役務から独立し，かつ，重要な価値を有する資産と規定しているものと考えられる[36]。

移転価格事務運営指針2-11は，調査において検討すべき無形資産として「特許権，営業秘密等の技術革新に関する無形資産のみならず，例えば，企業の経営，営業，生産，研究開発，販売促進等の活動によって形成された，

---

[36] したがって，例えば，法人税法施行令第13条が減価償却資産として規定している「鉱業権（租鉱権及び採石権その他土石を採掘し又は採取する権利を含む）」は，鉱業法に基づき登録を受けた一定の土地の区域（鉱区）において鉱物及びこれと同種の鉱床中に存する他の鉱物を採掘取得することを内容とする独占的，排他的権利であり，個人的な役務の提供によって形成されるものではないことから，移転価格税制上の無形資産には該当しない（なお，鉱業権には，試掘権と採掘権の2種類があり，試掘権は将来採掘を行うための準備としての鉱物を探査する権利であり，採掘権は本格的な採掘事業を行うための権利である）。法人税法が鉱業権を減価償却資産として無形固定資産に区分したのは，鉱業権が有形固定資産のような有形財ではないが，長期間にわたって継続的に法的特権を与えるような法律的権利で，一定の期間が経過すれば効力を失う費用性資産であるためである。換言すれば，移転価格税制とはその目的がまったく異なる理由によって，鉱業権は法人税法上，無形固定資産とされているに過ぎない。

従業員等の能力，知識等の人的資源に関する無形資産並びにプロセス，ネットワーク等の組織に関する無形資産」を規定しているが，個人的な役務提供によって形成されたものが無形資産であるといっていることは明白である[37]。

いずれにせよ，経営指導関連の行為も，場合により無形資産関連の取引とされる可能性がある点に留意が必要である。

(5) 資産の取得形態と移転価格

日本企業が海外事業用資産を取得して海外で事業を行う場合，対価等の条件交渉を自ら行い，合意に至った後に，当該資産を直接保有して自ら事業を行うか，あるいは当該事業のための外国子会社を現地に設立して当該子会社に資産を保有させた上で事業を行わせるかは，企業の自由判断に委ねられている。

もっとも，後者の場合については，資産を取得するに至るまでの親会社の努力の果実（資産の取得）を子会社が享受することになるが，これは一般的な海外進出の形態であり，その一事をもって移転価格上問題があるとすることは適切ではない。また，そもそも，その子会社が享受する利益は，子会社株式からの配当というかたちで日本の親会社のものとなるのであるから，移転価格課税において問題とする必要は基本的にはないのである。

したがって，子会社の資産取得に関して親会社からの役務の提供の有無等に際しての移転価格上の問題の検討は，資産を，親会社が一度取得した上で子会社に対して再譲渡したものとみなした上で，その際の譲渡価額・取得価額を独立企業間価格と比較するか，あるいは子会社の資産取得について親会

---

(37) したがって，移転価格事務運営指針2-12が，「無形資産の法的な所有関係のみならず，無形資産を形成，維持又発展させるための活動において法人又は国外関連者の行った貢献の程度も勘案する必要がある」と規定し言及している無形資産とは，移転価格事務運営指針2-11に規定する無形資産のみをさしているのであり，採掘権等の権利は，そこにいう「無形資産」ではありえず，また，採掘権等について，それを「形成，維持又は発展させる」ということも，論理的にありえない。

社の特別な協力という役務があったものとした上で，その役務提供の対価を独立企業間価格と比較した上で行うべきである。

また，外国の事業子会社に資産を取得させた上で，資産取得以降親会社として子会社の事業運営に一定の関与を行うことも，子会社が親会社にとり投資対象の重要な資産を保有している以上，株主として当然のことであろう。

したがって，これらをもって比較可能取引のない特殊な形態として，当該資産から生じる利益を親会社と子会社で分割すべきとすることは，子会社が取得した資産に関する法的権利に対して制限を加えることになり，移転価格税制の執行上適切とは言えない。移転価格税制の執行に際しては，あくまで当該取引を独立企業間取引に置き直し，その上で当該取引価格を独立企業間価格と比較することが求められる。

いずれにせよ，子会社の資産取得時点とそれ以降を分けて，取得時点については，子会社の資産取得価額が独立企業間価格であるか否か，あるいは親会社の取得協力役務の対価が独立企業間価格であるか否かをまず判断すべきであり，取得以降については取得時点の行為と切り離し，親会社からの提供役務とその対価を独立企業間価格と比較すべきものである。

2 理論的な区分

(1) Stewardship Service と Managerial Service

独立企業間原則の下において，海外の関連企業が日本の企業に対して経営指導料（Management Fee）を支払うべきであるのは，当該海外の企業が当該経営指導から何らかの利益を受けた場合に限られる。そして，利益を受けているか否かは，日本の企業からの役務の提供がなかったとした場合に，海外の企業が第三者に対して同様の役務の提供を有償で依頼するか否か，あるいは，海外の企業が自ら当該役務を行うか否かという観点から判断できるであろう。

親会社が外国の子会社を監督する場合としては，親会社が株主としてその投資を保護すべく子会社の経営を把握し監督するための Stewardship Service（子会社からは，このような役務について親会社は利益を受けない）と，経営指導や技術指導など子会社の利益のためになる Managerial Service とが存在する。

両者を分ける基準としては，親会社からの役務提供がなくとも子会社が事業を行うことができるか否か（できれば Stewardship Service，できなければ Managerial Service），親会社が当該役務提供を自らの利益を保護するために行っているか否か（そうであれば Stewardship Service，そうでなければ Managerial Service），親会社から提供される役務を行うことのできる従業員が子会社に存在するか否か（存在すれば Stewardship Service，そうでなければ Managerial Service）等が考えられよう。

Stewardship Service について，親会社は子会社に対してその報酬を請求することはできないのに対して，Managerial Service については，請求することができる。移転価格課税で問題となるのは，この後者の Managerial Service である。Stewardship Service については，移転価格課税の問題は生じない[38]。

(2) 残余利益分割法の適用

残余利益分割法とは，日本法人と国外関連者の取引において超過収益力の源泉たる重要な無形資産が使用されている場合に，日本法人と国外関連者それぞれが，その無形資産に対して，形成，維持，発展に貢献した割合を以って，その無形資産から生じる超過収益をそれぞれに配分するという手法であると理解される。

そして，例えば，外国子会社の超過収益力の源泉が外国における採掘権等の一定の権益（これは，前述の1(4)で述べたように，移転価格課税上の「無形資産」には該当しないと考えるべきである）の取得にある場合，課税当局側が，当該権益の取得，維持，発展に日本法人側が寄与しているとの認定を以って，その貢献に対する分配を日本法人側が享受すべきであると主張することが考

---

(38) この(1)における記述は，Leonard B. Terr, The Proposed Transfer Pricing Services Regulations, 101 Tax Notes 1439(2003) による。

えられる。このような場合，日本法人による収益力への直接的な貢献が，より客観性を持ったかたちで，課税当局により証明されない限りは，残余利益分割法における分割ファクターとして，日本法人の貢献度を直接的に勘案することはできないであろう。

また，残余利益分割法は，本邦企業と国外関連者それぞれが負担する比較的少額の費用の割合で，巨額の利益分割を行う手法であることから，その適用にあたっては，本邦企業と国外関連者双方の機能分析を詳細に行って，当該利益への貢献形態，貢献度合いを検証し，分割要因となる関連費用についても慎重に検討して，課税上の公平性を保つ努力が求められる。

3　配当と移転課税との二重課税

現実の世界においては，外国子会社から日本の親会社が投資を回収する方法は，基本的には，配当を受領するか，あるいは，経営指導料（Management Fee）を受領するか，あるいは両者の組み合わせということになろう。

それでは，外国子会社との関連において，同一の利益について，まず配当等として課税し，その後に，移転価格税制を適用して経営指導料相当額等を親会社の利益として課税することは，果たして許されるのであろうか。外国子会社からの受取配当が益金不算入とされる以前の状況について，理論的に考えてみよう。

これとは逆に，移転価格課税が行われた後に送金が行われる場合について，租税特別措置法基本通達66の4 (8)-1において，国外移転所得金額の取扱いとして，

　　「措置法第66条の4第4項に規定する国外関連取引の対価の額と当該国外関連取引に係る独立企業間価格との差額（以下「国外移転所得金額」という。）は，その全部又は一部を国外関連者から返還を受けるかどうかにかかわらず，利益の社外流出として取り扱う。」

という定めがおかれており，それを受けて，租税特別措置法関係通達66の4 (8)-2において，国外移転所得金額の返還を受ける場合の取扱いとして，

「法人が国外移転所得金額の全部又は一部を合理的な期間内に国外関連者から返還を受けることとし，次に掲げる事項を記載した書面を所轄税務署長（国税局の調査課所管法人にあっては所轄国税局長）に提出した場合において，当該書面に記載した金額の返還を受けたときには，当該返還を受けた金額は益金の額に算入しないことができる。」

と規定されている。さらに，これを受けて，移転価格事務運営要領4-1が，「国外移転所得金額の返還を受ける場合の取扱いに関する留意事項」として，

「措置法通達66の4(8)-2に規定する書面を提出した法人が，当該書面に記載された金額の全部又は一部について返還を受ける予定の日後に返還を受けた場合には，予定日後に返還を受けたことについて合理的な理由があるかどうかを検討した上で，措置法通達66の4(8)-2の規定の適用の有無を判断する。」

と定めている。

いずれにせよ，日本において，返還を受けた金額の益金不算入を規定した法律の定めが特に存在しないことを考えると，このような取扱いの根拠は，移転価格課税の本質からして，社外流出が返還されるのであるから，それについて課税しないのは当然であるという，理論上のものであると思われる。

次に，これとは時間的順序が逆の，同一の利益について，まず配当等として日本で課税し，その後に，移転価格税制を適用して経営指導料相当額等を親会社の利益として日本で課税することが許されるかという問題について，国税不服審判所平成14年5月24日裁決[39]において，以下のような議論がなされた。

・納税者の主張

「(ニ) 二重課税の発生について

G社が，原処分庁が認定する適正保証料と請求人が収受していた保証料との差額を原資として請求人に配当を行っていたとすると，本件各更

---

(39) 裁決事例集 No.63, 454頁。

正処分により，その原資は存在していなかったことになり，配当については既に課税が行われているから，わが国において二重課税が生じることとなる本件各更正処分は不当である。」
・課税庁の主張
「(ニ) 二重課税の発生について
　子会社であるG社の利益を配当で還元させるかどうかは，親会社である請求人の任意であるから，配当させたことにより請求人に受取配当金に対する課税が発生したとしても，それは二重課税には該当しない。」
・裁決
「ニ　二重課税の発生について
　わが国の移転価格税制は，国外関連者との取引が独立企業間価格で行なわれたものとみなして税務上の課税所得を計算するものにすぎないから，本件各更正処分がG社の過年度の決算上の利益に何ら影響を与えることはない。また，過年度に受け取った配当に対して課税が行われたとしても，それは移転価格税制とは別個の課税要件に基づくものであり，また，移転価格課税に当たり過年度の受取配当に対する課税を調整すべき旨の法令上の規定もない。
　したがって，請求人の主張には理由がない。」
　しかし，そもそも租税特別措置法関係通達66の4(8)-1が，移転価格課税の対象となった利益を，社外流出として取り扱った後に，それが返還された場合の非課税を定めているのは，移転価格課税の本質からして，本来的に，法律上，それを非課税とすべきであると解されるからに他ならない。ただ，通達は，その際の実務的な取扱を定めているにすぎない。
　そして，このように，移転価格課税の後の返還について非課税とされるのであれば，移転価格課税の前に配当等の支払がなされていたとしても，その点を考慮して移転価格課税を行うべきなのではなかろうか。なぜなら，配当等がなされている限りにおいて，移転された利益は前もってすでに「返還」されているのであり，その部分について移転価格課税の対象に取り込む必要

は存在しないからである。独立企業間価格で取引がなされると擬制して処分を行うのは，移転された利益をとりもどして日本の課税権に服させるためであるにすぎず，独立企業間価格は，いわばそのための道具として用いられているにすぎない。配当等の限度で（移転価格税制の対象である）利益の移転は存在しないのであるから，独立企業間価格を認定して取引を引き直して利益の再配分を行う際に，配当等により利益が取り戻されている分を考慮して，移転価格課税を行うべきである。さもないと，課税庁がわざわざ二重課税を引き起こすことになり，不都合である。

　いずれにせよ，移転されていない利益（すなわち，子会社の利益のうち，配当等のかたちで，親会社に対してすでに支払われている部分）に対してわざわざ移転価格税制を適用することは，論理矛盾である。移転価格課税の後に送金がなされた場合に非課税とされている以上，配当等の後に移転価格税を行う場合には，配当により「返還」された利益を考慮して，移転価格課税の額を（減額）調整すべきである。移転価格課税と送金の前後関係が絶対的な基準となるという考え方は採用できない。

　なお，以上は，外国子会社等からの受取配当の益金不算入の制度が導入される以前の議論である。同制度導入の後においても，基本的に以上と同様の扱いをすべきものと考えられるが，ここでは，これ以上ふれない。

Ⅳ　残余利益分割法と重要な無形資産

　残余利益分割法における最大の問題点は，「重要な無形資産」の意義である。この点は，基本的に事実認定に関連する問題であるが，シンプルな技術が「重要な無形資産」に該当するとされて処分がなされることもあり，実務上，深刻な問題が生じうる。何が「重要な無形資産」に該当するかという問題は，事実関係により異なるものであろうが，残余利益分割法の使用の有無あるいはその使用の際の残余利益の範囲を決定する際に，「重要な無形資産」とは何かという点がおろそかにされるようなことが仮にあるとすれば，恣意

的な課税が行われるリスクが存在することになってしまうのであり，注意する必要がある。

そもそも，残余利益分割法においては，安易に「重要な無形資産」の認定を行うべきではない。そうであるからこそ，法は，あえて，「重要な」無形資産のみを残余利益分割において認定することにしているのである。何でもかんでも「重要な無形資産」に含まれるというのであれば，恣意的な移転価格課税が可能になってしまうのであるから，安易な「重要な無形資産」の認定を行うべきではないという点こそが議論の出発点でなければならない。

1 無形資産の意味

無形資産について論ずるときには，まず，そもそも資産とは何かという問題から始める必要がある[40]。この点，利益に着目する方法の元となったアメリカ財務省・内国歳入庁の 1988 年の移転価格に関する白書[41]以降，経済学やファイナンス理論に依拠したかたちで，移転価格課税に関する議論がなされてきた。残余利益分割法は，その延長線上にある。

すなわち，Ⅱにおいて述べたように，ファイナンス理論的に考えると，資産とは，投資（＝現在の支出）の見返りとして，将来のキャッシュフローをもたらすものと考えることができる。このように考えた場合，資産の価格は，当該資産のもたらす将来キャッシュフローを割り引いて現在価値になおしたものとなろう。このように経済理論的に考えた場合の，企業の無形資産の本質については，結局，有形資産とまったく同様に見ていく必要がある（ただ，無形資産は，有形資産と異なり，目に見えないだけである）。すなわち，無形資産は，それを保有する企業に対して，それがない場合よりも多くの所得をもたらす。逆に，より多くの所得が産み出されることにより，無形資産の存在も確認できる。このように考えていくと，無形資産は，有形資産と全く同じで，

---

(40) 以下については，中里実「国際取引と課税」314-315 頁参照。
(41) Treasury Department and Internal Revenue Service, A Study of Intercompany Pricing, 1988.

いずれにおいても過去の投資が現在及び将来において利益をもたらすことがわかる。

無形資産には，実に様々な種類のものがある[42]。しかし，ここで注意しなければならないのは，このような多種多様な無形資産の中で，残余利益に寄与する「重要な無形資産」とされるものは，具体的事案においても異なるが，後で述べるように，残余利益と「関連性」を有し且つ無形資産の中でも「重要な」ものに限られるという意味でかなり限定的であるという点である。恣意的な課税を避けるためにも，残余利益分割法においては，安易に「重要な無形資産」の認定を行うべきではないという点をわすれてはならない。また，超過利益をもたらすものは，残余利益の獲得に貢献する「重要な無形資産」に限定されない点にも留意しなければならない。後述のとおり，政府規制や課税恩典の故に，通常の製造機能を通じても超過利益は生じるのである。

2 残余利益分割法の意味
(1) 移転価格における利益に着目する方法

無形資産はそれぞれがユニークなものであるが故に，あるいは，それが多国籍企業内部の関連企業間で取引されることが多い[43]が故に，それについて，市場における比較対象取引を見出すことが困難な場合が少なくない。それ故に，無形資産の関連する取引について移転価格課税を行う場合には，取

---

(42) Don Fullerton and Andrew B. Lyon, Tax Neutrality and Intangible Capital, 2 Tax Policy and Economy 63, 64 (National Bureau of Economic Research, 1988)，中里実「国際取引と課税」110頁引用参照。
(43) 実は，企業の多国籍化は無形資産により促進されている面が少なくないのである。すなわち，無形資産の取引に関して生ずる市場の失敗（すなわち，買手は，無形資産の価値を試してみないと買うことができないが，売手は，買手に価値を試させると情報が漏れてしまうので，いわゆるゲームの理論における囚人のジレンマ的な状況が発生してしまい，市場における取引が成立しにくい）故に，無形資産は，主に，関連企業間において取り引きされることになる。したがって，無形資産の存在は，企業の多国籍化を推進するきわめて重要な要素の一つとして位置づけることができる（中里実「金融取引と課税」114頁参照）。

引に着目する方法ではなく,利益に着目する方法が重要な意味を有することになる[44]。

このような無形資産の特質を反映して,「重要な無形資産」の関連する取引について独立企業間価格を求める方法として残余利益分割法が存在する。この方法は,法人又は国外関連者が「重要な無形資産」を有する場合において,分割対象利益のうち,「重要な無形資産」を有しない非関連者間取引において,通常得られる利益（**基本的利益**）に相当する金額を当該法人及び国外関連者それぞれに配分し,当該配分した金額の残額（**残余利益**）を,当該法人又は国外関連者が有する「重要な無形資産」の価値に応じて,合理的に配分する方法により,独立企業間価格を算定する方法をいう（租税特別措置法基本通達66条の4（4）-5）。すなわち,残余利益分割法とは,**国外関連取引に影響する「重要な無形資産」**が存在する場合,当該取引によりもたらされる利益は,通常の活動からもたらされるべき利益（**基本的利益**）とそれ以外の要素（「重要な無形資産」）によってもたらされるべき利益（**残余利益**）とに分かれると考えて,各関連者の営業利益を合算し,まず,そこから通常の活動によりもたらされる利益（基本的利益）を各関連者に配分し,次に,残余利益については「重要な無形資産」からもたらされた利益と仮定して,それを当該無形資産の各関連者の相対的価値に応じて配分する方法である。

(2) 残余利益分割法における「重要な無形資産」の概念

移転価格課税における残余利益分割法に関する「重要な無形資産」とは,通常の無形資産ではなく,個別の具体的事実関係の下において,残余利益を生み出すことに貢献するような,**営業利益の獲得に大きな影響を与える特許権,ブランド,及びノウハウ**のことである。すなわち,「重要な無形資産」とされるためには,**残余利益との関連性と無形資産の重要性**という二つの要件を充足する必要がある[45]。

---

(44) 中里実「国際取引と課税」299頁以下参照。
(45) 髙久隆太「移転価格課税における無形資産の使用により生じた利益の帰属及びその配分」税大論叢49号1頁。

第一の，残余利益との関連性の要件については，残余利益と，その分割要因であるところの「重要な無形資産」との間には相関関係が認められる必要がある[46]。この関連性を安易に認定すると恣意的な課税につながるので，そのようなことは避けなければならない。したがって，例えば，納税者の基礎研究費が売上基準により海外子会社に配賦される結果として，海外子会社と無関係の研究費用までもが，残余利益に寄与する「重要な無形資産」に含められるかたちで，課税処分が行われるような事態は避けなければならない。仮に，このような費用も，ブランド価値の増加につながっているのであるから，「重要な無形資産」に含まれてしかるべきであるというような考え方が認められるのであれば，企業のあらゆる支出は，直接的ないし間接的に，ブランド価値の増加につながるのであるから，「重要な無形資産」に含まれることになってしまうであろう。このような社会通念から著しくはずれた広範なかたちの安易な「重要な無形資産」の認定が許される根拠はどこにも存在しない。

　次に，第二の無形資産の重要性の要件については，慶應義塾大学の髙久隆太氏が，「関連者間で利益を配分する際は，個別事情を勘案する必要があるが，**一般に多大な利益を生む無形資産**が存在する場合は残余利益分割法を，多大な利益を生む無形資産が存在しない場合は取引単位営業利益率法を適用することが妥当である。」[47]と述べておられる点に賛成したい。

(3) 残余利益分割法の適用における外国での課税上の恩典の扱い

　以上のように，残余利益分割法の適用にあたっては，基本的利益と残余利益を分けなければならない。そして，この基本的利益の配分と残余利益の分割を行う上で，外国政府により与えられる税制上の恩典によりもたらされる利益についていかに考えるかという点が問題となりうる。

　一つの考え方は，課税恩典を基本的利益において考慮するという立場であ

---

(46)　中里実「国際取引と課税」445頁参照。
(47)　髙久隆太「移転価格課税における無形資産の使用により生じた利益の帰属及びその配分」要約，税大論叢49号1頁所収論文，強調・中里。

る。政府の与える課税上の恩典を基本的利益において考慮すれば，課税上の恩典の認められた外国の特定の市場は，他の市場とは比較可能性の低いものであるということになり，差異調整を行わずになされる処分は違法であるということになる。妥当な考え方といえよう。

これに対して，もう一つの考え方は，課税恩典は，会社にずっととどめられてはおかれず，消費者に移っていると考え，それを基本的利益においては考慮せず，残余利益の中で考慮すべきとするものであろう。しかし，このように課税恩典が消費者に移っているという考え方は，理論的な誤解に基づいているように思える。

3　途上国等の課税恩典のとらえ方
(1)　特別な利益をもたらすもの

ミクロ経済学において，市場収益率を上回る利益をレント（超過利益）と呼ぶ。レントをもたらす要素としては，土地その他の天然資源，法による規制，重要な無形資産等があげられる。これらは，すべて，その保有者が独占企業と類似の優越的な立場に立つが故に，市場収益率を上回る利益を保有者に対してもたらすという点で共通したものである。たとえば，銀座4丁目の土地は銀座4丁目にしかなく，その追加的供給はなされないが故に，その保有者は独占的な地位に立つ。また，法による規制も，供給を制限する方向に働くので，規制により保護された者は優越的な立場に立つことができる。さらに，重要な無形資産も，他の者の保有していない情報であるから，その保有者は独占企業と類似の優越的な立場に立つことができる。このような優越的な地位が，市場収益率を上回る利益であるレント（超過利益）を産み出すのである。

実際の事業活動においては，「重要な無形資産」の産み出すレントが，かなり大きな位置を占めているものと思われる。そして，このことが，移転価格課税における残余利益分割法における「重要な無形資産」を考えていく上で，大きな意味をもつ。残余利益分割法は，このように，市場収益率を上回

る利益であるレント（超過利益）について残余利益として扱うという理論的な考え方に基づいて発展させられてきたものである。

　もっとも，上で述べたレント（超過利益）の定義からも明らかなように，レント（超過利益）は，重要な無形資産のみによってもたらされるわけではないという点に留意しなければならない。それは，政府の規制や課税上の恩典によってももたらされるものである。たとえば，外国政府の課税方式（その下で，納税者に対して与えられる課税上の恩典）が当該外国の特定市場の重要な条件となっている場合は確かに存在する。このような課税に関する恩典は，市場に内在するところの，（外国政府によりもたらされた）人為的な形のlocation savingsの一種と考えられる。それは，他の地域に進出した企業と比較して，ある国の特定地域に進出した企業に対してのみレント（超過利益）をもたらすところの，一種の「政府規制」である。すなわち，政府規制もlocation savingsも市場構造から生まれるものである[48]。

　それ故に，問題となるのは，レント（超過利益）の大きな部分が，納税者の保有する生産技術によりもたらされている（そうであるならば，残余利益が問題となる）か，外国政府の課税恩典によってもたらされている（そうであるならば，市場の構造ということで基本的利益の問題となる）かという点であるということになろう。

(2) 市場構造としての課税恩典

　繰り返しになるが，注目すべきは，レント（超過利益）が，「重要な無形資産」からの残余利益のように，必ずしもノン・ルーティンの機能からのみ生ずるとは限らず，投資促進のための価格政策や，課税上の恩典や，他企業の参入を阻害するような政府規制のように，法制度的な要因によっても生ずるという点である。

　したがって，日本企業の外国子会社が，一定地域以外に進出した日本企業の関連企業に対しては与えられていない課税上の恩典によるレント（超過利

---

(48)　中里実「国際取引と課税」428頁及び429頁参照。

益）を，ルーティン機能（通常の製造機能）を通じて達成しているのであれば，当然のこととして，そのような特殊な要因によりもたらされる利益は当該外国子会社に帰属することになる。

この特殊な要因によりもたらされる利益は，「重要な無形資産」の生み出す残余利益ではなく，外国の課税恩典の生み出す基本的利益である。すなわち，この課税恩典は，当該外国の市場構造から生まれるものであるから，日本親会社に配分されるべきものではなく，そもそも基本的利益として，外国子会社に配分されるべきものなのである。

このような外国における課税恩典の存在を基本的利益の算定上無視し，「重要な無形資産」の生み出す残余利益に含める考え方（課税庁の考え方）は，そもそも残余利益分割法の考え方と相いれないものである。

(3) 外国政府の政策

なお，課税恩典は，外国の国防政策とも密接に結びついたものである場合があり，課税恩典を無視して移転価格課税を行うと，外国政府の政策を台無しにすることになりかねない。それは，いわば，みなし外国税額控除を否定することにより，外国政府の投資刺激策を無にすることと類似している。日本が途上国との間の租税条約において，あえて，みなし税額控除を認めていることを考えるならば，本件課税恩典を移転価格課税に関しても無視すべきではなかろう。

4 基本的利益の類似性の基準

なお，基本的利益の類似性の基準に関して，TNMM（取引単位営業利益法）と同じ基準を用いるべきであり，アメリカのCPM（利益比準法）や日本の推定課税のように，TNMMの場合よりも緩やかなものでいいという考え方は妥当ではない。

V シークレット・コンパラブルについて

　ここでは，移転価格課税におけるシークレット・コンパラブルについて，その問題点を指摘しておきたい。取引の対象が無形資産である場合には，納税者にとって重大な事態となると思われるので，ここで扱うこととした。

　アドビ事件（東京高裁平成20年10月30日判決）は，いわゆるビジネス・リストラクチャリングに関する事案である。そこでは，外国法人が日本における販売を行う場合に，①日本子会社を通じて販売を行っていたのを，②外国関連会社から日本に直接販売し，日本子会社はそのサポートをするというかたちに事業形態を変更することにより，日本において生ずる当該企業グループの課税所得を圧縮しようとした事例において，移転価格課税の可否が争われた。

　その際に，付随的にシークレット・コンパラブルについての議論がなされ，再販売価格基準法におけるシークレット・コンパラブルの使用が争われたという[49]。

1　独立企業間価格の算定方法とコンパラブル

　比較対象とされる適切なマージンとしては二種類がある。すなわち，関連グループ内の企業が独立の第三者と行う比較対象取引において得るマージンを用いる内部コンパラブル（Internal Comparable）と，関連グループ外の企業が独立の第三者と行う比較対象取引において得るマージンを用いる外部コンパラブル（External Comparable）である。内部及び外部コンパラブルは，いずれも使用可能であるが，いずれの場合においても，比較対象取引と関連取引との間に価格に影響を与える差異がある場合にはその差異の調整が必要となる。

---

(49)　村田守弘「アドビ事件―裁判所が判断を下さなかったシークレットコンパラブルについて」税務事例42巻3号40頁（2010年3月）。

2 独立企業間価格の算定方法と外部コンパラブル

　独立企業間取引基準を適用して，納税者の行っている関連者間取引の比準対象となる非関連者間取引を見つけ出すといっても，実際のところ，何から何まで類似の取引というものは現実世界には存在しないであろう。したがって，両取引は，取引の本質的な要素について類似の場合に類似の取引とされ，その他の付随的な要素は無視されることにならざるをえない。すなわち，独立企業間取引基準とは，あくまでも，第三者である企業（あるいは，内部コンパラブルの場合においては，関連者間取引を行う企業それ自体）が，**関連者間取引と取引の本質的な要素に関して類似であるところの非関連者との間で行っている取引**におけるのと，同じ水準の価格・利益を，当該関連者間取引においても同様に有していると推定する制度なのである。

　移転価格税制の具体的適用においては，一定の仮定や推定が含まれることが避けられず，特に納税者からすれば，申告の際の情報の入手可能性という観点からも制約がある。多くの場合においては，適切なマージンを決定するために必要な情報を入手することが，内部コンパラブルの場合でも，外部コンパラブルの場合でも困難な場合が少なくない。実際上，内部コンパラブルは存在しない場合もあるし，また，公開情報が限られている結果として，外部コンパラブルを用いることが困難な場合も少なくない。

　独立企業間価格の算定において，内部コンパラブルと外部コンパラブルのいずれを利用すべきかという点についていうならば，比較対象取引として，内部コンパラブルは，外部コンパラブルの場合と比較して，調整すべき項目が少なく，また，調整自体も容易であるから，外部コンパラブルよりも適用が容易で信頼性も高い。

3　シークレット・コンパラブル

(1) 問題の所在

　外部コンパラブルが用いられる場合に，課税庁がシークレット・コンパラブルを用いて課税処分を行う場合がある。

そして，そのような場合における重要な問題点は，租税特別措置法66条の4第9項の「独立企業間価格を算定するために必要と認められる帳簿書類またはその写しを遅滞なく提示しまたは提出しなかったとき」という要件（以下，「不提示の要件」という）が満たされていない場合に，9項の規定に基づき調査を行なった同種の事業を営む第三者の取引を比較対象取引（＝シークレット・コンパラブル）として課税を行うことが許されるか否かという点である。

この点については，シークレット・コンパラブルに秘められた問題を十分に認識した上で，法人税法（租税特別措置法に対する一般法）の下での申告納税制度の趣旨に照らした検討をなすことが必要である。

(2) 納税者の権利の保護の要請

たとえば，再販売価格基準法の適用において，**内部コンパラブルが存在しない場合には**，信頼できるデータベースを用いて外部コンパラブルを見つけ出すことが許される。もちろん，実際には，商品の販売者により提供されるサービスや付加される付加価値の内容により，十分な差異の調整が必要な場合は少なくない。しかし，そのような差異の調整が十分に行われれば，統計学の考え方を利用し，統計データから異常値を排除することにより，独立企業間価格を算出することそれ自体は合理的であるといえよう（OECD移転価格ガイドライン，パラグラフ1.45，1.46）。すなわち，たとえ外部コンパラブル（統計データ）が用いられている場合であっても，その選定と利用が合理的になされていれば，基本三法の一つである再販売価格基準法を用いているということができる。問題は，**外部コンパラブルの選定と利用が合理的になされているか否か**という点である。

移転価格課税において想定されているあるべき価格（独立企業間価格）は，必ずしも常に客観的に明らかにできるものではない。現実には，関連者間取引と比較可能性の要素がまったく同一の非関連者間取引というものは存在しないであろうから，通常は，要素の類似のものが比準対象として選択される。しかし，関連者間取引と類似の要素を有する非関連者間取引における価格は，

あくまでも，関連者間取引と比較可能性の要素がまったく同一の非関連者間取引における価格（これが，移転価格課税において理想とされるあるべき価格である）の近似値であるにすぎない。その結果，現実の移転価格税制は，どのように言い繕おうと推計的な課税であるという性格を否定することができず，そこに推計的要素がつきまとうことになる。

そもそも，課税所得が（直接的には，その算定の基礎となる取引価格が），近似値的に求められた比較対象取引との比較に基づいて決定されるということは，現実に実現された所得に対して課税するという所得課税の建前からいうと大きな矛盾である。また，推計的課税を理論的に精緻なかたちで行おうとして統計学的な手法を導入しても，本質はかわらない。なぜなら，回帰分析等に基づいて，こうあるべきであるという規範的なことを述べることができないということは，回帰分析の性格上，当然のことだからである。

このように移転価格課税から推計的要素を払拭することはできないという点は重要である。それゆえに，推計的要素を内包する移転価格税制について考える際には，納税者に対する十分な手続的保障がきわめて重要となってくる。したがって，移転価格課税における課税庁側の責任は重大である。課税庁は，処分の理由附記その他において，説明責任を十分に果たさなければならないのである。

特に，外部コンパラブルが用いられている場合においては，移転価格課税の推計的要素が，内部コンパラブルが用いられている場合と比して，より大きくなるので，納税者に対する手続的保障の重要性が増してくる。さらに，納税者が申告時に知ることのできないシークレット・コンパラブルが用いられている場合においては，ことの性質上，納税者に対する手続的保障を徹底しなければならないことは当然のことである。本件においては，特に，この点に留意しなければならない。

(3) **申告納税制度とシークレット・コンパラブル**

申告納税制度の下では，納税者は，客観的な事実に法をあてはめて納税申告を行うことが期待されている。ところが，シークレット・コンパラブルを

用いた課税は，納税者の知りえない非公開の第三者の取引を比較対象取引としてなされる課税である。シークレット・コンパラブルの情報は非公開の第三者の取引価格であるから，納税者は申告時にその情報を知り得ず，シークレット・コンパラブルを用いて独立企業間価格を算定し，その結果をもとにして所得額の申告をすることは不可能である。ここに，**申告納税制度の下において，シークレット・コンパラブルを用いることの本質的な矛盾が露呈さ**れる。

現実の社会は完全情報の世界ではないことから，納税者は自己の知り得る情報に基づいてしか申告納税をなし得ない。納税者は，申告時に納税者の入手可能な客観的な資料に基づいて，国外関連者との取引価格が独立企業間価格と異なることによって海外への所得移転があるかどうかを判断し，その結果に基づき納税申告を行う。いかなる納税者も，自己の入手可能な資料に基づいてしか納税申告はできないのであるから，各納税者がそれぞれ自己の入手可能な資料に基づいて納税申告を行っている限り，納税者間に客観的な不公平は生じない。

たとえば，シークレット・コンパラブルを用いた課税における過少申告加算税の賦課に関して，以下のような議論がある（東京高裁平成20年10月30日判決・税資258号順号11061（アドビ事件）における控訴人の補充主張）。すなわち，いわゆるシークレット・コンパラブルを用いた課税は，納税者にとって入手できなかった非公開の第三者情報に基づいて独立企業間価格を算定し，その算定額によりなされる課税であるから，納税者がシークレット・コンパラブルにかかる情報をもとに算定された独立企業間価格に基づき納税申告を行わなかったとしても，納税者に帰責事由のない「事実の不知」であり，「真に納税者の責めに帰することのできない事情があり，…過少申告加算税の趣旨に照らしても，なお，納税者に過少申告加算税を賦課することが不当又は酷になる場合」（最高裁平成18年4月20日判決・民集60巻4号1611頁）に該当するといえよう。したがって，シークレット・コンパラブルを用いた更正処分については，特段の事情のない限り，納税者に「正当な理由がある」として，

過少申告加算税を課すことはできないというべきである。この点，国税庁の居波氏が，課税庁によりシークレット・コンパラブルに基づいた課税処分が行われた場合に，「申告納税制度の原理に反するといった批判への対応策」として，以下のように述べて，「正当な理由」があると認められた場合の過少申告加算税の賦課免除を提案されている点が参考となろう[50]。

> 「申告納税制度の原理に反するといった批判への対応策としては，当該課税処分に係る過少申告加算税の賦課を免除するということが考えられ，これは納税者が移転価格について自己の可能な範囲で適正な申告を行っていたと課税庁が認定した場合に，シークレット・コンパラブルによって課税処分を課税庁が行ったときには，通則法第65条第4項の『正当な理由』があると判断しようとするものである。」

なお，このことは，9項の不提示の要件が満たされているか否かにかかわらない。なぜなら，過少申告加算税は正確な申告を確保するための制度であるから，その要件充足の有無の基準時は申告時であって，申告の後に「不提示の要件」が充足されたか否かは無関係な事情だからである。

まとめ

移転価格課税における無形資産の扱いについて議論する際には，一定の限度で，資産の本質や，無形資産の機能に関する経済学的な発想が不可欠である。

しかし，日本の裁判所は，経済理論を用いた分析に対しては必ずしも好意的ではなく，経済学的な視点から執筆された意見書等を提出しても，考慮されることは従来はあまりなかった。それにもかかわらず，生保年金に関する最高裁平成22年7月6日判決が現在価値という概念を明示的に用いたことにより，今後は状況が変化する可能性がある。理論も実務も，そのような事

---

[50] 居波邦泰「移転価格事案の訴訟に係る対処等の検討──米国の判例等を踏まえて──」税大論叢54号458頁。

態に対応するための準備だけはしておく必要があろう。

　また，無形資産は資産（ストック）として扱われるのに対して，役務の提供は資産としては扱われない（フローとして扱われる）。それにもかかわらず，両者の差異が必ずしも明確ではない場合も少なくない。経済学的な視点からは，無形資産は過去の投資から生み出されるものであり，役務は現在の人的資産（と物的資産の組み合わせ）により生み出されるものであるが，いずれも将来キャッシュフローをもたらすものである点で同様のものである。そうであるにもかかわらず，両者の課税上の扱いをどう考えるかという点については，今後，さらなる検討が必要であろう。

　いずれにせよ，一口に無形資産といっても実に様々であり，個別具体的な検討が必須である。実務における事例の蓄積が望まれるところである。

移転価格税制の研究

第3章　事業再編

東京大学教授　増井　良啓

はじめに

　2005年から2010年にかけて，移転価格税制の展開として注目すべきホットな論点であったのが，「事業再編（business restructurings）」である。すなわち，OECD租税委員会は，2005年に，多国籍企業グループの国際的な事業再編について，移転価格との関係を検討するプロジェクトを開始した。そして，2008年9月に討議ドラフトを公表し[1]，パブリック・コメントに付した。これを踏まえ，2010年7月にOECD移転価格ガイドラインを改訂し，その第9章として「事業再編の移転価格上の側面」に関するガイドラインを新設した[2]。この間の経緯やガイドラインの内容については，日本でもすでに多くの紹介・検討が行われており[3]，公知の事実となっている。

　しかし，あらためて揚言するまでもないことであるが，OECD移転価格ガイドラインに新しい章が追加されたからといって，それだけで事業再編をめぐる移転価格問題が解決するわけではない。なぜなら第1に，移転価格ガ

---

(1) OECD, Transfer Pricing Aspects of Business Restructurings: Discussion Draft for Public Comment, 19 September 2008 to 19 February 2009.
(2) OECD, Report on the Transfer Pricing Aspects of Business Restructurings, Chapter IX of the Transfer Pricing Guidelines, 22 July 2010.

イドラインの改善プロジェクト自体がいまだ道半ば,いわば未完成のものだからである。OECD は引き続き「無形資産の移転価格上の側面」に関する検討を開始し,2013 年末の討議ドラフト提出を目指して作業を続けている[4]。また第 2 に,各国の国内法における移転価格税制の制度と執行に,ばらつきがあるからである。先行例としては,すでに 1986 年に所得相応性基準を導入した米や[5],2008 年に機能移転に関する政令を施行した独[6]があ

(3) 青山慶二「多国籍企業の事業再編成と独立企業原則－機能やリスクが限定された子会社に帰属すべき所得について」国際税制研究 18 号 83 頁(2007 年 5 月),青山慶二「多国籍企業の事業再編成と独立企業原則」租税研究 695 号 111 頁(2007 年 9 月),本田光宏「(海外論文紹介)事業再編の移転価格に関する OECD ドラフトの概要」租税研究 719 号 297 頁(2009 年 9 月),一高龍司「事業再編に係る移転価格の論点」21 世紀政策研究所『わが国企業を巡る国際租税制度の現状と今後』21 頁(2010 年 2 月),保井久理子「事業再編に係る移転価格税制を巡る動き」税大ジャーナル 13 号 159 頁(2010 年 2 月),居波邦泰「アドビ事案に係る国際的事業再編の観点からの移転価格課税の検討(上)(下)」税大ジャーナル 14 号 119 頁,15 号 117 頁(2010 年 6 月,10 月),本田光宏「多国籍企業の国際的租税計画と移転価格」本庄資編著『移転価格税制執行の理論と実務』925 頁(大蔵財務協会,2010 年 7 月),大和順子「OECD 諮問委員会(BIAC)を巡る最近の状況－事業再編に係る移転価格上の側面」国際税務 30 巻 8 号 74 頁(2010 年 8 月),松田直樹「国際的組織・事業再編成等が惹起する課題(前編)(後編)」租税研究 736 号 218 頁,737 号 336 頁(2011 年 2 月,3 月),一高龍司・岩品信明・鈴木健太郎・林幹・緑川正博「事業の国外移転に係る Exit Tax の最近の動向」21 世紀政策研究所『国際租税制度の動向とアジアにおけるわが国企業の国際課税問題』79 頁(2011 年 3 月),居波邦泰「国際的事業再編に対する課税に係る問題点」本庄資編著『国際課税の理論と実務－73 の重要課題』895 頁(大蔵財務協会,2011 年 8 月)。
(4) OECD, Transfer Pricing and Intangibles: Scope of the OECD Project, 25 January 2011.
(5) 増井良啓『結合企業課税の理論』169 頁(東京大学出版会,2002 年)。
(6) 居波邦泰「(海外論文紹介)ドイツのビジネスリストラクチャリングに係る改正案」租税研究 698 号 158 頁(2007 年 12 月),居波邦泰「無形資産の国外関連者への移転等に係る課税のあり方－わが国への所得相応性基準の導入の検討－」税務大学校論叢 59 号 443 頁,515 頁(2008 年 6 月),大河原健・中村聡子ほか「事業再編・サプライチェーンマネジメントへの国際課税(ドイツ退出税等)の影響」国際税務 28 巻 10 号 56 頁(2008 年 10 月),Gerrit Frotscher and Andreas Ostreicher, The German Approach to Taxing Business Restructurings: An Arm's Length Ahead?, Intertax, Vol. 57, Issue 6/7, 2009, 375.

る。検討中の状況にある例が日本であり，OECD 移転価格ガイドラインの改訂を受け，2010 年秋に税制調査会専門家委員会の論点整理が公表された[7]。OECD 非加盟国を含めると各国の執行実務はさらに多様であって，多国籍企業にとってみると移転価格課税のリスクは高く，二重課税が除去されない可能性が残る。こうして，事業再編をめぐる移転価格税制上の議論は，無形資産の扱いをどうするかというより根本的な問題の検討にシフトし，OECD 移転価格ガイドラインを受けて各国がどう対応するかという点が問題になりつつある。

のみならず，事業再編のもたらす課税問題にはさまざまな側面があり，移転価格税制の適用はそのひとつであるにすぎない。OECD の移転価格ガイドライン改訂作業の中で事業再編をとりあげたのは，OECD モデル租税条約 9 条との関係で国家間協議が可能な部分を切り出して，国際合意の成立に向け一歩を進めたものである。いわば自覚的に検討対象を限定しているのである。多国籍企業の事業再編がより総合的な検討を要する論題であることは，いうまでもない。本来であれば，恒久的施設（以下「PE」という。）の認定や，退出税（exit tax）の設計，コーポレイト・インバージョン税制の再点検，外国子会社合算税制の再改革，国際的組織再編税制の整備，法人税制の抜本的改革といった，さまざまの論点に関係するのである。

本稿では，日本の税制のあり方を考えるという視点から，移転価格税制との関係を中心としつつ，多国籍企業の国際的事業再編が投げかける問題を，やや幅広に指摘する。以下では，Ⅰで，事業再編とはどのようなものかを，米国のケース・スタディーなどを用いて，例解する。しかるのち，Ⅱで，移転価格税制との関係で何が問題になるかを，著名なアドビ事件の事案や OECD の議論をふまえ，検討する。最後に，Ⅲとして，現行の移転価格税制の解釈・適用にとどまらず，より広い角度から，今後の検討課題を簡潔に摘示する。

---

(7) 税制調査会専門家委員会『国際課税に関する論点整理』(2010 年 11 月 9 日)。

本稿は，日本税務研究センターにおける「移転価格税制」研究会で 2010 年 4 月 23 日に報告したところに基づく。貴重なコメントをいただいた参加者に感謝したい。法令や条約の基準時は 2012 年 4 月 1 日の時点までアップデートし，研究会以降の展開や文献を補った。なお，その後，2012 年 6 月 6 日に，OECD 租税委員会第 6 作業部会は，「無形資産の移転価格上の側面」について中間的な討議ドラフトを公表し，パブリック・コメントに付している。

I 事業再編とはどのようなものか

1 事業再編の定義

　事業再編（business restructurings）は法令用語でもないし，一般に承認された定義があるわけでもない。そのため，論者が目的に応じて定義せざるを得ないが，OECD 移転価格ガイドライン第 9 章との関係では，「多国籍企業による機能，資産，及び／又はリスクの国境を越えた再編（the cross-border redeployment by a multinational enterprise of functions, assets and/or risks)」と定義されている[8]。本稿は移転価格税制の展開を中心に事業再編を論ずるものであるので，この定義を借用することにしよう。

　この定義はきわめて広範である。同ガイドラインによると，事業再編は，価値ある無形資産のクロス・ボーダー移転を伴うこともあるが，常にそうであるわけではない。価値のあるものが移転しなくても，重複した契約を破棄することによってすら，機能やリスクは再編できるからである。

　留意点が 2 つある。第 1 に，ここにいう「事業再編」は，合併や分割などの「組織再編成（法人税法 62 条以下）」とは別の概念である。日本や外国の会社法制上の合併や分割などを伴う場合もありうるが，それに限られるものではない。機能・資産・リスクが移転する現象を広く包含する。日本語で「事

---

(8) OECD, Transfer Pricing Guidelines for Multinational Enterprise and Tax Administration, Chapter IX, Paragraph 9.1(2010).

業再編」というと，法令用語としての「組織再編成」と似ており，まぎらわしい。本稿ではより広い意味で「事業再編」という言葉を用いるので，あらかじめ注意しておく必要がある。

第2に，税制以外の目的を追求する事業再編も多い。多国籍企業は，市場の変化に対応し，より効率的なビジネス・モデルを追求している。租税目的は，多国籍企業の直面する複合的考慮要素の中のひとつである。そして税制との関係に限っても，法人所得税のみならず，源泉徴収税や付加価値税，関税，社会保障税など，多くのルールに関係する。その中で，移転価格税制との関係は，重要な側面ではあれ，問題の一部であるにすぎない。

2　事業再編の背景

1990年代半ば以降，多国籍企業の事業再編は，しばしば，無形資産とリスクの集中化を伴ってきた。OECD移転価格ガイドラインは，次の典型例をあげている[9]。

* 本格的販売業者（full-fledged distributors）から，リスク限定的販売業者（limited-risk distributors）あるいは問屋（commissionaires）への転換
* 本格的製造業者（full-fledged manufacturers）から，契約製造業者（contract-manufacturers）あるいは受託製造業者（toll-manufacturers）への転換
* グループ内の中心的事業体，たとえばいわゆるIP会社に対する無体財産権（intangible property rights）の移転

2005年から2009年にかけてのOECDのコンサルテーションに参加したビジネス代表は，事業再編を行う理由として，シナジーと規模の経済を最大化したいこと，事業ラインを整理したいこと，サプライ・チェーンの効率性を改善したいことをあげていた[10]。また，景気後退期に収益性を維持したり，損失を限定したりするために，事業再編が必要になることもある，としていた。

---

(9) OECD, supra note 8, Paragraph 9.2.
(10) OECD, supra note 8, Paragraph 9.3.

2007年のある日本の講演も，事業再編の背景として，次のような経済状況の変化を指摘していた[11]。
＊アジアにおける水平的分業体制の整備
＊EU の経済統合の推進
＊本部機能・地域中心拠点の拡充

3　事業再編の具体例
(1)　外国の報道例

具体例としては，どのような例があるか。2009年末のある論文によると，多国籍企業による事業再編の例として，次のようなものがある[12]。
＊GM が，倒産を避けるため 47 工場のうち 13 を閉鎖，米国での雇用を 4 万人削減
＊Fiat が，米 Chrysler 買収に伴い，イタリアでの活動を縮小
＊Glaxo が，再編プログラムを加速し，年間 1.7 billion ポンドのコスト削減
＊Thyssen Krupp Stahl が，顧客志向を高めるために，組織構造を改善中

(2)　米国のケース・スタディー

もうすこし深度があり，しかも税制との関係を意識したものとして，米国のケース・スタディーをみてみよう。2010年7月に米国下院歳入委員会が移転価格に関する公聴会を開いた。そのための資料として，米国両議院税制委員会（Joint Committee on Taxation）が，米系多国籍企業の所得移転に関する事例研究を行い，報告書を提出した[13]。

この報告書のねらいは，実際の申告データに基づくケース・スタディーによって，所得移転のメカニズムをあぶりだすことにあった。6つのケースを選定し，具体的に検討を加えた結果，次の行動パタンを明らかにしている。

---

(11)　青山・前掲注3・租税研究695号112-113頁。業績管理会計上の課題を指摘するものとして，塘誠「移転価格税制に関わるタックス・マネジメントと業績管理会計上の課題」成城・経済研究174号49頁（2007年）。
(12)　Kay Kimkana, The UK Approach to Transfer Pricing and Business Restructurings, Tax Notes International, December 7, 2009, 789.

図表1　3つの行動パタン

①低課税国に高収益事業を置き，高課税国に低収益事業を置く
②無形資産を軽課税国に移転する
③CFC 税制の適用除外規定を利用する

すなわち，①低課税国に高収益事業を置き，高課税国に低収益事業を置く。また，②無形資産を軽課税国へと移転する。さらに，③CFC 税制の適用除外規定を利用する，という行動パタンである（図表1）。

(3) 低課税国に高収益事業を置き，高課税国に低収益事業を置く

このことを敷衍しよう[14]。

第1は，低課税国に高収益事業を置き，高課税国に低収益事業を置くことである。多国籍企業は，平均税率がより低い外国法域に高収益の機能を集中し，平均税率がより高い法域に低収益の機能を集中しているという。

どのようにしてこれが可能になっているか。ここで事業再編が鍵になる。すなわち一方で，多国籍企業は，外国プリンシパル（主要機能を果たす「本人」）として事業体を設立する。このプリンシパルを法人税率の高い米国においてではなく外国法域に設立するところが，ポイントである。当該プリンシパルは，その法域が事業所得に対する低い法定税率を有している結果か現地政府との交渉の結果かによって，低い平均法人所得税率に服する。

他方で，契約製造やリスク限定的販売業者のような低価値機能をどの法域に置くかについての決定は，租税以外の事業上の必要や歴史的先例による。たとえば，従来からある国に工場を置いていたとしよう。その国の税率が高

---

(13) Joint Committee on Taxation, Present Law and Background Related to Possible Income Shifting and Transfer Pricing, July 20, 2010, JCX-37-10. この報告書のやや詳しい紹介として，増井良啓「米国両議会税制委員会の所得移転事例研究を読む」租税研究 734 号 252 頁（2010 年），村岡欣潤「米国税制の最近の動向―米国両議院税制委員会レポートより，無形資産の移転を含む米国企業の国際的事業再編に係る最新動向」租税研究 744 号 204 頁（2011 年）。
(14) 以下の本文 (3) から (5) は，増井・前掲注 (13) の紹介をもとに，加筆したものである。

い場合,工場はその国に残すのであるが,事業再編を行って,本格的製造業者から契約製造業者に転換する。この組織再編によって,契約製造業者やリスク限定的販売会社になった事業体は,プリンシパルとの契約上の合意により,一定程度の正の課税所得を保障されてはいる。しかし,アップサイドの利益潜在力を享受することはない。つまり,税率の高い国での儲けを抑制しておく。利益が伸びた場合の取り分は,全部プリンシパルに持っていく。そのような形で事業組織構造を再編するのである。

このように,「低課税国に高収益事業を置き,高課税国に低収益事業を置く」ことにより,多国籍企業のグループ全体でみた納税額を抑制することができる。ひいては,税引後利益の最大化に資するかもしれない。直感にアピールするやり方だけに,ケース・スタディーで実証された事例にとどまらず,より広く用いられているものと考えられる。また,米国に限らず,比較的高税率の法人所得税制を有する国にとってみると,かなり普遍的に観察される企業行動パタンと想定しても間違いではなかろう。

(4) **無形資産を軽課税国に移転する**

第2の行動パタンは,無形資産を取得する過程において,いわゆるバイ・イン支払(buy-in payments)と費用分担取決め(cost sharing arrangements)を利用することである。バイ・イン支払とは,費用分担取決めの参加者が,費用分担取決めに係る既存の無形資産に対する特定の権利を取得するために支払う金額のことである。

たとえば,外国子会社に,米国グループとの間で次の合意をさせる。まず,当該外国子会社が,既存の無形資産(たとえば製造・販売権)に関してバイ・イン支払を行う。外国子会社はその後,当該無形資産権の将来における研究開発につき,費用分担を行う。費用分担を行う研究開発の範囲は,米国外または全世界で製造し販売する一定の製品ラインに帰する部分である。こうして,この外国子会社は,無形資産が形成されていく途中から,費用分担取決めに加入する。

この場合の最大のポイントが,移転価格税制の適用上,無形資産をどう評

価すべきか，さらに，費用分担取決めにおいて途中で取決めに参加する納税者が支払うべき金額をどう決定すべきかである。もし，この局面において無形資産の評価額が適正額から大きく乖離してしまうと，米国内から米国外に無形資産が適正対価を徴することなく出て行く危険が高まる。外国子会社は，低廉な対価さえ支払っておけば無形資産を保有できることになり，その後に費用分担取決めを守っている限り移転価格課税のリスクを負わないことになってしまう。

米国ではこういった点が懸念され，2008年暫定規則により費用分担取決めのルールが改正された。また，費用分担取決めをめぐり，Xilinx 事件や Veritas Software 事件といった著名な紛争事例も生じた[15]。下院歳入委員会の2010年7月22日公聴会においては，Steven Shay 氏（米国財務省 Deputy Assistant Secretary for International Tax Affairs）が陳述し，2009年1月に包括的な費用分担暫定規則を公表したこと，同暫定規則の中に各当事者が取決めに対して拠出する資産の新しい評価方法が含まれていること，を述べている。

(5) CFC 税制の適用除外規定を利用する

第3の行動パタンは，CFC 税制の適用除外規定の利用である。米国の CFC 税制はサブパートFルールといい，日本流にいえば外国子会社合算税制に相当する。CFC 税制の適用があれば，外国関係会社の留保所得は，米国支配株主の手元で相対的に高い米国税率が適用され，即時に課税されてしまう。そのため，多国籍企業としては，CFC 税制の適用除外を受けるべく，種々の手段を組み合わせることになる。そのからくりはやや複雑であり，米国税制特有の制度的事情によるところが大きい。ケース・スタディーからは，ふたつのことを組み合わせている事実が明らかになった。

まず，チェック・ザ・ボックス規則を用いることによって，米国税制上法

---

(15) 神山弘行「ザイリンクス事件米国連邦第9巡回控訴裁判所判決」中里実他編著『移転価格税制のフロンティア』308頁（有斐閣，2011年），渕圭吾「ヴェリタス事件米国租税裁判所判決」同書341頁。

人扱いをするか否かを納税者が選択する。この選択によって,これまでは親子会社間の取引 (transactions) であったものが,本支店間のやりとり (dealings) であることになる。このメカニズムを利用し,プリンシパルから無形資産所有者に対するクロス・ボーダーの使用料支払いが,同一法人内の dealings であって,米国税制の適用との関係では「存在しない」ものである,ということにしてしまう。

　このことに,CFC 税制の適用除外規定を組み合わせる。米国の CFC 税制は,「外国基地会社所得 (foreign base company income)」という所得バスケットを取り込んで合算するつくりになっている。外国基地会社所得は,いくつかに分かれる。配当・利子・使用料といった受動的な資産運用的所得をおおむねカバーするのが,①「外国同族持株会社所得 (foreign personal holding company income)」である。この他に,②「外国基地会社販売所得 (foreign base company sales income)」や,③「外国基地会社役務所得 (foreign base company services income)」がある。②に関する除外規定が,製造業適用除外 (manufacturing exception) のルールである。このルールを適用することで,サブパート F 税制の適用が除外され,結果的に米国税を繰り延べることができる。こうして,外国収益が即時に米国税に服することを,巧妙に回避するのである。

(6) まとめ

　こうして,米国両議院税制委員会のケース・スタディーは,米国に拠点をもつ多国籍企業の行動パタンを,実例をもって明らかにした。一言でいうと,①事業再編による軽課税国への機能・リスクの集中,②無形資産の国外移転,そして,③CFC 税制の適用除外,というものである。これによって,検討の対象となったケースについて,税引前でみて,全世界所得に占める米国所得の比率が,全世界売上高に占める米国売上高の比率よりも小さい,という結果になっている。ひらたくいえば,米国から国外へと所得移転が生じているのである。

　米国両議院税制委員会のこの報告書のねらいは,あくまで,所得移転が生

ずるメカニズムを明らかにすることにあった。その検討態度は事実解明的（positive）なそれであり，規範的（normative）な評価を下そうとするものではない。実際の申告データから事実関係を深堀りしているといっても，納税者の採用した立場が適切であったかどうかは検討対象外である。調査官が企業の申告内容を吟味するのとは異なる。

4　産業空洞化論との関係
(1)　雇用への影響

　高課税国にとってみると，多国籍企業が事業再編を行って，機能・資産・リスクを国外に逃がすことは，税収にひびく。租税政策のあり方を考える上で，重要なポイントである。

　では，より広く経済政策一般の観点からみるとどうだろうか。この点についても，高付加価値の「金の卵」が国内から消失し，雇用に悪影響を与えると懸念されることが多い。

　もっとも，次のような見解もある。平成23年度経済財政白書は，統計資料に基づき，日本は貿易投資面で世界経済の成長取り込みが不十分であると評価したうえで，「開国」を進めるメリットは生産性の向上にあるとしている。そして，日本企業の海外展開について，次のように述べる。いわく，

「国内需要の成長に大きな期待ができない我が国企業にとって，海外の成長の取り込みは重要な課題である。実際，海外売上高比率の高い企業は，その企業が直面する需要の見通しが高めである。企業活動のグローバル化は従業員への利益配分を抑制し，労働分配率の押下げに寄与した局面もあったが，一方で分配の原資を拡大して賃金の改善をもたらすという効果も見られた。また，直接投資収益からの配当金の形での国内還流は着実に増加しており，他の主要先進国との対比でも，配当性向が低いとはいえない。」

という[16]。つまり，企業がもうかるところに出て行くことで，かえって成長を取り込むことができ，賃金が改善する可能性があるというのである。

日本企業の海外展開の影響が正確なところどうなっているかは，実証研究によって決すべき問題である。

(2) 外資系企業の立地競争

多国籍企業の事業再編には2つの側面がある。「出て行く」側面と，「入ってくる」側面である。このうち，一方だけをみるのは，一面的である。

一方で，従来から日本を本拠としていた企業の海外展開については，「日本にあった機能・資産・リスクが海外に「出て行く」という図式が妥当する。これまで日本に本拠を置いていた外資系企業についても，同様である。使用料の源泉地が争われたある事例の背景にも，それまで神戸に本拠を置いていた外資系企業がシンガポールに拠点を移転した，という事情があった[17]。

他方で，事業再編によって国内に「入ってくる」側面もある。これまで日本以外にあったものをどうやって日本に引き込むかという発想も大切である。あたりまえのことであるが，日本一国のストックよりも，世界規模でみたストックのほうが大きい。東アジアにおいて，日本は，企業立地をめぐる熾烈な国際競争にさらされている。シンガポールや香港といった競争相手との関係で，多国籍企業が「日本を素通りする (Japan passing)」という状況にならないようにどうすべきかが大きな課題である。

このように，事業再編というとき，すでに日本に本拠を置く企業が出て行くことを問題にするだけでなく，本来は日本にきてもおかしくない事業や投資が十分に日本にやってこない可能性にも眼を向けるべきであろう。長期的には，後者のほうがより重要な政策課題である可能性すらある。

---

(16) 平成23年度経済財政白書194頁（2011年）。
(17) 増井良啓「複数国による源泉地課税の競合—Procter & Gamble 事件を素材として」税務事例研究120号35頁（2011年）。

II 移転価格税制との関係で何が問題になるか

1 事業再編の角度からみたアドビ事件
(1) アドビ事件

日本でも、多国籍企業の事業再編が関係する例は多い。PE認定の係争事例であるとか、平成19年度税制改正によるコーポレイト・インバージョン対策税制の導入であるとか、平成22年度税制改正による一定の統括会社の外国子会社合算税制からの適用除外であるとかである。この中で、移転価格税制との関係が問題とされた著名な事例が、アドビ事件である[18]。

(2) 事案の概要

事案を一言で表現すると、事業再編により国内の再販売業者が販売支援サービス業者になり、以後は手数料ビジネスに転換した。

事業再編前の時期が、平成9年12月から平成11年11月までである。この時期には、アドビが、アドビUSから直接に製品を仕入れ、日本の卸売業者に再販売していた（図表2）。

これに対し、平成11年12月以降は、アドビは販売支援サービスをする立場になる。時期によって姿が異なるが、事業再編後の仕上がりの姿でいうと、アイルランド法人が日本の卸売業者に直接に販売する形態に切り替えた（図表3）。

図表2　事業再編前

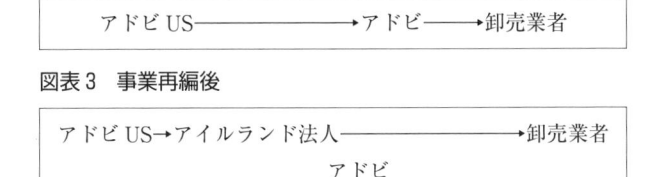

アドビUS────→アドビ──→卸売業者

図表3　事業再編後

アドビUS→アイルランド法人────────→卸売業者
アドビ

---
(18) 東京高判平成20年10月30日税務訴訟資料258号順号11061（確定）。原審、東京地判平成19年12月7日訟務月報54巻8号1652頁。

すなわち，アドビは，アイルランド法人（国外関連者）のシンガポール支店から業務委託を受け，製品の販売とマーケティングを支援し，製品のサポート・サービスを提供する。そのサービスの対価として，アドビは，シンガポール支店から，手数料を受け取る。以下これを「本件国外関連取引」という。手数料の計算式は，製品の日本での純売上高の1.5％と，サービスを提供した際に生じた直接費，間接費および一般管理費配賦額の一切に等しい金額である。

この事業再編の結果，アドビの取り分は減った。

(3) **課税処分と争点**

本件国外関連取引について，税務署長が移転価格税制を適用し，更正処分と過少申告加算税の賦課決定処分を行った。納税者がこれを争ったのが，本件である。争点は，アドビの受け取る手数料が独立企業間価格に満たないものであったかどうかである。

処分行政庁がとった算定方法の概要は，次の通りである。まず，同種または類似のソフトウェアを販売する非関連者間の取引を比較対象取引とした。この非関連者は，受注販売方式によって同種の製品を再販売している。受注販売であるため，在庫リスクはほとんどなく，貸倒れのリスクも小さい。この再販売取引を比較対象取引として，売上総利益率を算出した。そして，この売上総利益率を本件事案にあてはめて，本件製品の売上高に乗じたものが，本件でアドビが受け取るべきであった適正手数料だとみたわけである。

国の側は，この算定方式が，当時の租税特別措置法66条の4第2項第2号ロ所定の「再販売価格基準法に準ずる方法と同等の方法」にあたると主張した。

(4) **東京高裁の判断**

第1審は国の主張を認めたが，高裁判決はこれを覆した。やや長くなるが，高裁判決の判決理由の該当部分を引用しておく（図表4）。引用文のうち，イが一般論を述べた部分であり，ウが本件へのあてはめ部分である。あてはめの部分は，3段から成っている。（ア）で，判断基準として，機能とリスクの

図表 4　東京高裁の判決理由（抜粋，下線は増井による）

　そこで，本件において，処分行政庁が用いた独立企業間価格の算定方法が租税特別措置法 66 条の 4 第 2 項第 2 号ロ〔平成 23 年 6 月改正前のもの。以下同じ。〕所定の方法といえるかを検討する。
ア　処分行政庁が本件取引に適用した独立企業間価格の算定方法は，P3 製品と同種又は類似のソフトウェアについて非関連者間で行われた受注販売方式の再販売取引を比較対象取引に選定した上で，我が国における P3 製品の売上高に上記比較対象取引の売上総利益率（必要な差異の調整を加えた後のもの）を乗じて，本件国外関連取引において控訴人が受け取るべき通常の手数料の額（独立企業間価格）を算定するというものである（以下，この算定方法を「本件算定方法」という。）。
　被控訴人は，本件算定方法が租税特別措置法 66 条の 4 第 2 項第 2 号ロ所定の再販売価格基準法に準ずる方法と同等の方法である旨主張するので，以下，この点について検討する。
イ　租税特別措置法 66 条の 4 第 2 項第 2 号ロは，棚卸資産の販売又は購入以外の取引について，基本 3 法に準ずる方法と同等の方法により独立企業間価格を算定することができる旨規定しているところ，この「準ずる方法」とは，〔1〕取引内容に適合し，かつ，〔2〕基本 3 法の考え方から乖離しない合理的な方法をいうものと解するのが相当であり，また，「同等の方法」とは，それぞれの取引の類型に応じて，基本 3 法と同様の考え方に基づく算定方法を意味するものであると解されるから，結局，「基本 3 法に準ずる方法と同等の方法」とは，棚卸資産の販売又は購入以外の取引において，それぞれの取引の類型に応じ，取引内容に適合し，かつ，基本 3 法の考え方から乖離しない合理的な方法をいうものと解するのが相当である。
　そして，本件算定方法が租税特別措置法 66 条の 4 第 2 項第 2 号ロ所定の再販売価格基準法に準ずる方法と同等の方法に当たることは，課税根拠事実ないし租税債権発生の要件事実に該当するから，上記事実については，処分行政庁において主張立証責任を負うものというべきである。
ウ　そこで，本件算定方法が，それぞれの取引の類型に応じて，取引の内容に適合し，かつ，基本 3 法の考え方から乖離しない合理的な方法といえるかを検討する。
（ア）　この点，再販売価格基準法は，前示のとおり，国外関連取引に係る棚卸資産の買手が特殊の関係にない者に対して当該棚卸資産を販売した額（再販売価格）から通常の利潤の額を控除して計算した金額をもって当該国外関連取引の対価の額（独立企業間価格）とする方法であるが，この方法が独立企業間価格の算定方法とされているのは，再販売業者が商品の再販売取引において実現するマージン（上記

の「通常の利潤の額」)は,その取引において果たす機能と負担するリスクが同様である限り,同水準となると考えられているためである(略)。すなわち,再販売価格基準法は,取引当事者の果たす機能や負担するリスクが重要視される取引方法であることから(乙7,租税特別措置法施行令39条の12第6項,租税特別措置法(法人税法関係)基本通達66の4(2)-3(6)(7)参照),本件算定方法が,取引の内容に適合し,かつ,基本3法の考え方から乖離しない合理的な方法であるか否かを判断するに当たっても,上記の機能やリスクの観点から検討すべきものと考えられる。

(イ)　そこで,本件国外関連取引における控訴人と本件比較対象取引における本件比較対象法人とが,その果たす機能及び負担するリスクにおいて類似しているということができるかを検討する。

a　まず,本件国外関連取引の実態について検討するに,前記前提事実に証拠(略)及び弁論の全趣旨を総合すれば,P3製品は,本件国外関連者とは特殊の関係にないディストリビュータ(卸売業者)であるP6株式会社,P7株式会社,P8株式会社等が日本に輸入した上,リセラー(小売業者。この中には,P9やP10のように個人のエンドユーザーに小売販売する量販店と,P11やP12のように企業を顧客とし企業への訪問販売活動を通じて小売販売をする法人系リセラーとがある。)に対して卸売販売をしていること,法人系のリセラーの中には,ディストリビュータから直接仕入れることのできない零細なリセラーに対してソフトウェアの二次卸を行う業者もあること,控訴人は,本件各業務委託契約に基づき,〔1〕既存のP3製品の販売促進及び新規のP3製品の紹介及び説明のために,卸売業者を訪問して顧客等を誘導し,〔2〕P3製品のマーケティングの費用を負担し,マーケティング資料を作成して,マーケティングを行い,〔3〕本件国外関連者による日本でのP3製品の販売促進及び宣伝広告を支援し,〔4〕卸売業者,ディーラー及びエンドユーザーに対しP3製品のトレーニングコースを提供し,〔5〕顧客に対しサポート・サービスを提供するなどの役務提供行為を行っていたこと,本件各業務委託契約上,控訴人の報酬は,日本における純売上高の1.5パーセント並びに控訴人のサービスを提供する際に生じた直接費,間接費及び一般管理費配賦額の一切に等しい金額と定められていたことが認められる。

また,控訴人は在庫リスクを負担せず,顧客からの債権回収リスクも負担していないことは前示のとおりである。

b　他方,本件比較対象取引の実態について検討するに,証拠(略)及び弁論の全趣旨によれば,本件比較対象法人は,主としてプロフェッショナル向けのグラフィ

ックソフトの卸売及び小売を行う業者であり，本件比較対象取引の対象商品は海外のメーカーが製造したグラフィックソフトであること，本件比較対象法人は，上記対象商品を輸入業者から仕入れ，これを顧客に再販売していること，再販売先は，主としてコンピュータゲーム製作会社，デザイン会社，専門学校等の教育機関等のグラフィックソフトのエンドユーザーであるが，他方，卸売も行っており，本件比較対象法人はソフトウェアの流通過程における卸売業者（2次卸）及び小売業者に相当する企業であること，本件比較対象法人は，小売業者として，専門学校や大学の教員を訪問してデモンストレーションを行い，イベント等を開催して潜在顧客に上記対象商品を宣伝し，エンドユーザー向けに業界紙，ダイレクトメール，ウェブ広告等を通じて広告を出し，エンドユーザーからの質問やクレームを受け付けて処理をするというサポート・サービスを提供するとともに，卸売業者として，卸売先の業者と共に潜在顧客先に赴いて製品のデモンストレーションをするなどの販売促進活動をしていたこと，本件比較対象取引は，仕入販売取引であるが，受注販売方式を採っており，在庫リスクはほとんどなく，売掛先が大企業等の信用の高い顧客が多く，貸倒れのリスクが小さいことが認められる。

c 以上を前提に，本件国外関連取引において控訴人が果たす機能と，本件比較対象取引において本件比較対象法人が果たす機能とを比較するに，上記認定事実のとおり，本件国外関連取引は，本件各業務委託契約に基づき，本件国外関連者に対する債務の履行として，卸売業者等に対して販売促進等のサービスを行うことを内容とするものであって，法的にも経済的実質においても役務提供取引と解することができるのに対し，本件比較対象取引は，本件比較対象法人が対象製品であるグラフィックソフトを仕入れてこれを販売するという再販売取引を中核とし，その販売促進のために顧客サポート等を行うものであって，控訴人と本件比較対象法人とがその果たす機能において看過し難い差異があることは明らかである。（中略）

d 本件国外関連取引において控訴人が負担するリスクと，本件比較対象取引において本件比較対象法人が負担するリスクとを比較するに，控訴人は，本件各業務委託契約上，本件国外関連者から，日本における純売上高の1.5パーセント並びに控訴人のサービスを提供する際に生じた直接費，間接費及び一般管理費配賦額の一切に等しい金額の報酬を受けるものとされ，報酬額が必要経費の額を割り込むリスクを負担していないのに対し，本件比較対象法人は，その売上高が損益分岐点を上回れば利益を取得するが，下回れば損失を被るのであって，本件比較対象取引はこのリスクを想定（包含）した上で行われているのであり，控訴人と本件比較対象法人とはその負担するリスクの有無においても基本的な差異があり，これは受注販売形

式を採っていたとしても変わりがない。本件比較対象取引において，この負担リスクが捨象できる程軽微であったことについては，これを認めるに足りる的確な証拠はない。

（ウ）　以上によれば，<u>本件国外関連取引において控訴人が果たす機能及び負担するリスクは，本件比較対象取引において本件比較対象法人が果たす機能及び負担するリスクと同一又は類似であるということは困難であり，他にこれを認めるに足りる証拠はない。</u>本件算定方法は，それぞれの取引の類型に応じ，本件国外関連取引の内容に適合し，かつ，基本3法の考え方から乖離しない合理的な方法とはいえないものといわざるを得ない。

エ　そうすると，処分行政庁が本件取引に適用した独立企業間価格の算定方法は，租税特別措置法66条の4第2項第2号ロに規定する「再販売価格基準法に準ずる方法と同等の方法」に当たるということはできない。

観点から類似性を判断する旨を述べる。この判断基準を本件の事案との関係で詳説するのが(イ)であり，本件国外関連取引と本件比較対象取引が類似しているかを検討し，a本件国外関連取引の実態，b本件比較対象取引の実態，c機能の比較，dリスクの比較，という具合に論を進める。そして（ウ）で，本件国外関連取引と本件比較対象取引は機能およびリスクにおいて類似していないと判断する。こうして，結論として，「再販売価格基準法に準ずる方法と同等の方法」にあたらないとしたのである。

(5)　**コメント**

　この事件は，東京高裁のこの判決をもって確定した。移転価格税制に基づく更正処分が争われた中で，はじめて納税者が勝訴した裁判例ということもあり，多くの評釈や論文がある[19]。ここでは，事業再編との関係で，2点を指摘する。

　第1に，機能とリスクが類似した役務提供取引を比較対象取引としたら，どういう結果になるか。事実認定の問題でありすべては証拠によるが，一般的には，次のように推論できるのではないか。手数料ビジネスの場合，日本国内からは機能とリスクがはぎ取られ，サポート業務しかしていない。おのずから，国内に落ちてくる利益は小さくなるであろう。ということは，いっ

たん事業再編によって国外に機能やリスクが出てしまったあとは，再編後の取引に独立企業原則をあてはめても，日本国内にはなかなか，これまでのような高水準の利益が残らないのではないだろうか。

第2に，この事件の争点は，事業再編後の取引が独立企業間価格でなされているかどうかであった。これに対し，再編自体に伴って適切な報酬が支払われたかどうかについては，争点になっていない。そのため仮想の問いになるが，再編時の取引関係を精査したら，どういう結論になったであろうか。仮に1999年12月の事業再編時に，アドビが再編の対価を受け取っていたという場合には，その価格設定が独立企業間価格であったかが問題になるだろう。そのような受け取りがないとすれば，マーケティング無形資産を無償譲渡したという可能性の有無を審査すべきであった[20]。このように，第1段階で再編自体の対価を審査し，第2段階で再編後の取引価格を審査する，という検討手法は，2010年OECD移転価格ガイドラインで明らかにされている。

なお，平成23年6月の税制改正で，独立企業間価格の算定方法の適用順位が見直された。すなわち，独立企業間価格の算定方法の適用優先順位を廃

---

(19) 藤枝純・租税判例百選［第5版］44頁，藤枝純・南繁樹・税研148号132頁，太田洋・手塚崇史・租税研究723号148頁，山本英幸・自由と正義61巻2号8頁，細川健・税務弘報57巻3号184頁，村田守弘・藤澤鈴雄・NBL 916号20頁，唐津恵一・NBL 921号80頁，川上英樹・光内法雄・前田圭・旬刊経理情報1208号26頁，伊川正樹・速報判例解説（法学セミナー増刊）6号307頁，大石篤史・小島義博・会計監査ジャーナル22巻6号81頁，村田守弘・税務事例42巻3号40頁，青山慶二・TKC税研情報20巻1号32頁，福井智子・月刊税務事例43巻2号78頁。さらに参照，太田洋・手塚崇史「アドビシステムズ事件東京高裁判決」中里実他編著『移転価格税制のフロンティア』44頁，72頁（有斐閣，2011年）。

(20) 居波・前掲注（3）・税大ジャーナル14号126-127頁は，事業再編自体に伴う報酬が争点にならなかった理由として，①国外親会社に移転された販売用無形資産の評価額を比較対象取引によって算出することが困難であること，②再編後取引の対価が適正価額であれば再編自体に伴う独立企業間価格の算定は不要になること，③平成11年から13年の時期に事業再編自体による販売用無形資産が国外関連者に移転したとしてもその対価を収受すべきとする商慣行が確立しているかを立証できるかが不確かであること，を想定している。

止し，独立企業間価格を算定するために最適な方法を事案に応じて選択する仕組みに改正した（租税特別措置法66条の4第2項）。そのため，高裁判決が基本三法の優先を前提としている判示部分は，現行法の下でそのままの形で妥当するものではない。現行法の規定との関係では，訴訟の当事者は「最も適切な方法により算定した金額」であることを主張立証する必要がある。もちろん，その過程において比較対象取引との類似性が問題になるから，裁判所は，法改正ののちも，アドビ事件で争われたのと同様の点につき判断を迫られることになる。この事件は依然として，事業再編との関係で何が問題になるかを示す適例であり，その意味で参照に値する。

2 OECD移転価格ガイドラインの2010年改訂

(1) OECD移転価格ガイドライン改訂の経緯

本稿の冒頭に記したように，事業再編の移転価格の側面について，OECD移転価格ガイドラインが2010年に改訂された。その経緯をもうすこし詳しく記せば，次の通りである。

2005年1月，OECDラウンドテーブルで，WP1（租税条約を担当）とWP6（移転価格を担当）の合同作業部会を設置した。2007年末，移転価格に関する検討をWP6に，PEの閾値（threshold）に関する検討をWP1に，それぞれ付託した[21]。

2008年9月，WP6が討議ドラフトを公表した[22]。討議ドラフトの検討対象は，OECDモデル租税条約9条と関係する範囲である。これを逆にいうと，OECDモデル租税条約7条は扱わないし，国内法上の租税回避防止規定やCFC税制は扱わない。また，付加価値税や間接税も扱わない。この範囲設定は，2010年移転価格ガイドラインに引き継がれている[23]。

---

(21) PEの論点については，高嶋健一「事業再編に係る恒久的施設の論点―代理人PEを中心として」21世紀政策研究所『わが国企業を巡る国際租税制度の現状と今後』31頁（2010年）。
(22) OECD, supra note 1.
(23) OECD, supra note 8, Para. 9.7-9.8.

2008年討議ドラフトに対して，会計事務所，法律事務所，産業団体などから37件のパブリック・コメントが寄せられ，それらはのちにOECDのウェブサイトに掲載された[24]。たとえば，2009年2月18日付けのBIAC (Business and Industry Advisory Committee) のパブリックコメントは，要旨，文書化したらそれを尊重してほしい，文書化がなくてもそれだけで独立企業原則に反するわけではない，実際に行われた取引の認識に関するいくつかのパラグラフに懸念がある，退出課税（exit taxation）が独立企業原則に違反する旨を明記すべきである，というものであった。

2009年6月9，10日に，ビジネスとの協議会合が開かれた[25]。その場で，BIACのPat Ellingworth氏は，「①多国籍企業内部のリスク配分，②潜在的利益の扱い，③商業的合理性の概念，が問題だ。」と述べた。これに対し，WP6議長のDavid Ernick氏は，「ドラフトのいくつかの考え方にはさらに作業が必要である。」と述べている。

その後の検討を経て，2010年6月22日にOECD租税委員会が新しい移転価格ガイドラインを採択し，2010年7月22日にOECD理事会（Council）によって承認された。

(2) OECD移転価格ガイドラインを参照する条約例

話がやや前後するが，ここで，OECD移転価格ガイドラインとして採択されることの意義について一言する。OECD移転価格ガイドラインはあくまで指針にすぎないが，法的な意味を明示的に与えられていることがある。

たとえば，二国間租税条約の上で，OECD移転価格ガイドラインを参照する例がある。日米租税条約の交換公文3は，次のように定めている。

「条約第9条に関し，二重課税は，両締約国間の税務当局が移転価格課税

---

(24) http://www.oecd.org/document/25/0,3746,en_2649_33753_42155737_1_1_1_1,00.html. また，Intertax Vol.37, Issue 2(February 2009)のように，専門雑誌が一つの号をすべて討議ドラフトの紹介に充てた例もある。同号でコメントを加えているのは，Baker & McKenzieである。

(25) http://www.oecd.org/document/21/0,3746,en_2649_33753_43033621_1_1_1_1,00.html.

事案の解決に適用されるべき原則について共通の理解を有している場合にのみ回避し得ることが了解される。このため，両締約国は，この問題についての国際的なコンセンサスを反映している……OECD 移転価格ガイドライン……に従って，企業の移転価格の調査を行い，及び事前価格取決めの申請を審査するものとする。各締約国における移転価格課税に係る規則（移転価格の算定方法を含む。）は，OECD 移転価格ガイドラインと整合的である限りにおいて，条約に基づく移転価格課税事案の解決に適用することができる。」

このような規定が設けられている場合，条約締約国の課税当局は，OECD 移転価格ガイドラインに従って移転価格の調査を行い，APA を審査し，相互協議を行うことが，条約上の義務であることになる。

(3) 2010 年 OECD 移転価格ガイドライン第 9 章

さて，2010 年 OECD 移転価格ガイドラインは，第 9 章を新設し，事業再編について指針を示した。序論に続き，4 部から構成される（図表 5）。

第 9 章は 193 のパラグラフから成り，多くの事柄を含んでいる。リスクの扱いを含め，個々に論ずべき点は多い。しかし，ガイドラインの内容についてはすでにかなりの先行研究があるので，ここでは，次の 2 点だけにしぼってみておこう。ひとつは独立企業原則の適用に際しての基本的なスタンスであり(4)，いまひとつは実際に行われた取引の承認である（5 以下）。

(4) 再編後取引に関する移転価格審査の基本的なスタンス

第 9 章の採用する前提は，独立企業原則とガイドラインが，再編や再編後取引に対する場合と，当初からそのような形で構築されていた取引に対する

図表 5　2010 年 OECD 移転価格ガイドライン第 9 章の構成

序論
第 1 部　リスクに対する特別の考慮
第 2 部　再編自体に対する独立企業間対価
第 3 部　再編後の関連者間取引の報酬
第 4 部　実際に行われた取引の承認

場合とで，異なって適用されるものではなく，また，異なって適用すべきものではない，ということである[26]。

　このことは，出発点として重要である。多国籍企業が事業再編をした後の取引に対して独立企業原則を適用する場面について敷衍すると，次のようになる。

　問題の核心は，事業再編によって国内企業の果たす機能やリスクが小さくなり，それに応じて再編前よりも国内で計上する利益が小さくなることを，どう評価するか，ということである。そして，過去の事業年度に大きな利益を計上していたのに，再編後の事業年度から小さな利益しか計上しない，ということになると，どこかがおかしいのではないか，という感想をもつことは，それなりに自然なことではある。

　野球のたとえで考えてみよう。A投手が時速140キロ台の速い直球を投げていたところ，急に投手が交代し，B投手が時速90キロ台の変化球で攻めてきた。打者は，直近の速球残像が脳裏に残っているため，落差を感ずる。これが人間の感じ方である。

　同じようなことが，事業再編の前後に生じうる。従前の事業ストラクチャーのもとで，日本子会社が140の取引対価を稼得していた。事業再編の後，当該子会社は機能やリスクを負わなくなり，97の取引対価を稼得するにとどまった。以前のストラクチャーの記憶が残っているから，事業再編後の取引は利益を不当に国外流出しているのではないか，という疑念が生ずる。人の感じ方として，きわめて自然である。税務調査の端緒も，このような感じ方を背景とすることが多いだろう。

　しかし，OECD移転価格ガイドラインが問題にするのは，この子会社が当初からそのような形で事業ストラクチャーを組んでいた場合に，果たして97という対価を稼得していたかどうか，ということである。つまり，独立企業原則の適用は，再編後取引に対する場合と，当初からそのような形で構

---

[26]　OECD, supra note 8, para. 9.9.

築されていた取引に対する場合とで，異なって適用してはならないのである。

　もちろん，再編後取引と，当初からの取引とで，事実関係が異なる場合はありうる[27]。そして，再編後取引に対する独立企業間価格算定方法の選択と適用は，当該取引の比較可能性分析によって行う必要がある[28]。その際，再編自体の対価と，再編後取引の対価との間の相互関係を考慮しなければならない場合もある[29]。

　しかし，原則ははっきりしている。再編前の高い利益水準と，再編後利益の低い水準を比較するだけでは，適切な答えは出てこない。OECDモデル租税条約9条は非関連取引との比較を求めているから，納税者の関連取引を別の関連取引と比較しても意味がない[30]。あくまで，再編後取引と同等のストラクチャーを独立当事者が用いたとすればどれだけの利益が適切かを，探索せねばならないのである。

(5) 実際に行われた取引の承認

　第9章第4部は，納税者が実際に行った取引を課税庁が承認しない例外的な場合に言及する。

　かねてより，移転価格ガイドラインは，当事者の行った取引形式はそれとして尊重したうえで，あくまで価格の調整を行うことを原則としてきた。しかし，一定の場合に，OECDモデル租税条約9条の適用上，独立企業間であればそのような取引はしないから，という理由で，例外の余地を認めてきた[31]。新設された第9章第4部は，事業再編の局面にそくして，この例外に言及している。

　この問題は，日本流にいえば，狭義の租税回避の否認と真の事実関係の認定の区別にも関係する，かなり難しい論点である。事実関係の安易な引き直しにお墨付きを与えてしまうことになると，波及効果が甚大である。そのた

---

(27)　OECD, supra note 8, para. 9.127.
(28)　OECD, supra note 8, para. 9.133.
(29)　OECD, supra note 8, para. 9.139.
(30)　OECD, supra note 8, para. 9.143.

め，多くのパブリック・コメントが懸念を表明していたし，国際的なフォーラムでもその当否が議論されている。たとえば，2009年，国際租税協会（International Fiscal Association）の Mitchell Carol Prize は，オスロ大学の Andreas Bullen 博士に授与された。彼の博士論文は，ガイドラインの中でも，実際に行われた取引の承認に関するパラグラフを集中的に分析するものである[32]。

(6) 実際に行われた取引の承認－承認しない例

2010年 OECD 移転価格ガイドラインの第9章第4部は，次の例をあげている[33]。

[事業再編前]

ある多国籍企業が製品を製造販売する。この製品の価値は，その技術特性によって決まるのではなく，ブランド・ネームと露出によって決まっている。マーケティング戦略に知恵とお金をかけることで，ブランドの価値を高め，競争者との差別化を図っている。ブランド・ネームは A 国の A 社が保有している。

A 社の本社で125人の従業員が働き，世界的なマーケティング戦略をた

---

[31] OECD, supra note 8, para. 1.64-1.69. すなわち，原則としては，関連者間で実際に行われた取引に基づいて関連当事者間の調査を行うべきであり，実際の取引を無視したり，他の取引と置き換えたりすべきではない。これに対する例外その1が，取引の経済的実質がその取引の形式と異なる場合である。例外その2が，取決めが「商業上合理的に行動」する独立企業であれば採用したと思われる取決めと異なる場合である。これが，OECD 移転価格ガイドラインの定めである。この定めにいう，実際に行われた取引を認識しないで移転価格税制を適用する例外とは，具体的にどういう場合であるのか。特に，「商業上合理的な行動」の検証が何を意味するのか。これらの点が，争われてきたのである。

[32] Andreas Bullen, Arm's length transaction structures: recognizing and restructuring controlled transactions in transfer pricing (IBFD, 2011). また，Andreas Bullen, The Concept of 'Restructuring' Controlled Transactions, Tax Notes International, April 6, 2009, 43.

[33] OECD, supra note 8, para. 9.190-9.192.

てて実行している。それによってブランドが維持され，製品の消費者価格が高くなる。実際の製造は関連の委託製造業者が行い，販売も関連会社が行う。A 社の稼得する利益は，無形資産やマーケティング活動などに対する報酬である。

［事業再編後］

ここで，事業再編が生じる。ブランド・ネームは，Z 国に新規設立した Z 社にそっくり移転する。再編後は，A 社は，Z 社や関連会社に対するサービスについて，コスト・プラスで報酬を受け取る。関連の委託製造業者や販売会社の受け取る報酬は，変わらない。こうして，A 社や関連会社の取り分を差し引いた残余の超過利益は，Z 社に支払われる。

比較可能性分析からは，次の結論が導かれている。

* 独立当事者間であったならばブランド・ネームやリスクをこのような形で配置するかどうかについて，非関連の比較対象取引からは，信頼できる証拠が得られない。
* Z 社は，現地の信託会社が管理している。ブランド・ネームの戦略的開発にまつわるリスクを管理する従業員や役員がいない。リスクを負うだけの財務基盤もない。
* 毎年 1 回，A 社本店の幹部が Z 国に飛んできて，Z 社の運営に必要な決定を正式の手続によって確認する。決定の内容自体は，A 社の A 国所在本店で準備する。A 社としては，これは A 社本店が Z 社のためにするサービスと考えており，コスト・プラスで手数料をとっている。
* 世界的なマーケティング戦略の開発・維持・遂行は，再編前と同様に，A 社本店の同じ従業員が行っており，コスト・プラスで手数料をとっている。コスト・プラスであるため，A 社には，ブランド・ネームの価値を最大化したり，マーケット・シェアを拡大したりする契約上のインセンティブがない。

［実際に行われた取引の不承認を許容］

この例について，A 国の課税庁が，「再編後の取引には実態がない，よっ

て当事者の選んだ取引は承認できない」と主張したとしよう。この主張は許されるか。

　OECD移転価格ガイドラインの結論は，A国の課税庁は，当事者の選んだストラクチャーを承認しないことが許される，というものである。理由として，次の点をあげている。
＊取決めの経済的実質が形式と異なっていること。
＊Z社は，契約で定められたリスクを負担する能力を欠いていること。
＊事業目的を示す証拠がないこと。

　なお，これは，A国で一般的租税回避否認規定の適用可能性があるかどうかとは別の話である。また，Z社の管理支配地がどこにあるかとも別の話である。あくまで事実認定の問題として，当事者の選んだ取引形式を承認できるか否かを問題にしている。

(7) 実際に行われた取引の承認－承認する例

　これに対し，OECD移転価格ガイドラインの第9章第4部は，次のような事実関係であれば，当事者の構築した取引形式を承認するとしている[34]。
［事業再編後］
　それは，上でみた(6)と事実関係が異なり，A社の本店機能の一部がZ国に移転したとみられる場合である。事実関係のポイントは，次の通り。
＊再編によって，125人の本店従業員のうち30人が解雇され，別の30人がZ社に配置換えされ，Z社が新しく15名を雇った。
＊Z社の従業員に，ブランド・ネームと世界的マーケティング戦略の開発と実施を担う技術と能力がある。
＊Z社には，リスクを背負うための財務基盤もある。
＊Z社の従業員がブランド・ネームの開発に付随するリスクを管理する権限をもっている。
＊A社本店は，再編後に，人的資源管理や法務・税務などのサービスと，Z

---

(34)　OECD, supra note 8, para. 9.193-9.194.

社が監督するマーケティングの補助を行う。
*事業再編をした主な理由は，A国に比べて有利なZ国の税制を利用することにあった。

［実際に行われた取引の承認］

　ガイドラインは，この場合には，取決めの経済的実質が形式と一致していると述べている。そうなると，課税庁は，当事者の選んだ取引形式を承認したうえで，価格調整に入ることになる。すなわち，再編そのもの，および，再編後の活動について，それぞれ，納税者が実際に行った取引をそのまま対象として，独立企業間価格を決定する。

　この例で注意しておくべきは，Z社に経営実態があるのであれば，Z国の有利な税制を利用するために事業再編を行っていたとしても，当事者の選んだ取引を承認する，という結論に至っているという点である。

(8) **まとめ**

　以上，OECD移転価格ガイドライン第9章について，2点のみを瞥見した。例示の扱いを含め，ガイドラインの立場が各国の裁判所でどう受け止められるかについては，今後の展開を待たねばならない。

III 今後の検討課題

冒頭に述べたように,日本の税制のあり方を考えるという視点からみると,事業再編が投げかける問題は幅広い[35]。それらは,問題の性質に応じ,3層に分けることが便宜であろう。

第1層の問題群は,現行の移転価格税制の解釈・適用に関する課題である。それは,OECD移転価格ガイドライン第9章が整理しているように,再編自体に伴う独立企業原則の適用と,再編後の取引に対する独立企業原則の適用,という2段階で考えていく必要がある。いずれの場合についても,価値のあるものが国外に出て行く場合が問題の中心であり,その意味で,無形資産の定義や人的帰属,評価をめぐる検討が重要になる[36]。さらに,文書化について法令上の根拠を与えたり,国税庁と上場会社の対話を深化させたりするなど,執行面の工夫も試みられてきており,その検証が求められる。しかし,一歩を進めて考えると,果たして現行の移転価格税制で事業再編に対処できるのか,ということが問題になる[37]。

そこで,第2層の問題群として,現行の移転価格税制の解釈・適用にとどまらず,立法論として,移転価格税制のあり方を検討するという課題が出てくる。事業再編との関係で特に問題となるのが,所得相応性基準の導入の可否である。この点については,2010年秋の税制調査会専門家委員会国際課

---

(35) Anschuka Bakker ed., Transfer Pricing and Business Restructurings, Streamlining all the way (IBFD, 2009) は,序,ビジネスモデル,OECD 政策枠組,EU 政策枠組,OECD モデル租税条約9条,PE の論点,VAT の側面,関税,租税会計の考慮,について各章で検討したのち,国別報告として,中国・ドイツ・インド・スイス・英国・米国の状況を報告している。なお,付加価値税との関係でのケース・スタディーとして,Markus Achatz, The VAT Aspects of Business Restructuring, Bulletin for International Taxation, Vol. 66, No. 2, 116 (2012).
(36) 岡田至康「無形資産を巡る移転価格課税上の諸問題」21世紀政策研究所『グローバル化時代における新たな国際租税制度のあり方(研究主幹青山慶二)』45頁(2012年)。

税小委員会が論点を整理した（図表6）。引用したところからわかるように，賛否両論を並記している。今後さらに検討を続け，方向性を明らかにしていくべきであろう。

　第3層の課題は，移転価格税制以外の幅広い対応を検討することである。冒頭に記したように，多国籍企業の国際的事業再編に伴い問題となる論点は，PEの認定や，退出税の設計，コーポレイト・インバージョン税制の再点検，外国子会社合算税制の再改革，国際的組織再編税制の整備，法人税制の抜本的改革といった，国際課税ルールの全域にわたる。投資呼び込みのための対応をも視野に入れて，政策の優先順位をつけることが肝要と思われる。

　日本の法人所得税の法定総合税率が近隣国のそれに比べて比較的に高い状況は，当分の間，続くであろう。そのため，防御策として課税権確保のための立法措置を講ずることには，相応の理由が認められる。しかし，そのような立法措置がそれのみで税収調達力の回復をもたらしてくれる保障はない。タックス・ミックスの見直しを念頭において，より長期的な税制の将来像をみすえておかないと，木を見て森を見ずということになりかねない。大きな方向感としては，「強固な垣根（strong fences）をめぐらして課税権を確保する」という要請と，「広く門戸を開放して（open doors）通商の拡大を図る」という要請のいずれかのみに偏るのではなく，バランスのとれた舵取りを行うべきである[38]。

---

(37) 事業再編に関しOECD租税委員会が検討中の時期に，藤澤鈴雄氏の「事業再編への移転価格税制の適用の議論は，移転価格税制の本質に関わる根源的な性格を有しているように見えます。」という指摘を受けて，柳澤聡国税庁国際調査管理官は「このOECDのプロジェクトは，事業再編取引への移転価格税制の適用自体が複雑なものとなりがちなだけではなく，ご指摘のとおり，独立企業間価格とは何かという根源的な問題に接していることから，租税委員会でも最も困難なものの一つとなっています。」と発言している。柳澤聡・藤澤鈴雄・水野寛「国際課税の執行を巡る最近の動向」国際税務30巻1号18頁，26-27頁（2010年）。
(38) 増井良啓・宮崎裕子『国際租税法［第2版］』186頁（東京大学出版会，2011年）。
(39) 税制調査会専門家委員会・前掲注(7)。

図表6　税制調査会専門家委員会の論点整理（抜粋）[39]

4-1. 無形資産の取扱い
（議論の概要）
○ 多国籍企業のグループが，リスク限定的販売会社や契約製造会社への転換などの形を利用した事業再編を通じて，税負担を軽減するタックス・プランニングが広く行われるようになってきている。OECDでは，このような事業再編の問題へ対応するため，移転価格税制の観点から，関連者間での機能やリスクの配分についての独立企業原則との関係が議論され，移転価格ガイドラインの第9章としてとりまとめられた。
○ 今回のOECD移転価格ガイドラインの改定の中では，無形資産の扱いは見直されなかったが，今後，無形資産の範囲，及び無形資産の評価・課税の方法の観点からOECDにおいて議論が行われる予定である。
○ 多国籍企業グループが事業再編を通じて無形資産を軽課税国に移転することで税負担の軽減を図るタックス・プランニングの例が米国などで顕著となりつつある。我が国においても同様の問題が生じるリスクが高まっており，今後のOECDなどにおける国際的議論の進展や経済活動の実態なども見極めつつ，無形資産の移転に係る国際課税のあり方について中期的課題として検討していく必要がある。

【提起された主な論点等】
（米国及びドイツで導入された「所得相応性基準」）
○ 米国の多国籍企業の中には，本社の機能や知的財産権を法人税率の低い国に設立した子会社に移した上，全世界における同社の特許権等の使用料がこの子会社に集まるようにすることで，米国の高い表面税率を免れ，その子会社から世界各地へ再投資するというタックス・プランニングを行い，グループ全体で多額の法人税負担を軽減する例が見られる。

　米国においては，無形資産の移転後に当該無形資産から発生する実際の所得により無形資産の対価を評価する方法として，1986年に「所得相応性基準」が導入されている。導入の当時，我が国や欧州諸国等は当該基準に批判的であったが，ドイツにおいては，2008年に税制抜本改革を行った際，法人税率の引下げとあわせて課税ベースを拡大するに当たって，事業再編による所得の国外流出に対する移転価格税制の強化のため「所得相応性基準」が導入された。事業再編により機能が国外に移転され，事業再編時の評価とその後の収益との間に差異が生じた場合には，移転後10年間は調整額を計算して申告することとされている。

○ ドイツの「所得相応性基準」は事業再編に伴い国外に「機能が移転」した場合に適用されるが、企業側からは、「機能の移転」という概念が漠然とし過ぎているという批判がある。また、ドイツ国内で十分な利益が上がらないために規模を縮小して国外に移転する場合でも、それを無形資産の移転の形で捉え、「退出税」を課することに対して批判があるようである。

○ 現在のOECD移転価格ガイドラインは、「所得相応性基準」に基づく移転価格の調整について、後知恵を使用するものとして慎重な記述となっているが、これは多くの加盟国の立場を反映しているとみられる。

○ 無形資産の時価評価は容易でない。独立企業者間であれば、買い手の見積もるキャッシュフローに基づく現在価値が、売り手のそれより高いからこそ無形資産が譲渡される。「所得相応性基準」は、いわば買い手側のキャッシュフローに基づき売り手に対して課税するものであり、論理的に無理があるのではないか。

○ この点については、無形資産の売買価格に関し、売り手と買い手で各々異なるallowance（許容範囲）があるように、無形資産の取引価格についても、独立企業間価格で算定する際に、ピンポイントで一つに定めるのではなく、ある程度の幅を持って位置づけることが可能なはず。「所得相応性基準」の議論は、課税権の行使をどこまで広げるかの問題である。課税権を確保しつつ適正な経済活動も阻害しないよう、民主的なプロセスの中で妥当な制度を整備していくということではないか。

○ 超過収益の源泉である無形資産を海外に移転させる企業に対して、どこまで移転価格税制で所得移転を防止できるのか。事後的に利益が大きく出たからといって、税務上、価格の設定し直しまでさせるのか。そうであれば、無形資産の移転後に、逆に損失が生じた場合に、どう扱うのか。

（我が国に対する示唆）

○ 日本の大企業においても、今後、益々外国人の持ち株比率が高まっていく中で、米国流の事業再編を利用したタックス・プランニングを活用すべきという株主の圧力が強まってくるおそれがあるが、その前に、抜け穴があれば塞ぐ必要があるのではないか。

○ 我が国においても、インバウンド（対内投資）及びアウトバウンド（対外投資）の両面において、事業再編に伴う無形資産の移転に伴う所得移転のリスクが高まりつつある。例えば、我が国の企業についても、アジアなど低税率国に設立した統括会社などに経営ノウハウなど無形資産を移転することで、我が国の税負担を軽減するプランニングのリスクが高まってきている。今後、例えば、我が国にお

いて，法人税率の引下げとあわせて課税ベースの拡大が検討される際などの機会を捉えて，OECDにおける今後の国際的な議論の進展や経済活動の実態なども見極めつつ，超過収益の源泉である無形資産を海外に移転させるような事業再編に対して課税のあり方を検討してはどうか。
○ もともと米国には，含み益がある資産を国外に持ち出すと，「トールチャージ」（通行料）を課す制度があり，ドイツにも同様の制度が存在する。そうした制度がある国では，「所得相応性基準」を導入しやすいかもしれないが，それがない我が国などでは状況が異なる。M＆Aで含み益のある資産を外国に持ち出す場合については，現物出資の際に時価評価することになったので，部分的に手当てされたが，それでも不十分な面があるのではないか。
○ 国際課税に関しては，移転価格の観点からきちんと見なければならないという面と，海外における健全な事業活動を適正に評価しなければならないという面がある。両者のバランスを適切にとる必要がある。
○ 事業再編などの際の契約の変更等について適切な文書化を求めるなど，無形資産に関して移転価格税制が執行できるための制度的なインフラに関する検討が必要となろう。

移転価格税制の研究

第4章　事前確認制度

大阪大学教授　谷口　勢津夫

I　はじめに

　移転価格税制（税特措66条の4）に係る事前確認制度[1]（以下では単に「事前確認制度」という）は，昭和61年度税制改正による移転価格税制（当時は税特措66条の5）の導入に伴い国税庁長官から各国税局長（沖縄国税事務所長を含む）あてに発遣され一般に公表された昭和62年4月24日付査調5-1ほか2課共同「独立企業間価格の算定方法等の確認について」（以下「昭和62年通達」という）によって，移転価格税制の「執行の基本方針」[2]の1つとして，独立企業間価格の算定方法について事前確認方式を導入することとしたものである。事前確認制度の検討を始めるに当たって，その出発点として，資料的意味も込めて，昭和62年通達を以下に引用しておくことにする。

---

(1) 「事前確認制度」あるいは「事前確認」という用語は，その法的性格はともかく，その用語自体は移転価格税制に関する固有の用語ではなく他でも用いられることがある。例えば，平成14年2月25日付課法2-3・課個4-2「国等に対する寄附金又は災害義援金等に関する確認事務について（事務運営指針）」参照。
(2) 川端健司「移転価格税制の執行方針について」国際税務7巻6号（1987年）13頁，14頁。

独立企業間価格の算定方法等の確認について

　標題のことについて，下記のとおり定めたから，これにより適切に実施されたい。
(趣旨)
　租税特別措置法第66条の5第2項((国外関連者との取引に係る課税の特例))に規定する独立企業間価格の算定方法(以下「独立企業間価格の算定方法」という。)に関して，法人の申出を受けて，当該法人が採用する最も合理的と認められる独立企業間価格の算定方法等を確認することにより，移転価格税制の適正，円滑な執行を図ることとするものである。
記
1　確認の対象
　法人は，同条第1項に規定する国外関連取引(以下「国外関連取引」という。)の全部又は一部の取引の独立企業間価格の算定方法に関して，次に掲げる事項につき所轄税務署長(国税局(沖縄国税事務所を含む。)の調査課所管法人にあつては所轄国税局長とする。以下同じ。)に対し，確認を求めることができるものとして取り扱う。
(1)　当該法人が採用する最も合理的な独立企業間価格の算定方法
(2)　(1)を証明するために必要な資料
2　資料の提出
　所轄税務署長は，法人から確認の申出を受けた場合には，当該法人及び当該法人が属する産業における価格形成の実態を，利用し得るあらゆる資料情報を使つてできるだけ正確に把握し，申出に係る国外関連取引と比較する取引の適否及び当該国外関連取引との各種の差異の調整等について当該法人と協議することとする。このため所轄税務署長は，当該法人に対し，申出に係る国外関連取引と比較対象取引との比較及び比較する際に必要な差異の調整について検証等が行えるよう

資料の提出を求めるものとする。
3　審査結果の通知
　　所轄税務署長は，確認の申出を行つた法人に対し，当該申出の審査の結果を文書で通知するものとする。
4　確認の改定及び取消し
　　所轄税務署長は，法人から事情の変更により確認の改定の申出があつた場合には，これを受理し，所要の処理を行うものとする。また，所轄税務署長は，確認の基礎となつた事実関係の変化及び新たな資料の把握等により，既に確認した独立企業間価格の確認方法が「最も合理的な方法」ではないと認められる場合には，当該確認を将来に向かつて取り消すものとする。ただし，当該確認の基礎とした事実関係が真実でないときは，遡及して取り消すことができるものとする。
5　確認申出書の様式
　　法人が独立企業間価格の算定方法等について確認の申出を行う場合には，別紙の様式により申出を行うよう指導することとする。

　事前確認制度は，その後，平成11年10月25日付査調8-1ほか3課共同「独立企業間価格の算定方法等の確認について（事務運営指針）」（以下「平成11年通達」という）[3]では，昭和62年通達で導入された国内税務当局との間の事前確認（以下「国内事前確認」という）に加えて，2か国又は3か国以上の外国税務当局との相互協議の合意に基づく事前確認（以下「相互協議を伴う事前確認」という）との2本立ての制度となり，平成13年6月1日付査調7-1ほか3課共同「移転価格事務運営要領の制定について（事務運営指針）」（以下「移転価格事務運営要領」という）の第5章（事前確認手続）に継承され，現

---

[3]　「事務運営指針」は通達の一種であるが，法令解釈通達（法令の個々の規定についてその解釈や取扱基準を示す通達）とは異なり，「国税庁における事務手続・運営に関する準則」（上斗米明「文書回答手続の見直しについて－グローバルスタンダードな納税者ガイダンスの整備に向けて－」税研（2004年）14頁，19頁）である。

在に至っている。なお，連結法人に係る移転価格税制の執行に関しては，平成17年4月28日付査調7-4ほか3課共同「連結法人に係る移転価格事務運営要領の制定について（事務運営指針）」が発遣・公表され，その第5章で事前確認制度が定められているが，その内容は基本的には個別法人の場合と同じであるから，本稿では特に言及しないことにする。

　事前確認制度は，「移転価格税制は本来企業間で自由に決定されるべき取引価格に介入する恐れはないか，調査の過程で納税者，税務当局共に相当な事務量を必要とするのではないか，あるいは国際的な二重課税が救済されないまま残るのではないか」[4]といったことが懸念される中，「移転価格税制における『独立企業間価格』は，従来の税制にない新しい概念であり，その算定は法人にとっても税務当局にとっても新しい仕事になる。」[5]という認識に基づき，昭和62年通達により「世界で最初に導入されたもの」[6]である。我が国の明治以降の税制の変遷を俯瞰するとき，「税制の歴史的変遷に伴い，税務執行の課題も移り変わってきた。逆に，税務執行面のインフラストラクチャーが，立案可能な税制の形を規定してきたとみることも可能である。」[7]とはまさに慧眼であるが，移転価格税制については税制と税務執行とのその　ような相互関係はみられず，むしろ税務執行面でのインフラストラクチャーが整備されないまま移転価格税制が導入され[8]，これを受けて，独立企業間価格の算定という従来の税制になかった新しいあるいは異質な税務処理に対

---

(4)　川端・前掲注（2）13頁。
(5)　川端・前掲注（2）14頁。
(6)　国税庁長官官房国際業務課相互協議室（以下「相互協議室」という）「事前確認の概要」2頁（http://www.nta.go.jp/kohyo/press/press/2010/sogo_kyogi/pdf/02.pdf ［最終確認日：2013年4月30日］）による。
(7)　増井良啓「税務執行の理論」フィナンシャル・レビュー65号（2002年）169頁，179頁。
(8)　小松芳明『国際課税のあり方－国際租税法の発展をめざす－』（有斐閣・1987年）62頁［初出・1983年］は，「価格操作を規制すべき明確な立法措置が採られれば，それですべての問題が解決するかと言えば，そのような安易なものでは決してない。個別具体的事例に適合するような独立企業間価格の探究は至難である。」と述べている。

応し「移転価格税制の適正，円滑な執行を図る」（昭和62年通達）ために，事前確認制度が導入されたとみることができよう。

　事前確認制度は，このように，税務執行インフラストラクチャー形成型の制度ということができようが，その後の「世界的な広がりを背景に，1994年頃から我が国においても相互協議を伴う事前確認の申出件数が増加し」[9]，最近でも増加傾向にある[10]ことからすると，移転価格事案の処理において「紛争予防というべきもの」[11]として実務上定着してきたとみてよかろう。「［平成13事務年度から平成23事務年度までの相互協議事案］発生件数の9割以上を移転価格に関するものが占めていて，中でも事前確認は全体の約8割と高い割合を占めています。移転価格課税を避けるためにAPA［＝事前確認］を利用するという流れがすっかり定着し，更新事案も増えていることが背景にあると考えています。」[12]と述べられているところである。また，移転価格税制の執行に関する解説書等[13]においても，事前確認に係る処理期間の長さ等の問題の指摘はあるものの[14]，総じて肯定的な評価を受けている。

　事前確認制度に対するこのような肯定的な評価については，制度運用の実態が確認申出事案の発生件数等の表面的な情報しか公表されていない[15]以

---

(9)　相互協議室・前掲注（6）2頁。
(10)　相互協議を伴う事前確認の最近の増加傾向については，「国税庁レポート2012」41頁（http://www.nta.go.jp/kohyo/katsudou/report/2012.pdf［最終確認日：2013年4月30日］）参照。
(11)　Frank E. A. Sander／増井良啓訳「租税紛争の仲裁と調停（抄記）」租税法研究23号（1995年）204頁，198頁。
(12)　中宇根幹夫・劒持敏幸「特集Ｉ　誌上セミナー　最近の相互協議の状況について」国際税務33巻3号（2013年）20頁，21頁。
(13)　移転価格税制の執行に関する解説書等は多数刊行されているが，差し当たり，最近の実務を踏まえ理論的検討を加えた優れた論文を収録した本庄資編著『移転価格税制執行の理論と実務』（大蔵財務協会・2010年）参照。
(14)　事前確認制度の問題については，本庄編著・前掲注（13）465頁以下に収録されている森信夫「事前確認手続における経済分析の必要性」（特に476頁），同801頁以下に収録されている大野雅人「事前確認手続の現状と課題」（特に812頁）参照。

上，実務経験のない一研究者としてはその当否を論ずることを差し控えざるを得ないが，それでも，法律論あるいは制度論として同制度について論ずることは可能であると考えるところである。そもそも，事前確認制度あるいは事前確認を法的観点からみた場合，その法的性格をどのようにみるべきか，税法の体系上どのように位置づけるべきか等，必ずしも明らかにされているようには思われない検討課題は残されているように思われる。特に租税法律主義（課税要件法定主義）の見地からすると，事前確認制度のように移転価格税制との関係で課税上重要な意義を有する制度が，なぜ四半世紀以上経ってもなお法律事項とされず通達上の制度にとどまっているのか，というような「素朴な」疑問も，同制度が実務上重要性を増してくるにつれ，強まってくるところである[16]。

　本稿では，まず，事前確認の法的性格あるいは位置づけについて，事前確

---

(15) 移転価格事務運営要領の制定に合わせて，『別冊　移転価格税制の適用に当たっての参考事例集』（http://www.nta.go.jp/shiraberu/zeiho-kaishaku/jimu-unei/hojin/010601/pdf/bessatsu.pdf［最終確認日：2013年4月30日］）が公表され，「一定の前提条件を置いた設例」とはいえ事前確認事例も2つ示されており，そこから「移転価格事務運営要領の適用上のポイント」をある程度知ることはできるが，制度運用の実態がその想定どおりのものになるとは限らないことは『参考事例集』それ自体も認めているところである（同【留意事項】参照）。

(16) 事前確認制度の法制化を主張する見解として，井上博之「移転価格の事前確認制度に関する一考察－二国間の紛争処理としての機能を中心に－」税務大学校論叢36号（2001年）341頁，433-437頁，髙久隆太「移転価格税制を巡る諸問題（1）」税経通信62巻3号（2007年）25頁，28-30頁，同「同（3）」同巻5号（同年）31頁，38-39頁，21世紀政策研究所『わが国企業を巡る国際租税制度の現状と今後』（21世紀政策研究所研究プロジェクト「国際租税制度の今後のあり方」中間報告書・2010年）15頁［岡田至康執筆］，同書に収録されている参考資料（参考資料2：「海外での移転価格課税等に伴う二重課税防止」に関する日本自動車工業会要望）X-XI，等参照。ちなみに，通達事項から（政令事項を経て）法律事項への「格上げ」の典型例としてリース取引課税がある。この点については，金子宏『租税法〔第18版〕』（弘文堂・2013年）128頁，315-316頁，谷口勢津夫『税法基本講義〔第3版〕』（弘文堂・2012年）【523】等参照。他の具体例について，増井良啓「租税法の形成における実験－国税庁通達の機能をめぐる一考察」中山信弘編集代表・中里実編『政府規制とソフトロー』（有斐閣・2008年）185頁，201-202頁参照。

認制度の趣旨目的，事前確認の対象及び確認通知の法的拘束力の3つの観点から，検討を行い（Ⅱ，Ⅲ，Ⅳ），次に，その検討を踏まえた上で，事前確認制度のあり方について検討することにする（Ⅴ）。

Ⅱ　事前確認の法的性格・位置づけ（1）
―事前確認制度の趣旨目的からの検討―

1　事前確認制度の趣旨目的

　事前確認は，移転価格事務運営要領では，「税務署長又は国税局長が，法人が採用する最も合理的と認められる独立企業間価格の算定方法及びその具体的内容等（以下『独立企業間価格の算定方法等』という。）について確認を行うこと」と定義されている（1-1（32））。この定義それ自体は，昭和62年通達から読み取ることができるところと基本的に同じであると考えられる。このことは，事前確認制度の趣旨目的についても，同様にいえることであろう。移転価格事務運営要領は，「事前確認の方針」（5-1）の中で，「事前確認が移転価格税制に係る法人の予測可能性を確保し，当該税制の適正・円滑な執行を図るための手続である」と述べており，これを文字どおり読むと，「移転価格税制の適正，円滑な執行を図ること」を趣旨として述べているにとどまっていた昭和62年通達とは，法人の予測可能性の確保の点で異なるようにも思われる。しかし，昭和62年通達の発遣に当たって事前確認方式の導入の「ねらい」について次のような説明[17]がされていた。

　「①　独立企業間価格の算定は必ずしも容易なものではなく，また，専門的，技術的側面が強いため見解も分かれやすい。そのために独立企業間価格の算定方法いかんによっては，課税所得が異なることもあることを考慮すると，法人自身が選定した算定方法を税務当局が確認することにより，それ以外の方法では課税を行わないという取り扱い上の安定性を法人に与え，かつ，

---

(17)　川端・前掲注（2）15頁。羽床正秀編『移転価格税制』（大蔵財務協会・1988年）173頁も同旨。

結果として移転価格事案の発生を未然に防止することにつながると考えられる。

② 仮に確認に至らない場合であっても，法人と税務当局が資料に基づきあるべき独立企業間価格の算定方法について検討を行うことは，少なくとも法人と税務当局との間のパイプ作りあるいは事前相談という意味からみても有意義であると考えられ，かつ両者間の認識上のギャップを相当埋めることができ，その後の執行面での効率化等に資するのではないかと期待される。」

独立企業間価格の算定に係る「取り扱いの安定性」が「結果として移転価格事案の発生を未然に防止することにつながる」ということは，法人に対して独立企業間価格の算定に係る予測可能性が確保されていることが前提となっていると考えられる。また，確認に至らない場合でも法人と税務当局との間の「認識上のギャップを相当埋めること」は，その後にあり得るかもしれない移転価格課税に対する法人の予測可能性を確保することに相当資するとも考えられる。

このように考えてくると，事前確認制度の趣旨目的が，納税者との関係では，独立企業間価格の算定に係る予測可能性及び法的安定性の確保にあることは明らかであろう。「それ［＝独立企業間価格］は幅のある観念であるから，個別の取引において何が独立企業間価格であるかは，明確ではない。そのため，実際問題として，移転価格税制の適用は，ともすると恣意的になりやすい。このことは，納税者の側から見れば，法的安定性と予測可能性を害される危険がたえずあることを意味する。」[18]ことから，「事前確認制度は，納税者にとって，法的安定性と予測可能性を高めるありがたい措置である。」[19] この点からすると，事前確認はいわゆる納税者サービスとして位置づけるべきであり，しかも，納税者サービスこそが事前確認制度の基本コン

---

(18) 金子宏『所得課税の法と政策』（有斐閣・1996年）364頁［初出・1993年］。
(19) 増井良啓「移転価格税制－経済的二重課税の排除を中心として－」日税研論集33号（1995年）41頁，46頁。金子・前掲注（18）386頁［初出・1993年］も同旨。

セプトであるとみるべきであろう。

　勿論，事前確認制度の趣旨目的は，①納税者の予測可能性・法的安定性の確保に尽きるものではなく，②移転価格税制の適正・円滑な執行を図ることにもあることは，同制度の導入以来一貫して述べられてきたところである。昭和62年通達は明文では②のみに言及していたが，この点については，上で述べてきたことからしても，同通達は①の趣旨を②趣旨の中に込めていたと理解するのが妥当であろう[20]。つまり，納税者が事前確認の内容に従って納税申告を行うならば，納税者が事前確認の手続によらずに自らの判断で納税申告をしたために移転価格税制が発動された場合と課税上同じ結果が達成されることになるので，事前確認制度は，一方では①に資すると同時に，他方では，移転価格税制を発動せずに同税制の目的を達成することができるという意味で，②にも資するといえるのである。ただ，②の趣旨を，①との関連だけで理解するのは妥当ではなく，税務行政側の事情とも関連づけて理解するのが妥当であろう。独立企業間価格の算定が困難な作業であることは異論のないところであろうが，その困難さの要因の1つが，納税者側の「価格形成の実態」（昭和62年通達2）に関する資料情報を十分に収集することが困難であるという税務行政側の事情にあることについても，おそらく異論のないところであろう。このように考えると，事前確認制度は，確認に至らなかった場合も含めて，移転価格税制の執行を価格形成関連資料の収集面で補完する制度としても，位置づけることができよう[21]。

　以下では，事前確認制度の趣旨目的に関する前記の2つの側面から，事前

---

(20)　金子・前掲（16）492頁は「移転価格税制について，その適正・円滑な執行を図り，合わせてその執行について法的安定性と予測可能性を確保する」ことを事前確認制度の目的として述べている。
(21)　増井良啓「移転価格税制の長期的展望」水野忠恒編著『21世紀を支える税制の論理第4巻　国際課税の理論と課題〔二訂版〕』（税務経理協会・2005年）81頁，91頁は「事前確認制度には，執行過程への納税者の取り込みという側面もある。すべての事案を調査することは不可能である。そこで，納税者の側からの働きかけが課税庁の側にとっても必要になる。その意味で，事前確認制度は，企業からの情報提供回路ととらえることもできる。」と述べている。

確認の法的性格・位置づけについて検討することにする。

2 納税者サービス

　事前確認は，前述のように，一面においては，納税者サービスとして位置づけられようが，「納税者サービス」という言葉は，我が国では特に税務行政の分野で慣用的に用いられているものであって，確立された定義があるわけではないように思われる(22)。ただ，少なくとも納税者サービスの目的については，「納税者が自主的に税法に従った義務を果たし（いわゆるコンプライアンスの向上），あるいは税法に従った権利を享受できるように支援をすること」(23)と理解してよいと考えられるから，納税者サービスとしての事前確認は，講学上は，助成的行政指導と位置づけることができよう(24)。

　ところで，事前確認制度導入の初期の段階には，一見すると，納税者サービスと予測可能性・法的安定性とを別物であるかの如く説く見解もあった。すなわち，「今次の移転価格税制が申告納税制度に立脚している限り，税務当局も，あらかじめ相手国政府と協議してきているところなどを斟酌して，可能な限りその申告のあり方について納税者にアドバイスその他のサービス

(22) 例えば，毎年の「国税庁レポート」（http://www.nta.go.jp/kohyo/katsudou/report/report.htm［最終確認日：2013年4月30日］）では，「Ⅰ　国税庁について」の「2　税務行政の運営の考え方」の第一に「納税者サービスの充実」を掲げているが，そのための措置や活動を列挙するにとどまっている。なお，菅哲人「我が国における納税者サービスの検討－米加豪との比較を通じて－」税務大学校論叢34号（1999年）159頁，164-165頁は，「各国毎にサービスの担い手，サービスの対象，サービスの性質等に違いがあるため，納税者サービス（taxpayer service）の概念が意味するところは一様ではない。また，最近は（client service 又は customer service）の方が一般的になりつつある。」と述べている。
(23) 菅・前掲注（22）166頁。ほかに，黒坂昭一「税務行政における納税者サービスの位置付け－税務署におけるトップ・マネジメント－」税務大学校論叢50号（2006年）59頁，86頁等参照。
(24) 本文Ⅳ1で述べるように，事前確認は文書回答の一類型としても性格づけられるが，文書回答を助成的行政指導として位置づけるものとして，酒井克彦「事前照会に対する文書回答手続の在り方」税務大学校論叢44号（2004年）463頁，680-681頁参照。

をする必要があるのでは［な］いか，というのが私の考え方である。この納税者に対するサービスは，確認方式を導入する趣旨として前述した『課税についての安定性』とか，『予測可能性』ということ以前の問題であることはいうまでもない。むしろ，法的安定性をいうには相手国の課税権行使（更正）の留保が先決というように思う。」(25)

しかし，この見解の基礎にある，移転価格税制を「移転価格操作規制税制」として捉えその抑制的ないし慎重な運用を指向する考え方(26)からすれば，この見解の真に意図するところは，移転価格課税に伴う国際的二重課税（経済的二重課税）の排除(27)まで視野に入れて「納税者サービス」を観念する点にあるように思われる。すなわち，「対応調整が確実に行われない限り，価格操作規制税制の適正な執行はいわば片手落ちということになるのであって，対応調整はいわば車の両輪の片方であることを銘記して，これへの配慮，処置に万全を期すべきものと思う。従って，課税を行う場合には，相手国で対応調整が行われるという一応の見通しを得た後に，この規制税制を発動するというような慎重さがあって欲しい，ということになる。この意味で，まずは相手国政府との合意が必要なのであって，国内企業と種々取極めをしても意味がない。……。既に再三提唱してきているように，特に租税条約が締結されている以上，国際二重課税はそれこそ草の根を分けても排除するように努めるべきだと考えるが，これを新税制の施行に際し再認識することを期待したい。租税の逋脱防止ももとより重要であるが，こうした<u>国際二重課税の排除という納税者に対するサービス</u>も忘れてはならない。今後の国際課税のあり方は，このことに十分配慮して策定される必要がある。」(28)（下線筆者）

---

(25) 小松芳明『国際取引と課税問題―国際租税法の考え方―』（信山社・1994年）168頁［初出・1987年］。
(26) 小松・前掲注（8）53頁以下［初出・1982年・1983年・1986年］参照。
(27) 移転価格課税に伴う経済的二重課税の排除については，差し当たり，増井・前掲注（19）参照。
(28) 小松・前掲注（8）69-70頁［初出・1986年］。

上記の見解が説く納税者サービスの考え方は，平成11年通達以降は，事前確認制度の中に明確に採り入れられているように思われる。税務行政は，平成11年通達により相互協議を伴う事前確認を導入しその積極的活用を勧奨してきた。移転価格事務運営要領は，「局担当課は，確認申出法人が事前確認について相互協議の申立てを行っていない場合には，<u>二重課税を回避し，予測可能性を確保する観点</u>から，当該確認法人がどのような申出を行うかについて適切に判断できるよう必要な情報の提供等を行い，当該確認申出法人が相互協議を伴う事前確認を受ける意向であると確認された場合には，相互協議の申立てを行うよう勧しょうする。」(5-12 (1)。下線筆者) 等の定めを置いている。

3　価格形成関連資料収集

　昭和62年通達は，移転価格税制の適正・円滑な執行を図るために，所轄税務署長が確認の申出を行った法人及び当該法人が属する産業における「価格形成の実態」をできるだけ正確に把握し，確認対象取引と比較対象取引との比較及び比較する差異に必要な際の調整について検証等を行うことができるよう，当該法人に対し資料の提出を求めるものとする旨を定めていたが，移転価格事務運営要領は，提出を求める資料を確認申出書に添付することとし，その資料の内容・範囲を以下のとおり具体的に示している (5-3)。

> イ　確認対象取引及び当該確認対象取引を行う組織等の概要を記載した資料
> ロ　事前確認を求めようとする独立企業間価格の算定方法等及びそれが最も合理的であることの説明を記載した資料
> ハ　事前確認を行い，かつ，事前確認を継続する上で前提となる重要な事業上又は経済上の諸条件に関する資料
> ニ　確認対象取引における取引及び資金の流れ，確認対象取引に使用される通貨の種類等確認対象取引の詳細を記載した資料

ホ　確認対象取引に係る国外関連者（以下「当該国外関連者」という。）と確認申出法人との直接若しくは間接の資本関係又は実質的支配関係に関する資料

ヘ　確認対象取引において確認申出法人及び当該国外関連者が果たす機能に関する資料

ト　確認申出法人及び当該国外関連者の過去3事業年度分の営業及び経理の状況その他事業の内容を明らかにした資料（確認対象取引が新規事業又は新規製品に係るものであり，過去3事業年度分の資料を提出できない場合には，将来の事業計画，事業予測の資料等これに代替するもの）

チ　当該国外関連者について，その所在地国で移転価格に係る調査，不服申立て，訴訟等が行われている場合には，その概要及び過去の課税状況を記載した資料

リ　事前確認の申出に係る独立企業間価格の算定方法等を確認対象事業年度前3事業年度に適用した場合の結果等確認申出法人が申し出た独立企業間価格の算定方法等を具体的に説明するために必要な資料

ヌ　その他事前確認に当たり必要な資料

　これらの資料は，独立企業間価格の算定に関して提出が求められるものである以上，その提示・提出がなければ推定課税（税特措66条の4第6項）や同種事業者に対する質問検査（同条第8項）が行われることになる場合において提示・提出を求められる書類として，平成22年度税制改正により明文で定められた書類（同則22条の10第1項。いわゆる価格算定文書）[29]と，内容的には重なるものが多いはずである。「事前確認を申請しない企業は，移転価格課税リスクを低減するために，移転価格情報のドキュメンテーション（文書化）を図るべきである。」[30]との指摘があるが，事前確認のためにも相

---

(29)　移転価格事務運営要領2-4には，従来から，「調査時に検査を行う書類」が定められていたが，平成22年度税制改正により税特則22条の10第1項で限定列挙された書類が，これに追加された。

当なドキュメンテーションが必要であるように思われる。

ところで，移転価格税制が「申告調整型制度」[31]として設計されている以上，税務行政が推定課税や同種事業者に対する質問検査に先立って納税者に価格算定文書の提示・提出を求めることが許されるのは，少なくとも法人税の法定申告期限（法税74条1項）を経過した後であると解される。一般に，申告納税制度の下においては，その趣旨・精神からすれば，質問検査権の行使は原則として法定申告期限の経過後においてのみ許されると解される[32]ことからしても，上記のような解釈は支持されよう。そうすると，確認申出書への資料の添付と価格算定文書の提示・提出とは，納税者から提供する情報の内容の点では基本的には重なることが多いとしても，情報提供の時期が法定申告期限を経過する前か後かという点で，異なると考えられる[33]。

このような情報提供の時期の違いは，確認申出書への資料の添付と価格算定文書の提示・提出との法的構成あるいは法的性格の違いにも，関連性があるように思われる。価格算定文書の提示・提出は，任意による情報提供行為とはいえ，提示・提出をしなければ推定課税や同種事業者に対する質問検査が行われることになるという意味において，しかも後者に関しては質問検査に応じなければ刑罰が科されることになる（税特措66条の4第11項）という意味において，間接強制（心理的強制）を伴うものであるが，そのような構成をとるが故に，法定申告期限前には認められないと解されよう。これに対して，確認申出書への資料の添付は法定申告期限前に行われる情報提供行為であるが，それは，確認申出書への資料の添付が何らの強制も伴わない純粋

---

(30) 髙久隆太「海外進出に当たっての国際租税戦略」三田商学研究54巻3号（2011年）83頁，93頁。
(31) 金子・前掲注（18）371頁［初出・1993年］。
(32) 金子・前掲注（16）789頁注3，清永敬次『税法〔新装版〕』（ミネルヴァ書房・2013年）244頁，谷口・前掲注（16）【138】（ロ）参照。
(33) 本文の叙述は，事前確認の申出の時期を確認申出書の提出日として捉える立場に基づいて行っているが，事前相談（移転価格事務運営要領1-1（32））の日と捉える立場（羽床正秀・古賀陽子『平成21年版移転価格税制詳解　理論と実践ケース・スタディ』（大蔵財務協会・2009年）247頁参照）もある。

に任意による情報提供行為として構成される場合にのみ，許容されると考えられよう。確認申出書への資料の添付のこのような純粋任意性は，事前確認制度が事前確認時に既に経過した確認対象事業年度への事前確認のロールバックを認めた上で，当該確認対象事業年度に係る修正申告は「その申告に係る国税についての調査があったことにより当該国税について更正があるべきことを予知してされたもの」に該当しないものとしている（移転価格事務運営要領5-16なお書）ことにも，反映されているように思われる。

　このように考えてくると，事前確認制度の建前としては，確認申出書への資料の添付は，税務署長による事前確認を得るために必要な行為である以上，事前確認を申し出る納税者にとって目的適合的な行為であり，したがって，純粋に任意による情報提供行為として構成されているとみることができよう。この観点からは，これを受けて行われる事前確認は，申出人からの純粋に任意による情報提供を通じた価格形成関連資料収集を前提とする，移転価格税制の執行上の行為として性格づけられよう。移転価格課税に係る質問検査（間接強制を伴う任意調査）について，「調査に当たっては，事前確認の申出を行った法人（以下『確認申出法人』という。）から事前確認審査のために収受した資料（事実に関するものを除く。）を使用しない。ただし，当該資料を使用することについて当該法人の同意があるときは，この限りではない。」（移転価格事務運営要領2-22(2)）と定められているのも，事前確認のそのような性格を考慮したものと解される。

Ⅲ　事前確認の法的性格・位置づけ (2)
　　　　－事前確認の対象からの検討－

1　独立企業間価格の算定の法的性格

　事前確認の対象は，昭和62年通達では，「(1)　当該法人が採用する最も合理的な独立企業間価格の算定方法」及び「(2)　(1)を証明するために必要な資料」とされていたが，移転価格事務運営要領では，(1)を「法人が採

用する最も合理的と認められる独立企業間価格の算定方法」，(2) を「その具体的内容等」とし，両者を合わせて「独立企業間価格の算定方法等」とした (1-1 (32)) 上で，事前確認に当たり必要な資料については，所轄税務署長が確認申出法人に対し確認申出書に添付するよう求めることができることとし，その主なものを例示的に列挙している (5-3。Ⅱ3参照)。事前確認の対象については，このように表現上の変更はあるものの，内容的には，最も合理的と認められる独立企業間価格の算定方法が直接の対象であることに変わりはない。

ところで，先に述べたように，事前確認制度の趣旨目的は，一面においては，移転価格税制を発動せずに同税制の目的を達成すること，すなわち，法人が確認された算定方法によって独立企業間価格を算定し，これに基づいて計算した所得の金額をもって確定申告を行うようにすること，であることから，ここでは，「逆算」的思考により，事前確認の対象の観点から事前確認の法的性格・位置づけを検討する前提として，移転価格課税における独立企業間価格の算定の法的性格から検討を始めることにしたい。

一般に，取引価格の算定は，税法においては，事実認定の問題であるが，「みなし価格」[34]ともいうべき独立企業間価格の算定については，法定の方法によるものとされていること (税特措66条の4第2項) からすると，そのような事実認定は，相続税法上の財産の評価に関する法定評価 (23条～26条) と同じ構造をもつと解される。それは，民事実体法上の規範的要件の定める法的な評価概念 (例えば，過失，正当事由等) について，その法的評価の成立を根拠づける具体的な事実 (いわゆる評価根拠事実)[35]を認定する事実認定の構造と，基本的には同じ構造であると考えられる。課税要件法上の規範的要件についても同じ事実認定構造が認められるが[36]，独立企業間価格の

---

(34) 本庄資「移転価格税制の本質」同編著・前掲注 (13) 3頁，4頁。
(35) 規範的要件及び評価根拠事実については，差し当たり，伊藤滋夫『事実認定の基礎　裁判官による事実判断の構造』(有斐閣・1996年) 16頁，同『要件事実の基礎　裁判官による法的判断の構造』(有斐閣・2000年) 60頁，村田渉・山野目章夫編著『要件事実30講〔第3版〕』(弘文堂・2012年) 88頁等参照。

算定や相続税法上の財産の法定評価については，認定された評価根拠事実に対する法的評価の方法が法定されているところに，その特徴がある。もっとも，財産の法定評価に係る評価根拠事実は，地上権，定期金等の取得という，事実としては比較的単純なものであるのに対して，独立企業間価格の算定に係る評価根拠事実（独立企業間価格の算定につき法定の算定方法の一に該当するという評価の成立を根拠づける具体的事実）は技術的かつ複雑多様な事実である(37)点に，両者の違いがある。

2 事前確認の判断手法・過程

　事前確認制度では，確認の対象は，算定された独立企業間価格それ自体ではなく，同価格の算定方法等であるから，移転価格課税における独立企業間価格の算定に関する前述の事実認定の構造は，論理的には，そのままでは妥当しないようにも思われる。しかしながら，事前確認制度では，税務署長が独立企業間価格の算定方法等を確認し，その旨の通知（移転価格事務運営要領5-15（5）。以下「確認通知」という）を受けた納税者が「事前確認を受けた国外関連取引（以下『確認取引』という。）に係る各事業年度（以下『確認事業年度』という。）において事前確認の内容に適合した申告を行っている場合」には，当該税務署長は「当該確認取引は独立企業間価格で行われたものとして

---

(36) 課税要件法上の規範的要件に係る事実認定については，池田誠「税務調査における事実認定の在り方について－裁決及び判決における事実認定の考察による－」税務大学校論叢66号（2010年）173頁，215頁以下参照。
　　なお，課税要件が租税命令要件（個々の国民に充足義務を課したり充足回避を禁止することを内容とする法律要件）ではなく，基本的には私法上の法律要件と同じく，租税債権債務の成立要件すなわち租税請求要件（専ら租税請求のためだけの法律要件）であることについては，谷口・前掲注(16)【54】【88】参照。
(37) 小松・前掲注(8) 67頁［初出・1986年］は，「ひとたび税務当局によって価格の調整による更正または決定が行われる場合には，主として価格をいかに決めるかというような，取引上の諸事情をベースとした技術的な計算を通じて事実認定が行われるわけで，単純な売上除外や売上原価の過大計上などと同一には扱われない部面がある。」と述べている。

取り扱う」こととされている（同要領5-16）以上，移転価格課税における独立企業間価格の算定と，事前確認における算定方法の確認とは，事実認定として同一の構造をもつと解される。つまり，移転価格課税においては，独立企業間価格の算定につき法定の算定方法の一に該当するという評価の成立を根拠づける具体的事実が認定されるのに対して，事前確認においては，独立企業間価格の算定方法につき「最も合理的と認められる」という評価の成立を根拠づける具体的事実が認定されるのである。

　このような理解は，移転価格課税で用いられる法定の算定方法と，事前確認で確認の対象となる算定方法とが，種類や内容の点で同じであるということを前提としている。というのも，もしそうでなければ，事前確認制度は，税務署長が法定の算定方法とは異なる方法を「最も合理的と認められる方法」として確認し，これに従って算定された取引価格を独立企業間価格として取り扱うことを許容することになり，その限りで税務署長に効果裁量（行為裁量）を認めることになるが，このようなことは法令の根拠なしに通達だけでは認められないと考えられるからである。相互協議を伴う事前確認においても，移転価格課税で用いられる法定の算定方法が国によって必ずしも整合的でない現状の下で，「合意」[38]に向けた「特段の工夫」[39]よって，我が国の側からすると，我が国の法定の方法の枠内で確認がなされてきたようで

---

(38) 相互協議を伴う事前確認については，相互協議の合意内容が「価格」そのものである場合もあり得るかもしれないが（このことは，相互協議の合意内容が一般には知り得ないので，想像の域を超えるものではない），仮にそのような場合があったとしても，少なくとも我が国の事前確認制度においては，合意された「価格」に係る算定方法等が確認の対象となる（はずである）。移転価格事務運営要領は，このような前提（建前）の下で，相互協議を伴う事前確認について，確認結果の納税者への通知内容の点では，国内事前確認と同じ取扱いを定めていると解される（5-15（5），5-16参照）。ただし，実務上は，「当該算定方法を適用した結果（価格，利益率の幅，利益配分状況等）」についても確認が行われているとのこと（大野・前掲注（14）807頁参照）であるから，確認の対象を特に厳密に考える必要はなさそうである。

(39) 山川博樹「日本の移転価格税制の概要」本庄編著・前掲注（13）7頁，30頁注2。

ある⁽⁴⁰⁾。

　移転価格課税における独立企業間価格の算定と独立企業間価格の算定方法の確認とは，このように，事実認定として同一の構造をもち，法定の算定方法の枠内で行われるものであると考えられるが，しかし，そうであるからといって，両者が判断手法あるいは判断過程の点でも同じであるとは必ずしもいえないように思われる。両者の判断手法・過程の違いを示すものとして，1つには，独立企業間価格の「幅」(いわゆるレンジ)に関する考え方の違いを挙げることができよう。課税実務ではこれまで，「移転価格課税を行う場合は，独立企業間価格は特定の水準(ポイント)で算定しますが，事前確認は所得移転がないと判断できる範囲(レンジ)で確認する場合が多くなっています。」⁽⁴¹⁾と述べられてきたところであり，また，裁判例の中にも，以下に引用するようにそのような考え方の違いを肯定するもの(高松高判平成18

---

(40)　髙久隆太「移転価格税制を巡る諸問題(2)」税経通信62巻4号(2007年)17頁，21頁は，利益分割法と再販売価格基準法又は取引単位営業利益率法を組み合わせた方法である「ハイブリッドPS法」について，「かつて米国が利益比準法(CPM)，我が国が基本三法又は寄与度利益分割法に固執していた時代に，課税当局と納税者が知恵を出し合いできあがった方法である。合算利益が一定の地点までは利益分割法すなわちPSラインが適用され，それを超えると再販売価格基準法すなわちRPラインが適用される方法であり，利益分割法と再販売価格基準法との折衷法である。困難を極める相互協議で合意するため，双方の国が受け入れ可能な方法として日米間の二国間事前確認において多用された時期があった。当該方法を，米国は利益比準法，我が国は再販売価格基準法に準ずる方法と解釈していた。もし，当該方法がなければ日米二国間事前確認での合意はより一層難航していたことは間違いないと思われる。」と述べている。角田伸広「事前確認手続の課税処分との比較による有効性の考察－課税処分前後での事前確認手続の利用可能性－」本庄編著・前掲注(13)1015頁，1019頁も参照。

　なお，我が国では，取引単位営業利益法(Transactional Net Margin Method, TNMM)の導入(平成16年度税制改正。税特措66条の4第2項1号ニ，同令39条の12第8項2号・3号)前は修正再販売価格基準法(Modified Resale Price Method)，導入後は取引単位営業利益法で合意される事案が多いようである。この点については，差し当たり，渡辺裕泰「無形資産が絡んだ取引の移転価格課税－TNMM(取引単位営業利益法)導入の必要性」ジュリスト1248号(2003年)72頁，78頁，山川博樹『移転価格税制－二国間事前確認と無形資産に係る実務上の論点を中心に－』(税務研究会・2007年)82頁参照。

年10月13日訟月54巻4号875頁）もある。

　「一般に，租税法では，租税法律主義の観点から，課税要件等の定めはなるべく一義的で明確でなければならないとされ，このことから，課税所得金額を一義的に確定することが要請されているものと解される。しかしながら，独立企業間価格が『幅』をもって算定されると，上記差額も幅をもって算定され，損金の額に算入できない額が一義的に定まらず，具体的な税額を確定できないことになる。実際の課税実務の中で，控訴人が主張する『幅』なる概念を持ち出した場合には，移転価格税制の適用の有無が，その『幅』の設定いかんによって左右されることになってしまい，課税の公平・構成が確保できないばかりか，課税実務上の混乱を招くことになりかねない。」

　「移転価格税制は，当該取引の対価と独立企業間価格に差異があって，その差異があることで法人の所得が減少している場合に，当該取引が独立企業間価格で行われたものとみなして，所得計算を行うものであるから，<u>独立企業間価格は，特別措置法66条の4が定める算定方法に基づき，一義的に定められるものというべきである。</u>」（下線筆者）

　「いわゆる事前確認制度は，課税庁と納税者との間で，納税者が申し出た独立企業間価格の算定方法等の合理性を事前に確認することにより，移転価格課税に関する納税者の予測可能性を確保し，その適正・円滑な執行を図るための制度であって，確認の対象となる法人の将来における国外関連取引から生じる利益を予測するものであると認められるから，<u>事前確認制度の運用においては，所得移転がないと判断できる範囲［＝レンジ］で確認する場合が多くなることもやむを得ず，むしろ，特定の一点にあらかじめ決定しておくことは合理的でないのに対し，特別措置法66条の4の適用に当たっては，</u>前記のとおり，過去の年度における課税所得を決定するために『独立企業間

---

(41) 相互協議室・前掲注（6）4頁。髙久・前掲注（40）31頁は「我が国の移転価格税制に幅の概念は導入されていない」としつつ，同32-33頁は「執行上は，事前確認においては将来の不確実性を踏まえ，補償調整を行わない範囲という意味での一定の範囲は認めており，相互協議を伴う二国間事前確認においても幅の概念を採り入れた合意をしている。」と述べている。

価格』を一点で算定する必要があり、これらは場面を異にする。」(下線筆者)

　もっとも、この裁判例とは異なり、「独立企業間価格は、比準取引の選定の仕方によって異なりうるから、各取引の具体的な状況に応じて、取引価格が、これらの方法で算出された独立企業間価格の上下ある程度の幅(独立企業間価格幅(レンジ))の中にある場合には、当該取引は適正な価格で行われたと解してよい場合が多い」[42]と説く有力な学説もあり、また、『平成23年度税制改正大綱』(平成22年12月16日)において「独立企業間価格の幅(レンジ)の取扱いの明確化」として「国外関連取引の価格等が、レンジの中にある場合には移転価格課税を行わないこと、また、レンジの外にある場合には比較対象取引の平均値に加え、その分布状況等に応じた合理的な値を用いた独立企業間価格の算定もできることを運用において明確にします。」(105頁。下線筆者)とされたことを受けて、平成23年10月27日付で移転価格課税に関する通達が改正された[43](税特措通66-4(3)-4、移転価格事務運営要領3-5、3-7参照)ことからすると、移転価格課税と事前確認との間における、独立企業間価格の「幅」に関する考え方の違いは、確立されたものとはいえず、むしろ「運用において」相対化してきたとみてよかろう。

　移転価格課税と事前確認との判断手法・過程の違いは、もう1つには、平成23年度[6月]税制改正によるベスト・メソッド・ルール(Best Method

---

[42] 金子・前掲注(16) 488頁。金子・前掲注(18) 387頁[初出・1993年]は、さらに、安全帯の考え方について、「最も適切と認められる方法によって独立企業間価格が算出された場合に、その上下一定範囲(たとえば上下20パーセント)の安全帯を設け、その範囲内の価格は独立企業間価格として許容するという取扱いが合理的であると考える。それによって、移転価格税制が私的自治ないし契約の自由に介入する程度はかなり減少するであろう。また、その結果として、移転価格税制の適用されるケースは実質的に減少し、国際取引の課税面における法的安定性と予測可能性は相当に高められることになると考える。」と述べている。
[43] この改正の趣旨説明については、「平成23年10月27日付課法2-13ほか2課共同「租税特別措置法関係通達(法人税編)等の一部改正について」(法令解釈通達)の趣旨説明」(http://www.nta.go.jp/shiraberu/zeiho-kaishaku/joho-zeikaishaku/hojin/111027/[最終確認日:2013年4月30日])参照。

Rule）の導入（税特措66条の4第2項柱書）を契機に，表面化したように思われる。この改正によって，独立企業間価格の算定方法の適用優先順位が廃止され，独立企業間価格の算定のために「最も適切な方法」を事案に応じて選択する仕組みに改められたが[44]，これに伴う事前確認制度の改正はなかった。このことは，事前確認制度においては，従来から，「最も合理的と認められる方法」の確認に当たって，法定の算定方法の適用優先順位は考慮されてこなかったことを意味すると考えられる。この点について，次の見解[45]には注目すべき指摘が含まれているように思われる。

「ベストメソッドルールの採用により，個別取引ではなくより広い範囲の事業セグメントや法人レベルでの利益率による検証（これらを『利益ベース』TPM［Transfer Pricing Methodology］と呼ぶ）を容認するということで，具体的には取引単位営業利益法（TNMM法）や利益分割法（PS法）の採用がさらに進むと考えられる。

実際には，これまでも企業が自ら移転価格のポリシーを決めてその妥当性を検証する場合，また移転価格について事前確認（APA）を取得する場合などにおいては，個別取引レベルでの比較対象を特定するのが困難なことから，多数のケースですでに『利益ベース』TPMが用いられてきた。一方，移転価格税制の執行においては，移転価格による国外への所得移転の蓋然性が認められる場合，当局はまず『取引ベース』TPMによる検討を優先し，基本三法が適用できないということが検証されてはじめて『利益ベース』TPMを用いた課税が行える，ということになっていた。

実務的に多くのケースで採用されている『利益ベース』TPMと移転価格

---

(44) 『平成23年度税制改正大綱』（平成22年12月16日／http://www.cao.go.jp/zei-cho/etc/2010/__icsFiles/afieldfile/2010/12/20/221216taikou.pdf［最終確認日：2013年4月30日］）105頁，『平成23年度税制改正の解説』（http://www.mof.go.jp/tax_policy/tax_reform/outline/fy2011/explanation/index.html［最終確認日：2013年4月30日］）495頁参照。
(45) 森信夫・岸谷暁「特集 グループ全体での一貫性をもたせる移転価格文書化への対応法」旬刊経理情報1328号（2012年）9頁，12頁。

税制の執行面でのギャップが本改正により解消されることからも,『利益ベース』TPM の適用が一層増加していくと考えられる。」(下線筆者)

　事前確認，とりわけ相互協議を伴う事前確認の実務については，「多くは，公開財務データに基づく移転価格分析で対処可能な比較法アプローチ又は利益分割法，場合によってはその組み合わせということになります。多くは，独立企業原則を満たす利益法，つまり 1995 年 OECD ガイドラインで述べられている利益分割法又は取引単位営業利益法と整合的な方法ということになります。」[46]と述べられていることからも，前記の指摘にみられる，移転価格課税と事前確認との「ギャップ」が存在したことは事実とみてよかろう。

　以上において，独立企業間価格の「幅」やベスト・メソッド・ルールに関して移転価格課税と事前確認との間に判断手法あるいは判断過程の違いがある（少なくとも以前はあった）ことをみてきたが，このことは，同一の構造をもつ事実認定でありながら，事前確認については裁量の範囲が広い（少なくとも以前は広かった）ことを意味するように思われる。しかも，この裁量は，形式的には，課税庁の判断過程のうち事実認定の段階での裁量であるが，「最も合理的と認められる」という評価を左右し得るという意味で，実質的には，効果裁量と同じ結果をもたらすものといえよう[47]。このことは，事前確認制度が通達上の制度であるが故に発揮し得る「運用の妙」とみることもできるが，最近は，移転価格課税についても，「運用において」独立企業間価格の「幅」が認められ，ベスト・メソッド・ルールの導入により法定の

---

(46)　山川・前掲注 (40) 82 頁。
(47)　塩野宏『行政法 I ［第 5 版］行政法総論』(有斐閣・2009 年) 125 頁は，「行政行為をするに当たっての行政庁の判断過程（……）のどこに裁量があるかを探究するのが裁量論の意義である。」と述べ，その判断過程として，「A　事実認定」，「B　事実認定の構成要件への当てはめ（要件の認定）」，「C　手続の選択」，「D　行為の選択　a　どの処分を選択するか（……）。b　その処分をするかしないか。」及び「E　時の選択　いつその処分をするか。」の各段階を挙げた上で，同 127 頁は，「効果裁量とは，行政行為をするかしないか，するとしてどの処分をするかの点，つまり D の段階に裁量の所在を求める考えである（美濃部説）。」と述べている。

算定方法の選択について自由度が高まったことから，移転価格課税の方が裁量の範囲を拡大することにより，判断手法・過程に関して事前確認に接近してきたとみることもできよう。この点に関連して，租税特別措置法関係通達66の4(2)-1が「最も適切な方法」の選定に当たり勘案する事項を明示したことは，「最も適切な方法」の選定に係る裁量基準の明確化に資するとともに，間接的には事前確認における「最も合理的と認められる算定方法」の選定に係る裁量基準としても機能し得るものとして，評価することができる。

なお，事前確認における「最も合理的と認められる方法」と移転価格課税における「最も適切な方法」とはよく似た表現の不確定概念であるが，いずれも，企業における「価格形成の実態」（昭和62年通達2）に即して選定される，独立企業間価格の算定方法を意味すると解される。企業における価格形成は経営判断に属する事項であるから，価格形成には一定の裁量が認められる。したがって，「最も合理的と認められる方法」と「最も適切な方法」は，課税庁がそのような裁量により選定した算定方法を意味することになろう[48]。そうすると，「最も合理的と認められる方法」と「最も適切な方法」は，独立企業間価格の算定方法に関して企業における価格形成の裁量（経営判断）に相当する裁量を課税庁に認めるが故に「不確定」な概念であると考えられる。

Ⅳ 事前確認の法的性格・位置づけ (3)
－確認通知の法的拘束力からの検討－

1 事前確認と文書回答

事前確認制度については，「移転価格課税についての納税者の法的安定性

---

[48] 企業の経営判断と行政裁量に関する示唆に富む論攷として，松本伸也「経営判断の司法審査方式に関する一考察（上）（中）（下）－行政裁量の司法審査方式との関連において－」金融・商事判例1369号（2011年）2頁，1370号（同年）2頁，1371号（同年）2頁参照。

及び予測可能性を確保するための，広い意味での文書回答制度の一類型」[49]
という見方がある。このような見方によれば，確認通知（移転価格事務運営要
領 5-15（5）にいう「事前確認する旨の通知」）は，文書回答として性格づけられ
ることになろう。

　文書回答には，次の見解が説くように，税務行政に対する拘束力はないと
考えられる。すなわち，「我が国の文書回答は，……，法律の規定に基づい
て特別の法的地位を与えられたものではなく，納税者サービスの一環として
行われるものであることから，その回答内容について何らかの特別な法的拘
束力が生ずるものではない。」[50]といわれているが，ここでいう「法的拘束
力」には行政内部に対する拘束力も含まれている。すなわち，「通達には内
部拘束力があるとされているが，文書回答手続が事務運営指針である通達に
よって制定された手続であるからには，文書回答手続は通達による命令下で
の下級行政機関職員の作業であるといえよう。そのことからすれば，一見通
達によって定められた方法で文書回答された内容にも内部拘束力があるとい
えそうである。しかしながら，事務運営指針が示しているのは，あくまでも
文書回答の手続であるから，下級行政機関職員が拘束されるのはあくまでも
文書回答手続の手続面についてのみであるといえよう。このことは，事務運
営指針に定められている税務相談室事務の方法に従って行われた税務相談室
における回答内容が内部拘束力を有しているとは解されないことと同じであ
る。そうであるとすれば，文書回答手続による回答に内部拘束力はないとい
うことになると考えられる。」[51]

2　事前確認とアドヴァンス・ルーリング

　しかし，確認通知には，これを受けた納税者が確認取引に係る事業年度
（確認事業年度）において事前確認の内容に適合した申告を行っている場合に

---

(49)　大野・前掲注（14）801頁。酒井・前掲注（24）528頁も参照。
(50)　上斗米・前掲注（3）20頁。
(51)　酒井・前掲注（24）641頁。

は，その確認をした税務署長は「当該確認取引は独立企業間価格で行われたものとして取り扱う」（移転価格事務運営 5-16）という意味での拘束力が，認められている。この拘束力は，確認通知が税務署長という権限ある者によって，しかも確認通知書（移転価格事務運営要領 5-15 (5)）という書面でされるが故に，信義則の適用要件（入口要件）である「公的見解の表示」[52]に該当すると解されることから，確認通知を受けた納税者との関係で信義則を根拠として認められる法的拘束力であると考えられる[53]。

このような意味において，事前確認は，アメリカのアドヴァンス・ルーリング（Advance Ruling），とりわけクロージング・アグリーメント（Closing Agreement）を伴うアドヴァンス・ルーリングに類似すると考えられる。アドヴァンス・ルーリングについては，「アドヴァンス・ルーリングは，納税者からその計画している取引に係る租税法規の解釈ないしタックス・エフェクツについて，内国歳入庁に対して，事前に意見を求められた場合に，それに対して示す公定解釈であり，その名宛人が納税者一般でなく，質問をした個別の納税者であり，またレターの形式を用いるのが普通である……。納税者は，アドヴァンス・ルーリングによって，計画している取引のタックス・エフェクツを事前に知ることができ，したがって税負担が自分が予想していたよりは重い場合には計画を中止ないし変更することができるから，この制度は課税の分野における予測可能性と法的安定性の維持に大いに役立つ。」[54]，「Closing Agreements の一部となっている場合を除いて，アドヴ

---

(52) 税法の分野における信義則の適用要件については，最判昭和 62 年 10 月 30 日訟月 34 巻 4 号 853 頁参照。確認通知が「公的見解の表示」に該当すると解されることについては，谷口・前掲注（16）【83】参照。

(53) 羽床・前掲注（17）177 頁，佐藤正勝編著＝髙久隆太＝望月文夫『Q&A 移転価格税制　制度・事前確認・相互協議』（税務経理協会・2007 年）227 頁等参照。金子・前掲（16）492 頁も「税務署長等は，この申し出を受けて確認を行ったときは，納税者の信頼を保護するため，原則としてそれを過去にさかのぼって取り消すことはできないこととされている」と述べている。

(54) 金子宏『租税法理論の形成と解明　上巻』（有斐閣・2010 年）159 頁［初出・1994 年］。同 98-100 頁［初出・1983 年］も参照。

ァンス・ルーリングは撤回または修正することができる。」[55]といわれているが，ここでいうクローズィング・アグリーメントについては，「内国歳入法典7121条の下で，特定の争点または納税義務に関して，内国歳入庁と納税者との間でなす合意である。Closing Agreementは，詐欺，不正または重要な事実の不実表示がない限り，最終的である。それは，基本的には，問題の争点が最終的且つ絶対的に解決された旨の納税者と内国歳入庁との間の契約である。」[56]といわれている。

このように，クローズィング・アグリーメントが法律に基づく内国歳入庁と納税者との合意として構成されている点を別にすれば，これを伴うアドヴァンス・ルーリングは事前確認と類似している。「日本が先に採用した事前確認制度を参考にしたといわれる」[57]アメリカの「事前適正価格合意制度（Advance Pricing Agreement-APA）」[58]は，「沿革的にはアメリカの租税行政の中でかねて用いられてきたアドヴァンス・ルーリング（Advance Ruling）の制度の一環としてとらえるべきものであろう。」[59]といわれているところである。

V　事前確認制度のあり方－結びにかえて－

以上において，事前確認の法的性格あるいは位置づけについて，事前確認制度の趣旨目的，事前確認の対象及び確認通知の法的拘束力の3つの観点から，検討を行ってきたが，以下では，その検討を踏まえた上で，事前確認制度のあり方について検討することにする。その際，目的の正当性と手段の合

---

[55]　金子・前掲注（54）166頁［初出・1994年］。
[56]　金子・前掲注（54）163頁［初出・1994年］。同100-101頁［初出・1983年］も参照。
[57]　金子・前掲注（54）159頁［初出・1994年］。
[58]　金子・前掲注（54）163頁［初出・1994年］。金子教授は「事前価格合意制度」とも邦訳しておられる（同・前掲注（18）385頁［初出・1993年］参照）。
[59]　金子・前掲注（54）159頁［初出・1994年］。同・前掲注（18）385頁［初出・1993年］も参照。

理性の観点から，検討することにしたい。

1 事前確認制度の目的の正当性

まず，事前確認制度の目的は，①独立企業間価格の算定に係る納税者の予測可能性及び法的安定性の確保と②移転価格税制の適正・円滑な執行を図ることであり（Ⅱ1参照），いずれも正当な目的であることには特に異論のないところであろう。ただ，②の目的を強調しすぎると，移転価格税制の発動に伴って発生するかもしれないコスト（紛争コストを含む）を回避することを主眼とする事前確認制度の利用を，誘発するおそれがあるように思われる。そのような場合には，そのコストが間接強制（心理的強制）の意味をもつことになり，これに相互協議を伴う事前確認の場合における税務行政の「勧しょう」[60]（移転価格事務運営要領5-12参照）が加わると，①の目的から導き出される，納税者サービスという事前確認制度の基本コンセプト（Ⅱ1，2参照）に反する結果を招来するおそれがあるように思われる。②の目的から，事前確認制度が価格形成関連資料収集の機能をもつことも導き出されるが（Ⅱ1，3参照），「提供される事実の精度が高まれば高まるほど，納税者に対する事前調査（申告前調査）としての意味をもつようになり，一定内容の申告の事実上の強要もなされうるのである。」[61]ことからすると，尚更である。ともかく，事前確認制度については，①の目的を基本として，納税者サービスという性格を基軸とした制度設計及び運用を徹底すべきであろう。

「事前確認では，法人及び課税庁の双方に対して，非対立的な環境下で協力する機会が与えられ，課税庁が事前確認で入手した情報を調査において使用しないこと及び守秘義務を確保することにより，法人の情報提供が積極的

---

(60) 税務行政の「勧しょう」という行為は，調査終了の際における修正申告の勧奨（税通74条の11第3項前段）のように法定されているものもあるが，建前上は行政指導であるものの，従来から税務行政側の強要等が問題視されてきたところである（谷口・前掲注（16）【139】（ハ）参照）。
(61) 水野忠恒「税務相談と税務行政指導」日税研論集36号（1997年）95頁，107頁。

に行われることとなる。」[62]といわれることがあるが，制度設計及び運用に関する前述のような姿勢は，「非対立的な環境」を確保する上でも，重要であろう。

なお，以上の点に関連して，次の指摘は傾聴すべきものである。すなわち，「もし仮に，事前確認制度が，過大な制裁や紛争費用を背景として納税者に『押しつけられる』ようなことになると，かえって，私的自治の侵害を助長するおそれが出てこよう。これは，法的安定性確保の要請と私的自治尊重の要請とが相反する関係にあることの一つのあらわれである。

その意味で，事前確認制度に一面で危険が伴うことは確かである。しかし，ひるがえって考えると，このような害悪の発生源は事前確認制度自体ではないことがわかる。事前確認制度が悪なのではなく，重い制裁や過大な紛争費用こそが悪なのである。したがって，このような危険をさけるには，制裁の緩和や紛争処理費用の軽減こそが本道である。もしこのような環境整備がなされたとすれば，事前確認制度自体は基本的には望ましい制度であるとみるべきであろう。」[63]

2　事前確認制度の手段の合理性
(1)　事前確認と私的自治・契約自由

次に，手段の合理性の観点から事前確認制度を検討する場合，何よりもまず問題にすべきは，事前確認における裁量の広さ（Ⅲ2参照）である。その広範な裁量は私的自治の原則あるいは契約自由の原則との関係で問題になる。移転価格税制については，以前から，「もちろん，それは，関連企業間の取引において設定された対価の金額が適正でない場合に，所得を適正な対価に従って計算し直すことを内容とする制度であって，対価の設定そのものに介入することを目的とする制度ではない。しかし，納税者が，移転価格税制の適用をおそれるあまり，租税行政庁の意向を忖度して対価を設定することは，

---

(62)　角田・前掲注（40）1015-1016頁。
(63)　増井・前掲注（19）46頁。

実際問題として十分にありうることであり，その意味で，移転価格税制が，私的取引における対価の設定をリードし，それによって私的自治ないし契約の自由に事実上介入する可能性をもっていることは否定できない。」[64]と指摘されてきたところであるが，事前確認は，企業の価格形成に関する経営判断（裁量）を税務行政が代替する行為とみることができることからすると，私的自治や契約自由に対する侵害は，課税庁が移転価格税制を発動して課税する場合よりも，納税者が事前確認に従って納税申告をする場合の方が，むしろその侵害の度合いが強いようにも思われる。このことを考慮すると，事前確認制度は法律で定めるべきであると考えられる。

このような考え方に対しては，事前確認は「確認という行政上の事実行為にすぎない」[65]から，移転価格課税とは異なり，行政処分性がなく，したがって，法律の根拠を必要としない，というような反論があるかもしれない。しかし，ここでは，事前確認制度の法制化について，事前確認の処分性の有無の観点から論じているのではなく（もっとも，事前確認が処分でないことが同制度の法制化の障害になるとは考えないが[66]），私法秩序に対する事前確認の侵害の観点から，その必要性を説いているのである。

なお，事前確認を，独立企業間価格に関する課税庁の公的見解（本文Ⅳ2参照）が初めて示されるものとみて，納税者がその内容に適合した納税申告をしなければ行われるであろう移転価格課税に対する取消争訟をいわば「先取り」して，納税者の権利救済上，事前確認を行政処分（形式的行政処分[67]）として構成することは，立法論としては十分に可能であると考えられる（解釈論の余地を否定するものではないが）。このような立法論は，源泉徴収に係る

---

(64) 金子・前掲注（18）364-365頁［初出・1993年］。
(65) 佐藤編著＝高久＝望月・前掲注（53）227頁。高久・前掲注（16）「（3）」38頁も参照。
(66) 増井・前掲注（16）204頁は，事前確認もその一類型とされる文書回答について，「潜在的に利害が対立するアクターが協働する場合に解決すべき課題」の第1に，手続の法制化を挙げている。また，酒井・前掲注（24）605頁，694頁等は，文書回答について「行政サービス」であることが法制化を阻む理由にはなり得ない旨を述べている。

納税の告知（税通36条1項2号）について，「［自動的に］確定した税額がいくばくであるかについての税務署長の意見が初めて公にされるもの」とみて，これを抗告訴訟の対象とすることを認めた判例（最判昭和45年12月24日民集24巻13号2243頁）の立場からも，是認されよう。

(2) **相互協議を伴う事前確認の法的根拠**

事前確認制度の法制化に対しては，相互協議を伴う事前協議には租税条約上根拠があるから法制化は不要である，という反論もあるかもしれない。事前確認手続の法令上の根拠について，「条約上は，例えば日米租税条約第25条の相互協議条項［の第3項］において，『両締約国の権限のある当局は，この条約の解釈又は適用に関して生ずる困難又は疑義を合意によって解決するよう努める。特に，両締約国の権限のある当局は，次の事項について合意することができる。』として，(d) として，『事前価格取決め』が規定されていることによる」[68]という見解があるが，しかし，相互協議条項はあくまでも相互協議手続の法的根拠であって，事前確認の（少なくとも直接の）法的根拠ではない[69]。このことは，相互協議事務運営指針で「相互協議の申立てを行うことができる」場合として例示されている「内国法人とその国外関連者との取引に係る事前確認について，当該内国法人が，移転価格事務運営要領又は連結法人に係る移転価格事務運営要領に規定する事前確認の申出を行うとともに，我が国の権限ある当局と相手国等の権限ある当局との協議を求める場合」（第2の3（注）ロ）の規定振りからも，明らかである。

---

(67) 形式的行政処分については，差し当たり，芝池義一『行政救済法講義〔第3版〕』（有斐閣・2006年）29-39頁参照。同37頁は，本文後掲判例（最判昭和45年12月24日民集24巻13号2243頁）を形式的行政処分論によるものと解している。
(68) 角田・前掲注（40）1015-1016頁。
(69) 髙久・前掲注（16）「(3)」39頁は「相互協議の合意は租税条約に基づき行われるが，合意そのものは法令ではなく，事前確認制度に係る国内法の規定が必要である。」と述べている。また，中里実＝太田洋＝弘中聡浩＝宮塚久編著『移転価格税制のフロンティア』（有斐閣・2011年）17頁［太田洋執筆］は，「租税条約上の相互協議（……）と連動して，相互協議に基づく合意に基づいて関係する課税当局が納税者に対して確認を与えるもの」（下線筆者）とする。

日米租税条約25条3項（d）のような規定[70]は，事前確認に関する相互協議（現実には未だ移転価格課税に伴う経済的二重課税が生じていない段階での相互協議）が個別事案協議（「条約の規定に適合しない課税」に関する相互協議）として許容されるかどうか議論のあるところである[71]ことから，その点を明確にするために，事前確認に関する相互協議を解釈適用協議として許容することを定めたものと解される[72]。もっとも，解釈適用協議条項には相互協議の申立権の定めはないが，紛争の予防の観点からは事前確認についても相互協議の申立てを認めるのが望ましいことから，相互協議事務運営要領は個別事案協議の申立手続に準じた取扱いを定めているものと解される[73]。いずれにせよ，日米租税条約25条3項（d）のような条項を「事前確認手続の法令上の根拠」とみる上記見解は，相互協議を伴う事前確認はそもそも相互協議が許容されて初めて可能になるという意味において，そのような条項を「事前確認手続の法令上の根拠」と理解するものにすぎないであろう[74]。国内事前確認も相互協議を伴う事前確認も，現在のところ，あくまでも通達上

---

(70)　同様の規定は，わが国が締結した租税条約のうちほかに日蘭租税条約24条3項（d）でも定められている。
(71)　この議論については，吉川保弘「事前確認制度の現状と課題－相互協議申立の濫用と補償調整処理を中心として－」税務大学校論叢50号（2006年）1頁，20-23頁参照。
(72)　個別事案協議・解釈適用協議という用語については金子・前掲注（18）395頁［初出・1991年］参照。
(73)　吉川・前掲注（71）21頁参照。金子・前掲注（18）396頁［初出・1991年］は，解釈適用協議一般について，「関係者は，自己に関する事案が重要な解釈適用問題を含んでいるから協議して欲しいという陳情の意味で，事実上の申立を行うことは可能であり，その問題が協議の必要のある問題であると認められる場合には，権限のある当局は協議を開始することになるであろう。このような可能性は解釈上排除されるべきではない。」と述べている。国際税務研究グループ編『国際課税問題と政府間協議～相互協議手続と同手続をめぐる諸問題～』（大蔵財務協会・1993年）51頁も参照。なお，対応的調整に係る相互協議の申立てについて「申立ての間口を広くとる解釈」を説くものとして，増井・前掲注（19）64頁も参照。
(74)　髙久・前掲注（16）「(1)」29頁は「二国間事前確認については確認に当たって相互協議の合意を経ることから，ある意味では租税条約の規定が適用されるとも考えられる」と述べている。

認められた制度にとどまるのである。

このような現状の下で，事前確認に関する相互協議の「合意」の実施について次のような問題点の指摘がある[75]。すなわち，「新日米租税条約第25条において，二国間事前協議は相互協議の対象となることが明記された。それにもかかわらず，国内法において事前確認に係る規定がないのは適切でない。二国間事前確認では，双方の国の納税者及び課税当局が関与し，権限ある当局間での合意がなされる。単に，一納税者と一国の課税当局との確認行為ではなくなっている。

二国間事前確認の場合は相互協議の合意があるので，租税条約という法的根拠があり，法令上の規定は不要との考え方もある。しかし，相互協議の合意は租税条約に基づき行われるが，合意そのものは法令ではなく，事前確認制度に係る国内法の規定が必要である。

レアケースであろうが，事前確認を受けていた納税者が我が国で増額調整の修正申告を要することとなったにもかかわらず，修正申告を提出しない場合はどうなるか。納税者が確認内容を遵守しないことから，確認が取り消され，課税当局が更正を行うこととなる。その際，更正の理由を『事前確認の合意内容に基づき更正する。』としたのでは理由附記にならない。なお，事前確認の合意内容をそのまま用いて移転価格課税を行ったこととして更正の理由附記を行うことも疑問である。

事前確認の重要性に鑑み，また，納税者に対する透明性を確保するためにも法律において事前確認の意義を定め，採用されている算定方法等についても通達等においてできる限り明確に例示すべきである（……）。」

ここで示されている事前確認制度の法制化の提案は，「昭和61年国税庁国際業務室。その後同室及び国税庁相互協議室に通算13年勤務。内10年間は専ら米国との相互協議に従事し，多数の大型事案を担当。」[76]という豊富な実務経験を有する論者によるものであり，その意味でも重く受け止めるべき

---

(75) 髙久・前掲注 (16)「(3)」38-39頁。
(76) 髙久・前掲注 (16) の「プロフィール」欄より抜粋。

(3) 事前確認の法的拘束力

　事前確認制度の法制化は，事前確認の法的拘束力（Ⅳ2参照）の観点からも，要請されよう。事前確認の法的拘束力の根拠は信義則という法の一般原理に求められるが，この点については次のような指摘がある。すなわち，「税務当局は確認という行政上の事実行為により信義則上の義務を負うのみである。納税者と税務当局との間で行われる紳士協定のようなものにすぎないので，納税者にとっては不安が残るかもしれないが，税務当局としては，いったん確認した行政上の事実行為を安易に撤回したり，また無効にすることはなく，納税者が定められた条件と義務を怠ることがなければ確認された事実行為は遵守されると考えられる。」[77]

　納税者サービスという事前確認制度の基本コンセプト（Ⅱ1, 2参照）からは，事前確認の法的拘束力に対する納税者の「不安」は解消すべきであろう。そのためには，信義則に基づく法的拘束力ではなく法律に基づく法的拘束力を事前確認に付与し，事前確認に対する納税者の信頼をより強く保護すべきであろう。「国によって制度が異なるとはいえ，相互協議の合意が，米国では納税者及び課税当局を拘束するアグリーメントであり，我が国では行政上の確認行為であるというのは落差がある。」[78]との指摘があるが，同じく「APA」という略称を用いながらアメリカの「Advance Pricing Agreement」と区別して事前確認を「Advance Pricing Arrangement」と英訳する[79]のはよいとしても，そのような末端で問題を処理するのではなく，ここでの問題の本質（法的拘束力）を正面から見据えて，アメリカの制度の優れたところを採り入れクローズィング・アグリーメント（Ⅳ2参照）のように法律に基づく法的拘束力を事前確認に付与すべきであると考えるところである。そうすることで，納税者の予測可能性及び法的安定性の確保という事

---

(77)　佐藤編著＝髙久＝望月・前掲注（53）227頁。
(78)　髙久・前掲注（16）「(3)」38頁。
(79)　相互協議室・前掲注（6）1頁参照。

前確認制度の基本目的（Ⅴ1参照）がより確実に実現されることになろう。

この点に関連して、事前確認に関する納税者と課税庁との手続的権利義務の関係を、法律によって、対称的な手続的権利義務の関係として構成することも、検討すべきであろう。現行の事前確認制度における手続的権利義務の関係は、納税者側については事前確認の申出「権」（移転価格事務運営要領5-2参照）と事前確認の遵守「義務」（同5-16、5-21参照）、課税庁側については事前確認の遵守義務（同5-16参照）と納税者が遵守「義務」を履行しない場合等における事前確認取消「権」（同5-21参照）、をそれぞれ中核にして構成されているが（信義則による課税庁の事前確認遵守義務以外は、通達上の「権利義務」である(80)）、特に納税者側の「権利」に関して対称的でないように思われる。事前確認の申出を「権利」と解するかどうかは格別、問題は、事前確認の内容を納税者がチェックし、場合によっては課税庁に対して修正を求めることができる機会が保障されていないことである。

事前確認制度は、移転価格課税に伴う納税者・課税庁双方のコスト（場合によっては紛争コストを含む）を回避するための制度であるが、当然のことながら、移転価格課税の可能性を排除するものではないから、納税者が事前確認の内容に同意せずその内容に適合した申告を行わなければ、移転価格課税を受けるだけのことである、といってしまえばそれまでである。しかしながら、それでは、事前確認制度の「ねらい」（Ⅱ1参照）は外れたことになり、むしろコストが嵩むおそれもある。課税庁は確認申出法人に対して、価格算定文書としても利用できるような資料を確認申出書に添付するよう求めることができる（Ⅱ3参照）のであるから、結果的に納税者が事前確認の内容に同意しなくても、事前確認をしたことには意味がある、という考え方もあるかもしれないが、しかし、それは事前確認制度の基本目的（Ⅴ1参照）や納税者サービスという事前確認制度の基本コンセプト（Ⅱ1、2参照）を軽視し

---

(80) 通達をソフトローとみるならば、「ソフトロー上の権利義務」といってもよいであろう。通達とソフトローの関係については、増井・前掲注(16) 187頁参照。

た課税庁側の論理である。先（V2 (2)）に引用した見解が指摘するように，「[移転価格課税に当たって]更正の理由を『事前確認の合意内容に基づき更正する。』としたのでは理由附記にならない。なお，事前確認の合意内容をそのまま用いて移転価格課税を行ったこととして更正の理由附記を行うことも疑問である。」のであれば，上記のような考え方には課税庁側も直ちに与することはできないであろう。

このように考えてくると，事前確認制度の法制化に当たっては，納税者に事前確認の内容に関する審査・修正請求権を付与すべきであるといえよう[81]。その際，課税庁の請求拒否に対する取消争訟のほか，事前確認を形式的行政処分として構成すること（V2 (1) 参照）を前提にして申請型義務付け訴訟（行訴法3条6項2号）との接続についても，明確にしておくべきであろう。これらの手続的な整備によって，事前確認に関する納税者と課税庁との手続的権利義務の関係が対称的なものとなり，事前確認について適正な手続が保障されることになろう。この分野における手続的保障原則の実現に資すると考えるところである[82]。

3 事前確認制度の法制化に向けて

以上，本稿では，事前確認制度のあり方として法制化を提案してきたところであるが，最後に，租税立法のあり方に関する金子宏教授の見解を引用して筆を置くことにしたい。

「租税の問題について立法的解決を必要とする問題が生じた場合に，立法がそれに迅速に対応せず，国税庁の通達でその解決が図られる傾向のあることも，わが国の租税立法の特色である。」[83]

---

(81) 増井・前掲注（19）46頁は，「事前確認制度自体についても，確認の事後審査のみちを設けるべきではないか，……といった議論をすべきであろう。」と述べている。
(82) 手続的保障原則を実現する上では，納税者と課税庁との手続法上の関係を，対称的な権利義務の関係として構成することが，特に重要であることについては，谷口・前掲注（16）【27】参照。

「このように，問題が生じた場合に立法権の対応がおくれがちであり，むしろ行政的に問題の解決が図られる傾向があるのは，立法府が租税立法の明確化について積極的な努力をしていないことと結局は同根であって，わが国において課税権力の行使が憲法の予定している道筋に沿っておらず，課税権力の行使について立法権が必ずしも適正に機能していないことの現れであるというほかはない。」[84]

---

(83)　金子・前掲注 (54) 95 頁 [初出・1983 年]。
(84)　金子・前掲注 (54) 97 頁 [初出・1983 年]。

第5章　移転価格税制と「文書化」

西村あさひ法律事務所
弁護士・NY州弁護士　太田　洋
弁護士・公認会計士　北村　導人

I　移転価格税制の文脈における「文書化」の意義及び目的

　移転価格税制の文脈における「文書化」（documentation）とは，一般に，移転価格税制上の独立企業間価格算定の根拠となる書類等を作成し，保存することをいう。また，かかる書類を（移転価格税制の対象となる）国外関連取引が行われた時点（又は納税申告書の提出期限まで）に作成することを「同時文書化」（contemporaneous documentation）という。そして，法令によって文書化を義務付けることを，一般に，「文書化の義務付け」といい，同じく，法令によって同時文書化を義務付けることを「同時文書化の義務付け」という。本稿では，以下，移転価格税制の文脈におけるものとして，以上の語句を使用する。
　移転価格税制は，法人と国外関連者との間で資産の販売又は購入や役務の提供といった国外関連取引が行われた場合に，当該取引の対価の額が独立企業間価格と乖離しているときは，その法人の課税所得の計算に際して，当該

　※　本稿は，中里実＝太田洋＝弘中聡浩＝宮塚久『移転価格税制のフロンティア』（有斐閣，2011）の第3章1.（248-281頁）を基に，近時の立法や裁判例の状況も踏まえ，適宜必要な加筆・修正等を施したものである。

取引は独立企業間価格で行われたものと看做す旨の制度である（租税特別措置法 66 条の 4）。従って，この制度が適用され，課税当局によって更正処分がなされるか否かは，独立企業間価格がどのように算定されるかにかかっている。

このことと関連して，「文書化の義務付け」は，主に以下の二つの目的で行われるといわれている。一つは，納税者に，自らが行う国外関連取引に係る独立企業間価格の算定の根拠となる書類等を適時に作成ないし保存せしめることにより，その納税コンプライアンス（租税法令に適合した価格設定による適正な課税所得の算定）を向上させる目的である[1]。そして，もう一つは，独立企業間価格の事後的な検証を容易ならしめることで，税務調査の効率化を図り，移転価格税制に関する課税問題の迅速な解決に繋げる目的である。

なお，以下の記述において，特段の記載がない限り，法令は全て平成 24 年 4 月 1 日現在のものであるとし，租税特別措置法は「措法」，租税特別措置法施行令は「措施令」，租税特別措置法施行規則は「措施則」と，それぞれ略称する。

II 我が国の移転価格税制への「間接的文書化」制度の導入～平成 22 年度税制改正

1 平成 22 年度税制改正による納税者が提示又は提出すべき「書類」の明確化

我が国では，現行租税法令上，移転価格税制との関連で「文書化」義務を直接定めた規定は存在しない[2]。もっとも，「文書化」に関連する制度とし

---

[1] 伏見俊行「移転価格上の税務コンプライアンスの維持・向上に向けた取組」租税研究 751 号（2012）4 頁。
[2] 納税者は，法人税申告書別表 17（4）の「国外関連者に関する明細書」を確定申告書に添付する必要があるが（措法 66 条の 4 第 15 項，措施則 22 条の 10 第 2 項），当該明細書は納税者から課税当局に対して申告内容に係る情報を提供するものであり，納税者の文書化義務を定めたものではない。

て，課税当局の職員が，「独立企業間価格を算定するために必要と認められる書類として財務省令で定めるもの…又はその写しの提示又は提出を求めた場合において，当該法人がこれらを遅滞なく提示し，又は提出しなかつた」ときに適用され得る，推定課税（措法66条の4第6項），及び同種事業者に対する質問検査権（同条第8項）に関する規定が存在する。

平成22年度税制改正前は，上記の推定課税規定及び質問検査権規定では，課税当局の職員によって提示又は提出を求められる書類について，「独立企業間価格を算定するために必要と認められる帳簿書類又はその写し」と定められていただけで，当該「帳簿書類」の範囲が一義的に明確ではなかった[3]。そのため，当該規定の解釈や適用に関して，納税者の予見可能性や課税当局の執行安定性の観点から問題があるとされていた。このような問題を解消するため，平成22年度税制改正において，納税者の予見可能性を確保し，税務執行の透明化・円滑化を図る観点から，上記の推定課税規定及び質問検査権規定における，従前の，「独立企業間価格を算定するために必要と認められる**帳簿書類**」〔太字及び下線は筆者らによる〕という文言が，「独立企業間価格を算定するために必要と認められる**書類として財務省令で定めるもの**」〔太字及び下線は筆者らによる〕との文言に改められた。

そして，財務省令である措施則22条の10第1項は，当該書類を，①「国外関連取引の内容を記載した書類」と②「法人が国外関連取引に係る独立企業間価格を算定するための書類」という二つのカテゴリーに分けた上で，それぞれにつき具体的な書類を限定列挙している。これにより，課税当局からの要求に応じて，納税者が提示又は提出すべき書類の範囲が明確化されたものと説明されている[4]。

---

(3) 国税庁長官から国税局長沖縄国税事務所長宛て「移転価格事務運営要領の制定について（事務運営指針）」（以下「事務運営指針」という。）2-4（平成22年度税制改正前）では，税務調査時に検査を行う書類等が列挙されていたが，事務運営指針はあくまでも課税当局内部の指針に過ぎないため，法令上の「帳簿書類」の範囲は不明確であったといえる。

(4) 泉恒有ほか『平成22年版改正税法のすべて』（大蔵財務協会，2010）507頁。

2　平成22年度税制改正による「間接的文書化」制度のインパクト

　平成22年度税制改正によって改正又は制定された上記の各規定は，前述のとおり，移転価格税制との関連で直接的な文書化義務を定めたものではないため，納税者が上記の措置則22条の10第1項所定の書類を準備しなかった場合でも，直ちに刑罰その他の制裁が科される訳ではない。

　しかしながら，改正前は，納税者が提示又は提出しない書類が，推定課税規定における，納税者が提示又は提出すべき「帳簿書類」に該当するか否かが明らかでない場合，課税当局としては推定課税規定を適用することに慎重にならざるを得なかったところ，改正後は，当該「書類」の内容が措置則22条の10第1項所定の「書類」として具体的に明示されたため，実務上，課税当局としても，その不提示又は不提出の判断（つまり，推定課税規定の要件が具備されたか否かの判断）が，改正前に比して容易になったものと考えられる。従って，当該改正の結果として，課税当局が実際に推定課税規定を適用して課税する事案が大幅に増加する可能性がある。換言すれば，納税者は，文書化を行わなかった場合（即ち，措置則22条の10第1項所定の「書類」を作成ないし保存しておらず，遅滞なく課税当局に対して当該書類を提示又は提出できない場合）には，課税当局側に推定課税を行う「フリーハンド」を与えてしまうことになる。このことは，文書化を行わなかった場合には，納税者が，国外関連取引の取引価格について，それが移転価格税制において法令上定められた「独立企業間価格」に該当するものであることの立証責任を，事実上負わされるということを意味する[5]。

　このようなリスクを極力軽減するため，納税者としては，少なくとも措施

---

(5) この点，平成22年度税制改正による措法66条の4第6項の「書類」の範囲の明確化について，安井欧貴・前東京国税局調査第一部国際情報第一課長は，「内容としては単なる明確化ということなのですが，このことが移転価格の実務において与える影響は大きいのではないか，またそうでなければならないというふうに思っております」（安井欧貴「移転価格税制の執行をめぐる最近の状況」租税研究731号（2010）179頁）と述べており，当該改正が，移転価格税制に関する実務に大きな影響を与え得るものであることを強く示唆している。

則22条の10第1項所定の「書類」については，国外関連取引を実行する際に（又は遅くともその後に到来する最初の納税申告書の提出期限までに）文書化を済ませておく必要性が高くなったものということができる。

　以上のような平成22年度税制改正の側面を把えて，同改正により，「日本版文書化制度（日本版ドキュメンテーション・ルール）」，又は「間接的文書化制度」が導入されたとも評されている訳である。

　しかしながら，この措置則22条の10第1項については，同項所定の「書類」の意義や，推定課税及び質問検査権の各規定の要件との関係など解釈上の問題が数多く存しており，今後，実務において大きな問題となることが予想される。そこで，本稿では，後記III以下で，これらの問題について順次検討していくこととする。

3　OECD移転価格ガイドライン第5章の「文書化」に関する指針の斟酌

　世界各国では，1994年のアメリカ[6]を嚆矢として，1990年代後半から2000年代にかけて，北米，欧州，アジア・オセアニア及び中南米の各国において「文書化の義務付け」制度が相次いで導入されているところであるが，そのうち多数の先進諸国が加盟しているOECD（経済協力開発機構）では，

---

(6)　米国の移転価格税制における同時文書化義務は，1993年包括的予算調整法により改正された内国歳入法典6662条(e)項で導入され，1994年1月1日以降開始する事業年度から適用されている。これは，移転価格関連文書を作成ないし保存する義務を直接定める規定ではないが，①納税者が移転価格関連文書（principal documents, background documents 及び tax return documents）をその納税申告書提出時までに作成し，且つ，②内国歳入庁からの提出要求があった場合にその要求の日から30日以内に提出することを，内国歳入法典6662条(e)項が定める罰金（純調整ペナルティ）免除のための要件の一つとするものである（本庄資『アメリカの移転価格税制』（日本租税研究協会，2009）99-126頁，酒井貴子「アメリカにおける移転価格税制と正確性に関する罰則金」税法学542号（1999）115頁参照）。

OECD 移転価格ガイドライン(7)が策定され，その第5章で「文書化」に関する指針が定められている。我が国では，上記2のとおり，「文書化の義務付け」を定める直接的な法令上の規定はないものの，平成22年度税制改正により間接的文書化制度（日本版文書化制度）が導入されたと評されているところであり，我が国の移転価格税制における「文書化」に係る法令の解釈においても，OECD 加盟国として，OECD 移転価格ガイドラインの定める内容が斟酌されるべきである。即ち，その解釈において，同ガイドライン第5章に示された「文書化」に関する一般的指針の内容（納税者の文書の適正さを評価する際，事業の複雑さや事業上の決定の重要度を考慮する「prudent business management principles（慎重な事業経営の原則）」(8)や，文書化に際して納税者が負うコスト及び執行上の負担と課税当局側の文書の必要性とのバランスの確保等）は十分斟酌されるべきである。

Ⅲ 移転価格税制における「文書化」と推定課税規定における法解釈上の問題点

1 推定課税の適用要件と「文書化」に関する法的論点

我が国の移転価格税制上，（a）課税当局の職員が，（b）国外関連取引に係る独立企業間価格を算定するために必要と認められる書類として財務省令（措施則22条の10第1項）で定めるもの又はその写しの提示又は提出を求めた場合において，（c）当該法人がこれらを遅滞なく提示し，又は提出しなかつたときは，税務署長は，以下に掲げる方法（但し，②に掲げる方法は，①に

---

(7) OECD 移転価格ガイドライン「多国籍企業と税務当局のための移転価格算定に関する指針」は，1995年7月13日に OECD 理事会によって承認され，その後随時改訂されているが，第5章については，1995年当時から改訂はなされていない。

(8) 「prudent business management principles（慎重な事業経営の原則）」とは，明確な定義はないものの，複雑さと重要性の点で類似の水準にある事業に関する意思決定の適正性を評価する場合の原則をいうものと解される（OECD 移転価格ガイドライン paragraph 5.4，5.6，5.11，5.28参照）。

掲げる方法を用いることができない場合に限り，用いることができる。）により算定した金額を当該独立企業間価格と推定して，当該法人の当該事業年度の所得の金額等につき更正又は決定をすることができるものとされている（措法66条の4第6項）：

① 当該法人の当該国外関連取引に係る事業と同種の事業を営む法人で事業規模その他の事業の内容が類似するものの当該事業に係る売上総利益率等（措施令39条の12第11項）を基礎とした再販売価格基準法若しくは原価基準法又はこれらと同等の方法

② 利益分割法若しくは取引単位営業利益法又はこれらと同等の方法に類するものとして措施令39条の12第12項で定める方法

そもそも，この推定課税規定は，（イ）我が国は，租税の賦課徴収につき，申告調整型制度を採用しており，問題となる取引価格の算定根拠や他の通常の取引価格に関する情報について納税者側から資料提供という形で協力が行われることが極めて重要であること，（ロ）仮に納税者側からかかる協力が得られない場合に，課税当局が何の手立てもなくこれを放置せざるを得ないことになれば，移転価格税制の適正公平な執行を担保し難いことから，設けられたものとされている[9]。

この推定課税規定に関しては，平成22年度税制改正により，措施則22条の10第1項に，独立企業間価格を算定するために必要と認められる「書類」が具体的に定められたことと関連して，ⅰ）独立企業間価格を算定するために必要と認められる「書類」の意義，ⅱ）「遅滞なく提示し，又は提出しなかつたとき」の「遅滞なく」の意義，ⅲ）「提示し，又は提出しなかつたとき」の意義，ⅳ）措法66条の4第6項と第8項（に基づく第2項の課税）との関係，及びⅴ）推定課税が行われた場合における納税者側の立証の程度について，それぞれ以下のとおり解釈上の問題が存在する。

---

[9] 国税庁『昭和61年改正税法のすべて』（大蔵財務協会，1986）210頁。

2 独立企業間価格を算定するために必要と認められる「書類」の意義

(1) 平成22年度税制改正前の「帳簿書類」の意義と税制改正後の問題点

平成22年度税制改正前は、前述のとおり、「独立企業間価格を算定するために必要と認められる帳簿書類」の内容及び範囲が一義的に明確ではなく、納税者が提示又は提出しなかった書類が、納税者が課税当局の要求に応じて提示又は提出すべきとされる「帳簿書類」に該当するのかが問題とされることがあった。例えば、いわゆるモーター輸入販売事件（国税不服審判所裁決平成18年9月4日[10]、東京地判平成23年12月1日公刊物未登載〔控訴審係属中〕）では、「国外関連者が保存する帳簿書類」であるF社（国外関連者）の財務書類及び納税者とF社との間で合意された取引価格の算定資料が、「独立企業間価格を算定するために必要と認められる帳簿書類」に含まれるかが争点とされた。この事案で、国税不服審判所は、「独立企業間価格を算定するために必要と認められる帳簿書類等とは、国外関連者が保有するものも含め、合理的、客観的に判断してその算定に必要な帳簿書類等であり、その帳簿書類等がなければ独立企業間価格の算定ができないものを意味」するとし、前掲の東京地判平成23年12月1日は、より具体的に、「独立企業間価格の算定のためには、…いずれの方法による場合でも、…本件取引の当事者であるX及びF社が本件取引においてどのような役割を果たしていたかを客観的に把握することが必要であるところ、F社の財務書類はF社の機能を端的に知ることを可能とする客観的な書類として、…Xにおける本件取引の価格算定のための資料はXとF社の役割をXがどのように見積もっていたかを知るための資料」であるとして、F社の財務書類及び納税者とF社との間で合意された取引価格の算定資料はいずれも上記の「必要と認められる帳簿書類」に含まれると判断し、課税当局による推定課税を適用した更正処分を適法とした。

---

(10) 国税不服審判所裁決平成18年9月4日裁決事例集72巻424頁。

この点，平成22年度税制改正後は，独立企業間価格を算定するために必要と認められる「書類」は，以下のとおり，措施則22条の10第1項第1号及び第2号に列挙されることとなったため，今後は，納税者が提示又は提出しない書類が，同項所定の各書類のいずれかに該当するか否かが争点となると考えられる。

第1号（国外関連取引の内容を記載した書類）
（イ）　国外関連取引に係る資産の明細及び役務の内容
（ロ）　措法66条の4第6項の法人（以下「当該法人」という。）及び国外関連者の果たす機能及び負担するリスクの内容
（ハ）　国外関連取引において使用した無形固定資産その他の無形資産の内容
（ニ）　国外関連取引に係る契約書又は契約の内容
（ホ）　国外関連取引に係る対価の額又は設定方法及び当該設定に係る交渉の内容
（ヘ）　国外関連取引に係る内国法人及び国外関連者の損益の明細
（ト）　国外関連取引に係る資産の販売，資産の購入，役務の提供その他の取引について行われた市場に関する分析その他当該市場に関する事項
（チ）　当該法人及び国外関連者の事業の方針
（リ）　国外関連取引と密接に関連する他の取引の有無及びその内容

第2号（国外関連取引に係る独立企業間価格を算定するための書類）
（イ）　当該法人が選定した措法66条の4第2項に規定する算定方法及びその選定理由並びに当該算定に当たり作成した書類
（ロ）　当該法人が採用した当該国外関連取引に係る比較対象取引の選定に係る事項及びその取引の明細
（ハ）　当該法人が措法施行令39条の12第8項第1号又は4号に掲げる方法（利益分割法）を選定した場合における同号に規定する当該法人及び当該法人に係る国外関連者に帰属するものとして計算した金額を算出するための書類
（ニ）　当該法人が複数の国外関連取引を一の取引として独立企業間価格の算定を行った場合のその理由及び各取引の内容
（ホ）　比較対象取引等について差異調整を行った場合のその理由及び当該差異調

整等の方法

(2) 措施則22条の10第1項所定の各「書類」の意義とアドビシステムズ事件東京高裁判決

　上記(1)で述べたとおり，平成22年度税制改正後は，納税者が提示又は提出しない書類が措施則22条の10第1項所定の各「書類」のいずれかに該当するか否かが争点となると考えられるところ，同項所定の各「書類」の意義に係る解釈については，以下のとおり，論理的には二つの考え方が成り立ち得るものと解される。

　一つは，同項所定の各「書類」の意義について，ⅰ）納税者が主観的に同項各号に該当すると認識しているものと解する考え方（**主観説**）であり，他方は，ⅱ）納税者の主観に拘わらず，客観的に同項各号に該当するものであると解する考え方（**客観説**）である。それでは，解釈論上，これらのうちいずれの考え方が妥当であろうか。

　この点，前掲の国税不服審判所裁決平成18年9月4日及び東京地判平成23年12月1日が示した考え方を論理的に敷衍していくと，客観説に行き着くようにも思われる。

　しかしながら，仮に客観説が妥当であるとした場合には，納税者としては，課税当局による推定課税を回避するためには，客観的に見て措施則22条の10第1項所定の各「書類」に該当する書類を全て提示又は提出しなければならないこととなるため，納税者は結局，自らが主張する価格が独立企業間価格に該当することについて，事実上立証責任を負担しているのと同じ状態に置かれることになる。このことは，課税当局が採用した独立企業間価格の算定方法が法令の定める独立企業間価格の算定方法に適合することの主張立証責任を課税当局に負わせた，アドビシステムズ事件東京高裁判決（東京高判平成20年10月30日）[11]の趣旨が実質的に変更されることを意味するもの

---

(11) 東京高判平成20年10月30日 LEX/DB文献番号25450511。なお，後掲注(37)参照。

と考えられる[12]。また，同業他社に対する質問検査権（措法66条の4第8項）等の調査権を有さない納税者に，措施則22条の10第1項所定の各「書類」に客観的に該当する書類を全て提示又は提出することを要求するのは，実質的にも酷であると思われるし，そのような解釈は，申告納税制度を前提に組み立てられている我が国の移転価格税制の基本構造とも矛盾することになろう。

従って，結論的には，少なくとも措施則22条の10第1項第2号所定の各書類（「国外関連取引に係る独立企業間価格を算定するための書類」）については，主観説の考え方が妥当ではないかと思われる。

もっとも，このような見解に対しては，納税者の主観に依ることとなれば，主観は納税者ごとにそれぞれ異なるのであるから，結局は，納税者は措施則22条の10第1項各号の書類に当たると信じた書類さえ提示又は提出すれば足りることになり，推定課税規定の適用範囲を徒に狭く解することになる（また，移転価格税制に関する知識に乏しい納税者と詳しい納税者との間に提示又は提出すべき「書類」の範囲に差が生じることとなり，公平の観点から問題がある）のではないか，といった批判が当然あり得るであろう。この点を考慮するのであれば，主観説を基礎としつつ，納税者の不合理な思い込みによって準備すべき「書類」の内容が変わったりすることのないよう，納税者が措施則22条の10第1項所定の「書類」であると合理的に信じて準備していた書類であれば，同項所定の「書類」に該当し得ると解する考え方（以下「修正主観説」という）も，一つの有力な解釈として成り立ち得るであろう。

3 「遅滞なく」の意義と平成22年度税制改正による実務的影響

措法66条の4第6項は，独立企業間価格を算定するために必要と認められる「書類」を「遅滞なく提示し，又は提出しなかつたとき」に推定課税を

---

[12] 大石篤史＝小島義博「移転価格税制における文書化について～平成22年度税制改正・近時の裁判例を踏まえて～」会計・監査ジャーナル22巻6号（2010）83頁も同旨。

することができるものとしている。そこで，ここでいう「遅滞なく」の意義が問題となる。

まず，一般論としては，措法66条の4第6項所定の「遅滞なく」の意義については，法令上，具体的な期間は定められていないものの，その文言の有する通常の意味からすれば，課税当局の職員による書類の「要求後可及的速やかに」と解するのが妥当である。具体的には，要求された資料の内容と量の関係から妥当な期間が導き出されることになると解される[13]。次に，当該「妥当な期間」とは具体的にどの程度の期間を指すのかが問題となるが，平成22年度税制改正前においては，前述のとおり，提示又は提出すべき「帳簿書類」の内容が明確ではなかったため，この点も「妥当な期間」を考える際の考慮要素となり，「遅滞なく」の要件に当たるか否かの判断に影響を及ぼしていたのではないかと思われる[14]。

これに対して，平成22年度税制改正により，課税当局の要求に応じて納税者が提示又は提出すべき，独立企業間価格を算定するために必要と認められる「書類」の範囲が措施則22条の10第1項で明確化されたことから，納税者としても，国外関連取引を行う際に，将来の税務調査に備えて作成及び保存すべき書類を把握することが可能となったものということができる。そうである以上，「遅滞なく」の判断に際しても，要求された資料の内容と量の関係のみならず，かかる点をも考慮して，事案ごとに「妥当な期間」が導き出されることになると解される。

このように，具体的に，課税当局から提示又は提出の要求があった後，ど

---

(13) 国税庁・前掲注（9）211頁，前掲の国税不服審判所裁決平成18年9月4日も同旨。移転価格事務運営要領2-5（1）も「法人が第6項に規定する書類を遅滞なく提示又は提出したかどうかは，当該書類の提示又は提出の準備に通常要する期間を考慮して判断する。」としている。なお，平成23年に改正された事務運営指針2-5における取扱いについては，後掲注（45）を参照されたい。
(14) 前掲の国税不服審判所裁決平成18年9月4日及び東京地判平成23年12月1日では，約1年以上にわたり国外関連者の財務書類の提示要求をしたにも拘わらず，提出しなかったとして，結論的に，「遅滞なく」に該当しないものと認定している。

れだけの期間が経過する前であれば「遅滞なく」といえるかという点については，個々の事案ごとに判断せざるを得ないが，文書化義務が定められている諸外国における資料等の提出期限について，資料提出要求日から起算して3ヶ月以内とする国も存することに鑑みると（例えば，ポーランドは7日以内，アルゼンチンは原則として15営業日以内，中国は20日以内，アメリカ，インド，ベトナムは30日以内，韓国，フランス，ドイツは原則60日以内，カナダは3ヶ月以内とされている），納税者に直接的な文書化義務が課されている訳ではない我が国においては，一般的には，少なくとも1〜3ヶ月以内であれば，「遅滞なく」の要件には抵触しないと考える余地もあるように思われる[15]。

4 「提示し，又は提出しなかつたとき」への該当性の判断

(1) 問題の所在

平成22年度税制改正後の措法66条の4第6項は，法人が措施則22条の10第1項所定の各「書類」を遅滞なく「提示し，又は提出しなかつたとき」は，推定課税をすることができるとしている。ここで，ⅰ）納税者が措施則22条の10第1項所定の「書類」の一部でも提示又は提出しなかった場合，ⅱ）納税者が提示又は提出した措施則22条の10第1項所定の「書類」の内容に不備がある場合，ⅲ）納税者と課税当局との間に選定すべき算定方法等に見解の相違がある場合，及びⅳ）「国外関連者が保存する帳簿書類」の入手努力義務を尽くしたが，入手できず，提示若しくは提出できなかった場合に，それぞれ「提示し，又は提出しなかつたとき」に該当するかが問題となる。

(2) 措施則22条の10第1項所定の「書類」が（客観的に見て）一部でも欠けた場合

① 措施則22条の10第1項第2号所定の「書類」が欠けた場合

---

[15] なお，村田守弘「平成22年度の移転価格に関する税制改正と留意点」国際税務30巻6号（2010）94頁は，従前よりも「遅滞なく」と判断される期間は短くなる可能性があると指摘している。

まず，措施則22条の10第1項第2号に列挙された「書類」が，（客観的に見て）一部でも提示又は提出されなかった場合について検討する。

　措施則22条の10第1項第2号は，「当該法人が選定した法第66条の4第2項に規定する算定の方法及びその選定の理由を記載した書類その他当該法人が独立企業間価格を算定するに当たり作成した書類」，「当該法人が採用した…比較対象取引…の選定に係る事項…の書類」，「差異調整…を行つた場合の…書類」〔いずれも傍点は筆者らによる〕などと規定していることから，同号に掲げる書類については，法令の文言上，納税者による選択ないし採用を前提として提出すべき書類の範囲が限定されていることは明らかである（仮に，立案担当者が当該見解と反対の立場を前提に上記規定の文言をドラフトしたのであれば，措施則22条の10第1項第2号について，上記の文言の代わりに単に「当該国外関連取引に係る…算定の方法」等と定めれば足りたはずである）。

　従って，納税者が選択した算定方法及びその選定の理由，採用した比較対象取引及び行った差異調整等に関して提示又は提出した書類に欠落ないし不足がなければ，（仮に，客観的に見た場合にはより妥当と考え得る他の算定方法や他の比較対象取引が存しており，当該他の算定方法に関する書類又は当該他の比較対象取引に関する「比較対象取引の選定に係る事項」に関する書類若しくは「取引の明細を記載した書類」等が欠落ないし不足していたとしても，）措法66条の4第6項所定の「提示し，又は提出しなかつたとき」には該当しないものと解される[16]。なお，かかる解釈を採ったとしても，課税当局としては，一般の質問検査権（法人税法153条）を行使して，客観的に見て必要とされる書類を含めて，納税者の帳簿書類を検査することは可能であり，独立企業間価格の算定に係る調査が阻害されるものではないから，特に大きな不都合はないものと解される。

　②　措施則22条の10第1項第1号所定の「書類」が欠けた場合

　他方，措施則22条の10第1項第1号については，上記の第2号のような法文上の限定は付されていないため，同号所定の「書類」が一部でも提示又は提出されなかった場合には，形式的な文理解釈からすれば，「提示し，又

は提出しなかつたとき」に該当し得るようにも見える。

　しかしながら，この問題は，結局，措施則22条の10第1項所定の「書類」の意義について，上記Ⅲ2(2)で述べた主観説，修正主観説及び客観説のいずれの見解を採るべきかに帰着するように思われる。即ち，上記Ⅲ2(2)において論じたとおり，仮に客観説を採用する場合には，納税者は自らが主張する取引価格が独立企業間価格に該当することの立証責任を事実上負担しなければならなくなるところ，そのような立証責任の分配は，現行租税法令下及び過去の裁判例における立証責任の分配に関する考え方とは異なること，また，そのことは，課税当局とは異なって限定された情報収集能力しか有しない納税者による申告納税制度を前提に組み立てられている移転価格税制の基本構造とも矛盾すること等から，措施則22条の10第1項所定の「書類」の意義については，結論的には，主観説（又は修正主観説）が妥当と考えるべきである。

　然るところ，主観説（又は修正主観説）に立てば，客観的に見て一部の「書類」が欠落ないし不足していたとしても（例えば，同号ト所定の市場分析その他

---

(16)　なお，平成23年度税制改正により，措法66条の4第2項に規定する独立企業間価格の算定方法に関して，従来の基本3法優位の原則が廃止され，独立企業間価格は，国外関連取引の内容及び取引当事者が果たす機能その他の事情を勘案して，「国外関連取引が独立の事業者の間で通常の取引の条件に従って行われるとした場合に当該国外関連取引につき支払われるべき対価の額を算定するための最も適切な方法」により算定されるものとされた（措法66条の4第2項柱書）。かかる改正後においても，①措施則22条の10第1項2号イの文言上「当該法人が選定した」と定めていること，②原則的には，自らが採用した独立企業間価格の算定方法に基づく租税債権の発生を主張する課税当局が，その課税根拠事実ないし租税債権発生の要件事実として，当該算定方法が「最も適切な方法」であることについて立証責任を負うべきと解すべきであること（前掲のアドビシステムズ事件東京高裁判決（東京高判平成20年10月30日）参照）から，同号イ所定の「当該法人が選定した法第66条の4第2項に規定する算定の方法及びその選定の理由」は，客観的に「最も適切な方法」が記載された書類までは要求されておらず（このような書類が要求されるとすれば納税者に立証責任を転嫁することになり，上記立証責任の分配に反することとなる），納税者が合理的に最も適切な方法と信じて「選定した」算定方法及び理由が記載されていれば十分であると解すべきである。

市場に関する事項を記載した書類や同号チ所定の法人及び国外関連者の事業の方針を記載した書類が，客観的に見て欠落ないし不足していたとしても），同項所定の「書類」はあくまでも「国外関連取引に係る…独立企業間価格を算定するために必要と認められる書類」として定められたものであるから，納税者の（合理的な）主観において，提示又は提出した書類をもって，納税者の国外関連取引の内容が合理的に把握可能であり，その独立企業間価格の算定が合理的に可能であると認識されている場合には，措法66条の4第6項所定の「提示し，又は提出しなかつたとき」には該当しないと解すべきと考えられる。

なお，OECD移転価格ガイドライン paragraph 5.6 が，課税当局が要求する資料について，prudent business management principles（慎重な事業経営の原則）に従い，納税者が負うコスト及び執行上の負担と，課税当局にとっての文書の必要性とのバランスを考慮すべきであるとし，また，同ガイドライン paragraph 5.7 が「納税者は，独立企業原則に従っているか否かの評価を合理的に行うための必要最低限以上の文書を，準備し又は入手しておくことを期待されるべきではない」としていることに鑑みれば，形式的に一部の「書類」が欠落ないし不足したことをもって直ちに推定課税の適用要件を充足すると解すべきではないとも考えられる。従って，上記の解釈は，OECD移転価格ガイドラインの趣旨とも整合的な解釈であるといえよう。

(3) 措施則22条の10第1項所定の「書類」の内容に不備がある場合

次に，措施則22条の10第1項所定の「書類」を提示又は提出したものの，その内容に不備がある場合，措法66条の4第6項所定の「提示し，又は提出しなかつたとき」に該当することになるかという点につき検討する。

この点，納税者は，単に措施則22条の10第1項所定の項目を付した「書類」を課税当局の職員に対して物理的に提示又は提出すればよいというものではなく，その実質的な内容を伴った「書類」の提示又は提出が必要であることは言うまでもない[17]。しかしながら，当該「書類」に不備がある場合，その不備がどの程度である場合に「提示し，又は提出しなかつたとき」に該

当するかが問題となり得る。

　この問題は，上記（2）②で述べた問題と同様に，結局，同項所定の「書類」の意義について主観説，修正主観説又は客観説のいずれの見解を採るべきかに帰着するように思われる。即ち，措置則22条の10第1項所定の「書類」の意義について，主観説（又は修正主観説）を採るのであれば，結論的に，同項所定の書類として作成ないし準備されたものに内容的に不備が存する場合において，イ）その不備が独立企業間価格の算定にとって重大であり（不備が重大でない場合まで，「独立企業間価格を算定するために必要と認められる書類」の不提示又は不提出があったと解すべきでないことは明らかであろう），且つ，ロ）そのような不備が存することを納税者も（合理的に）認識しているときは，措法66条の4第6項所定の「提示し，又は提出しなかつたとき」に該当し得る[18]ものと解されよう。もっとも，当該不備が上記イ）所定の重大性の要件を充足するか否かは，当該文書の作成に際して納税者が負うことになるコストや文書の必要性をも考慮して判断されるべきであろう（OECD移転価格ガイドライン paragraph 5.6, 5.7 参照）。

　例えば，措置則22条の10第1項2号ロ所定の「比較対象取引の選定及びその取引の明細に係る書類」を提出したものの，他に比較対象取引とすべき取引が存するなど，当該書類の内容の精度に疑義があるとされる場合でも，かかる不備が「重大」であるか否かは，当該書類の不備を解消するために納税者側で要することとなるコストや実務上の負担と当該書類の必要性をも考慮した上で判断されるべきであり，かかる不備を解消するために，非常に高額の有料データベース等を利用することが必要になるなど，納税者に過大な負担がかかるような場合には，当該不備は基本的に「重大」とは解されるべきではない（従って，そのような不備のある書類しか提出できなかった場合でも，

---

(17) この点につき，移転価格事務運営要領2-5（2）（注）は「当該書類が不正確な情報等に基づき作成されたものである場合には，当該書類の提示又は提出については，第6項に規定する書類の提示又は提出には該当しない。」としている。
(18) 国税庁・前掲注（9）210, 211頁。

「提示し，又は提出しなかったとき」には該当しないと解されるべき）であろう。

(4) 納税者と課税当局との間に選定すべき算定方法等に見解の相違がある場合

納税者が選定した独立企業間価格の算定方法と，課税当局が正しいと考える独立企業間価格の算定方法とに相違があるとき，納税者が自ら選定した算定方法に関する書類の・み・を提示又は提出しただけでは，措法66条の4第6項所定の「提示し，又は提出しなかつたとき」に該当するか否かも問題となり得る。これは，例えば，納税者が原価基準法を選択し，原価基準法に係る関連書類を提出したにも拘わらず，課税当局が，（独立企業間価格の算定に関する他の方法である）利益分割法が・よ・り適切であるとして，利益分割法に係る関連書類の提出を要求した場合に，納税者が当該書類を提出しなければ，「提示し，又は提出しなかつたとき」に該当するのかという問題である（なお，この問題は，(2)①で論じた，・客・観・的・に・見・て・より適切な算定方法が存する場合の問題というよりも，課税当局が，納税者と異なる算定方法が正しいと主張する場合の問題である。）。

この問題については，前述のとおり，措施則22条の10第1項第2号の，「当該法人が・選・定・し・た…算定の方法及びその選定の理由を記載した書類」等〔傍点は筆者らによる〕との文言からすれば，納税者による選択を前提として提出すべき書類の範囲を限定していることは明らかであるから，納税者が自ら最も適切な方法であると合理的に信じて選定した算定方法等に関する書類を提出すれば，「提示し，又は提出しなかつたとき」には該当しないものと解される。即ち，これを超えて，課税当局が最も適切な方法であると判断している，異なった算定方法に係る「書類」まで納税者から提示又は提出がなされなかったとしても，そのことから直ちに「提示し，又は提出しなかつたとき」に該当するということにはならないと解すべきであろう[19][20]。

(5) 「国外関連者が保存する帳簿書類」の入手努力義務を尽くしたが入手できなかった場合

措法66条の4第7項は，「国外関連者が保存する帳簿書類」（以下「国外関

連者保存書類」という）について，課税当局が国外関連取引に関する調査において必要とするときは，納税者に対して提示又は提出を求めることができるとし，この場合，納税者は，当該帳簿書類又はその写しの入手に努めなければならないとしている。

同項との関係で，納税者が，課税当局からの国外関連者保存書類の提示又は提出の要求に応じて，その入手に努めたものの，入手することができなかった場合に，なお，当該書類を「提示し，又は提出しなかつた」として，措法 66 条の 4 第 6 項所定の推定課税規定が適用可能となるのか，問題となる[21]。

この点に関して，前掲の国税不服審判所裁決平成 18 年 9 月 4 日[22]は，納税者が措法 66 条の 4 第 7 項〔旧第 8 項〕所定の入手努力義務を果たしたか否かとは関係なく，「独立企業間価格を算定するために必要と認められる帳簿書類等とは，国外関連者が保有するものも含め，合理的，客観的に判断して

---

[19] 平成 22 年度税制改正前の論考であるが，藤巻一男「我が国の移転価格税制における推定課税について」税大論叢 42 号（2003）64 頁も，「法人が基本三法を適用することができないので利益分割法を適用して申告していたにもかかわらず，課税当局が調査段階で基本三法の適用に必要であるとして，法人に対して競争相手である第三者（同業他社）が保存する帳簿書類等の提示・提出を求めるようなことは，申告調整型制度の趣旨に反することになる。」と指摘している。その他前掲注（16）を参照されたい。

[20] この場合においても，法人税法 153 条所定の質問検査権の行使が妨げられないことは，前述のとおりである。

[21] この問題と直接関連性がある訳ではないが，課税当局からの，申立人の国外関連者の会社概要及び損益に関する情報に関する資料の提示又は提出の要求に対して，申立人が入手し得る限りの公開情報を利用して独立企業間価格を算定しており，また国外関連者は公開企業でないため，公知となっていない企業の情報を開示することはできないとして，その提出要求に応じなかったところ，課税当局が推定課税を行うこと，又は同業他社に対する質問検査権の行使をして得られた情報に基づく課税による更正処分を行うことを示唆したため，申立人が仮の差止め請求（行政事件訴訟法 37 条の 4）を行ったという事案がある。当該事案においては，裁判所は，当該処分により生ずる償うことのできない損害を避けるため緊急の必要がないとして，申立人の請求を却下しており，本案について理由があるか否かの判断には踏み込んでいない（東京地判平成 17 年 12 月 20 日税資 255 号順号 10246）。

[22] 前掲注（10）参照。

その算定に必要な帳簿書類等であり，その帳簿書類等がなければ独立企業間価格の算定ができないものを意味」するとして，国外関連者が保有する書類も含めて，当該書類が独立企業間価格の算定に必要不可欠か否かにより，同条第6項〔旧第7項〕の要件が充足されるか否かの判断をすべきものとしている（**積極説**)[23]（なお，前掲の東京地判平成23年12月1日も，同条第6項〔旧第7項〕所定の「独立企業間価格を算定するために必要と認められる帳簿書類等」は，「納税者が現に所持したり，作成したりしている書類に限られるものではないのであって，提示を求められた書類が納税者の現に所持していないものであったとしても，…その書類が独立企業間価格の算定に必要と認められる以上は，特段の事情がない限り，その書類が提出されない場合には，同項の推定課税の要件は満たされるというべきである」と判示しているところである[24]。）。これに対して，措法66条の4第6項と同条第7項とは書類の保存の主体が異なる点に意義があり，推定課税規定である第6項所定の「書類」については専ら納税者が保存するものに限定すべきであるとする**消極説（納税者保存書類限定説）**[25]も有力に主張されている。

このように学説等は分かれているが，いずれを正当と解すべきであろうか。この点，措法66条の4第7項は，「法人と当該法人に係る国外関連者との間の取引に関する調査について必要があるときは」と規定されており，独立企業間価格の算定のために必要であるか否かを問わず，より広く国外関連取引に関する調査に必要であるときに適用されるものである[26]。また，その提

---

(23) 小田嶋清治「わが国の移転価格税制について」『国際税務1986年11月臨時増刊号　移転価格税制の基本資料』（税務研究会，1986）40頁も同旨。

(24) なお，東京地判平成23年12月1日は，さらに，措法66条の4第6項〔旧第7項〕所定の推定課税は，納税者が措法66条の4第7項〔旧第8項〕所定の入手努力義務が尽くされないことをその要件とするものではないと判示している。

(25) 例えば，岡村忠生「移転価格税制」村井正編『国際租税法の研究－国際的租税回避の理論と政策－』（法研出版，1990）139頁以下は，「納税者が課税庁に協力し，誠実にこれら資料の入手に努めたが，最終的に入手しえなかった場合にまで，推定課税を行うというのでは，納税者に酷である。」と述べている。

示又は提出が求められる書類の範囲についても,「独立企業間価格を算定するために必要と認められる」書類と定められている第6項とは異なり,措法66条の4第7項では,単に「国外関連者が保存する帳簿書類」と定められている。これらの措法66条の4第6項及び第7項の規定振り等からすれば,第7項の規定をもって第6項所定の「書類」の範囲を納税者が現に保有する書類に制限していると解することには若干無理があり,結論的には,上記の消極説（納税者保存書類限定説）は現行法の解釈論としては難しいのではないかと考えられる。

　もっとも,上記で積極説が妥当であるとしても,措法66条の4第6項における,納税者が提示又は提出すべき「書類」の意義については,別個の解釈問題であり,この点については,Ⅲ2(2)で前述したとおり,「客観説」ではなく,「主観説」（又は修正主観説）を採るべきである（前掲の国税不服審判所裁決平成18年9月4日及び東京地判平成23年12月1日[27]は,上記で積極説を採った上で,措法66条の4第6項所定の「書類」の意義については客観説の立場に立つものと思われ,この点に問題がある。）。

　そして,措法66条の4第6項所定の「書類」の意義についての「主観説」（又は修正主観説）の立場からは,仮に措法66条の4第6項と同条第7項との関係について上記のとおり積極説を採り,国外関連者保存書類について,納税者が入手努力義務を尽くしたが入手できない場合でも,納税者の（合理的な）主観において,当該国外関連者保存書類が独立企業間価格の算定に必要と認められる「書類」に該当するものであると認識されている場合に限って,当該国外関連者保存書類は措施則22条の10第1項所定の「書類」に該

---

(26) 国税庁・前掲注(9) 208頁では,「課税当局が法人と国外関連者との間の所得の配分に全体として歪みがないか調査をする場合には,国外関連者の財務諸表等の入手を求めることとなり,取引価格の妥当性を具体的にチェックする場合には,国外関連者のプライス・リスト,非関連者との実際の取引価格に関する資料,原価計算資料などの入手を求めることとなると考えられます。」とされており,措法66条の4第7項は調査のための資料収集に関する条項と位置付けられている。
(27) 前掲注(10)参照。

当すると解されることになる。

　このように考えられるのであれば，消極説が根拠とする，入手努力義務を尽くした場合に推定課税規定が適用されるのは納税者にとって酷ではないかとの議論は，必ずしも当を得たものではないということになろう。また，課税当局の側から見ても，「主観説」（又は修正主観説）によれば措施則 22 条の 10 第 1 項所定の「書類」には該当しないと解される資料等であっても，それらが必要であると課税当局において判断した場合には，租税条約上の情報交換規定[28]を利用して入手することが可能であるので，上記のような解釈を採っても，必ずしも不合理な結果が招来されるものではないように思われる（なお，OECD 移転価格ガイドライン第 5 章の paragraph 5.6 も，国外関連者からの書類の入手について，課税当局は，租税条約上の情報交換規定を利用できることについても認識を持つべきであると指摘している[29]）。

5　措法 66 条の 4 第 8 項所定の質問検査権の行使による第 2 項の課税と第 6 項所定の推定課税の関係（不文の要件としての「推定課税の必要性」を要するか否か）

(1)　不文の要件としての「推定課税の必要性」を要するか

　措法 66 条の 4 第 6 項と同条第 8 項とは，ⅰ) 課税当局が独立企業間価格を算定するために必要と認められる書類として財務省令で定めるもの又はその写しの提示又は提出を求めた場合に，ⅱ) 当該法人がこれらを「遅滞なく提

---

[28] なお，近年，OECD モデル租税条約第 26 条に規定する情報交換規定と同水準の情報交換協定を定める租税条約の改正ないし締結が相次いでなされている（スイス，ルクセンブルク，ベルギー，バミューダ，シンガポール，マレーシア，中国，香港，英領ケイマン諸島（基本合意），バハマ（基本合意））。

[29] もっとも，租税条約の情報交換規定は，移転価格課税を目的とした場合，条約に適合しない課税（経済的二重課税）が生じ得るため，適用されない可能性があると指摘する見解もある（岡直樹「移転価格税制における情報義務と独立企業間価格の証明方法に関する考察－納税者・課税庁双方の利益を目指して－」税大論叢 59 号（2008）674 頁。猪野茂「国外情報アクセスの現状と問題点」本庄資編『移転価格税制執行の理論と実務』（大蔵財務協会，2010）439 頁も同旨）。

示し，又は提出しなかつた」ときに適用され得るという点で，その要件が共通している。従って，これらの要件が充足される場合に，第6項所定の推定課税を用いる方法と第8項所定の質問検査権を行使してそれによって得られた情報等に基づき第2項所定の算定方法を用いて課税をする方法のいずれを優先して適用すべきかということが問題となる。

　この点，学説上は，イ）第6項と第8項の適用要件は共通しており，法文上，両者に優先劣後の関係はないとして，第6項による推定課税と第8項所定の質問検査権の行使により得た情報等に基づき行われる第2項の課税とのいずれを選択するかは専ら課税当局の裁量によるとする見解（裁量説）[30]と，ロ）推定課税は「伝家の宝刀」又は「ラスト・リゾート」であるから，第8項を優先的に適用すべきであり，第8項所定の質問検査権を行使しても第2項所定の算定方法を用いることができなかった場合に・の・み第6項を適用することができるとする見解（推定課税劣後説）[31][32]とが対立している。後者の

---

(30) 前原真一「移転価格税制における推定規定の解釈・適用について」税大論叢42号（2003）48頁，藤巻・前掲注（19）74頁。

(31) 望月文夫「移転価格税制における推定課税の射程範囲に関する考察」税務弘報56巻9号（2008）88頁，松浦弘昌「移転価格税制における推定課税上の問題について－適用順序の解釈と質問検査権に焦点をあてて－」神奈川大学大学院経営学研究科研究年報第13号（2009）52頁。なお，木村弘之亮『国際税法』（成文堂，2000）1146頁は，「推定の必要性」の要件を構成する要件の一つとして，「標準三法またはそれらのコンビネーション法の適用が努力し尽くされたこと」を挙げている。

(32) 前掲の国税不服審判所裁決平成18年9月4日は，「原処分庁は，請求人から独立企業間価格の算定に必要な帳簿書類等の提示又は提出を受けることができず，他に比較対象取引となり得る取引も見出せなかったことから，本件国外関連取引に係る独立企業間価格の算定に当たって措置法第66条の4第2項第1号イ，ロ，ハ及びニに掲げる方法のいずれも適用することができなかったものであり，当審判所の調査の結果によっても，当該独立企業間価格の算定について当該各方法のいずれも適用することができないと認められる。したがって，原処分庁が，本件調査によりF社の総原価の額を把握し，措置法第66条の4第7項の規定により独立企業間価格を推定したことは適法である。」として，基本三法，基本三法に準ずる方法，その他政令で定める方法の「いずれも適用することができなかった」ことと認定しており，結論的に，ロ）の推定課税劣後説を採用しているようにも思われるが，特段かかるアプローチを採用した理由は示されていない。

推定課税劣後説は，移転価格税制における独立企業間価格は，措法66条の4第2項に定める算定方法により算定された独立企業間価格であるところ，第6項により算定された価格については法令上差異調整に関して何も定められていないなど，第2項所定の算定方法により算定された独立企業間価格とは性質が異なっており，そうである以上，やはり第6項はラスト・リゾートとしてのみ用いられるべきこと等を，その根拠としている。

　この点，法令の文理上，(α) 第6項は，措施則22条の10第1項所定の書類を提示又は提出しないこと（必要性）を推定課税適用のための要件としているに過ぎず，これに加えて，第8項所定の質問検査権を行使して類似の取引を行う第三者から得た比較対象取引に関する非公開情報（以下「シークレット・コンパラブル」という）に基づき措法66条の4第2項所定の算定方法による課税ができないことを，推定課税を行うための「要件」としている訳ではないこと，(β) 第8項は，「その必要と認められる範囲内において」と規定しており，その適用場面が更に限定されると考えられることから，第8項が常に優先して適用されるとして，課税当局に第8項所定の質問検査権の行使を義務付けることには，法令上の根拠が乏しいように思われる。また，第8項所定の質問検査権の行使により得たシークレット・コンパラブルを用いた課税がなされる場合，情報の非対称性の問題やそれが申告納税制度と相容れないこと等の問題点が指摘されている[33]ところであり，推定課税を行うための不文の要件として，常に第8項所定の質問検査権の行使に基づく第2項の課税ができないことまでが要求されていると考えるのは，必ずしも妥当ではないように思われる。

　従って，議論の余地は十分にあるものと考えられるが，平成22年度税制改正により，納税者にとっての文書化に関する予測可能性が大幅に向上したことも踏まえれば（この点，上記Ⅲ2 (2) について主観説又は修正主観説が妥当と解されることを前提とする），結論的には，少なくとも法解釈の問題としては

---

(33) 山本英幸「シークレット・コンパラブルによる移転価格課税と申告納税制度」租税訴訟第3号（2010）127頁以下。

(運用のレベルでは，課税当局は推定課税をラスト・リゾートとしてのみ用いるよう，最大限努力すべきであろう），上記イ）の裁量説を妥当と解してよいのではないかとも思われる(34)。

(2) 推定課税劣後説を採用した場合の立証責任の配分の問題

なお，仮に上記（1）に関して上記ロ）の推定課税劣後説を採る場合には，「第8項所定の質問検査権の行使により得られた情報等に基づく第2項所定の算定方法を用いた課税ができないこと」という不文の要件の立証責任を，どこまで課税当局側に負わせるべきかが，併せて問題となり得る。

この点，前掲のアドビシステムズ事件東京高裁判決では，基本三法と同等の方法とそれ以外の算定方法について措法66条の4第2項が優先関係を定めているところ，「基本3法と同等の方法を用いることができないこと」の主張立証責任については課税当局の側に存するとされた上で，「課税庁が合理的な調査を尽くしたにもかかわらず，基本3法と同等の方法を用いることができないことについて主張立証をした場合には，基本3法と同等の方法を用いることができないことが事実上推定され，納税者側において，基本3法と同等の方法を用いることができることについて，具体的に主張立証する必要がある」と判示されている。

この事案における争点とは異なり，ここでは，同条第6項所定の推定課税と第8項所定の質問検査権の行使により得られた情報等に基づく第2項所定の算定方法を用いた課税との優劣関係が問題とされている訳であるが，上記のアドビシステムズ事件東京高裁判決の判示を応用すると，「課税庁が合理的な調査を尽くしたにも拘わらず，第2項の算定方法に基づく課税ができないこと」の主張立証に課税当局側が成功した場合には，納税者側において，第8項所定の質問検査権の行使により得られた情報等に基づく第2項所定の

---

(34) もっとも，実際の課税当局の執行に当たっては，反証により覆される可能性のある推定課税よりも，争訟維持の観点からより安全な，第8項の質問検査権を行使して得られた情報等に基づいて第2項の算定方法により課税することの可否をまずは検討する方が穏当であろう。

算定方法を用いた課税が可能であることを具体的に主張立証する必要がある，と考えることもできるように思われる。

しかしながら，第8項に基づく同種事業者に対する質問検査権の行使により得られた情報は，課税当局の職員の守秘義務（国家公務員法100条1項，国税通則法126条，法人税法163条）との関係で，基本的には納税者に開示されるものではないから，納税者側において第8項に基づく第2項の課税が可能であることを具体的に主張立証することは極めて困難であり，上記のように主張立証責任を分配することは，衡平を欠くようにも思われる。いずれにせよ，推定課税劣後説を採る場合には，この点をどのように解するべきかが大きな問題となるであろう。

6　推定課税が行われた場合における納税者側の立証の程度

納税者に対して推定課税がなされた場合に，納税者側としては，例えば以下のような主張をすることが考えられる。

(a) 推定課税の適用要件を満たしていないこと（推定に係る前提事実の否定）
　(i) 措施則22条の10第1項所定の「書類」を「遅滞なく提示し，又は提出し」たこと（推定の必要性が欠けること）
　　(イ) 課税当局が，納税者が提示又は提出していないとする「書類」が，措施則22条の10第1項所定の「書類」に該当しないこと
　　(ロ) （仮に措施則22条の10第1項所定の「書類」に該当するとしても，）当該書類を「遅滞なく」「提示し，又は提出し」たこと
　(ii) 推定課税の算定方法が，措法66条の4第6項第1号又は第2号の算定方法に適合していないこと（推定の合理性がないこと）
　　(イ) 第2号の算定方法が用いられた場合，第1号の算定方法を用いることができないことについて，課税当局側において合理的な調査を尽くしていないこと(35)(36)
　　(ロ) 推定課税における比較対象法人（同種の事業を営む法人で事業規模その他事業の内容が類似するもの）の選定が適切でないこと

(b) 納税者が主張する価格が独立企業間価格であること（推定事実の否定）

　各主張に係る立証責任の所在及び立証の程度は，納税者が推定課税のリスクを測るための判断材料になり得るだけでなく，実務的にどの点に重点を置いて文書化対応を行うべきか，という判断にも影響するものと考えられる。
　上記主張の立証責任の所在及び立証の程度については，以下のように考えられる。

---

(35) 前掲のアドビシステムズ事件東京高裁判決（東京高判平成20年10月30日）は，（平成23年度税制改正前の）措法66条の4第2項第1号柱書及び同項第2号柱書は，基本3法（と同等の方法）を用いることができない場合に限り，基本3法（と同等の方法）以外の算定方法を用いることができると定めているところ，「基本3法と同等の方法を用いることができないこと」の主張立証責任は課税当局側にあるとした上で，課税当局「が合理的な調査を尽くしたにもかかわらず，基本3法と同等の方法を用いることができないことについて主張立証をした場合には，基本3法と同等の方法を用いることができないことが事実上推定され，納税者側において，基本3法と同等の方法を用いることができることについて，具体的に主張立証する必要がある」と判示している。推定課税を定める措置法66条の4第6項も，（平成23年度税制改正前の）同条第2項所定の基本3法とそれ以外の算定方法の適用の優先関係と同様に，「第2号に掲げる方法は，第1号に掲げる方法を用いることができない場合に限り，用いることができる。」と定めていることから，「第1号所定の算定方法を用いることができないこと」に係る主張立証責任の分配については，上記のアドビシステムズ事件東京高裁判決の判示と同様に解することができよう。

(36) 前掲注(16)に記載のとおり，平成23年度税制改正により，独立企業間価格の算定方法に関して，従来の基本3法優先の原則が廃止され，「最も適切な方法」によることとされた。しかしながら，同税制改正後においても，（アドビシステムズ事件東京高裁判決で問題となった）措法66条の4第1項1号及び2号とは異なり，同条第6項1号所定の算定方法と2号所定の（推定課税の）算定方法の関係については，「第2号に掲げる方法は，第1号に掲げる方法を用いることができない場合に限り，用いることができる。」と定められており，この点に関する改正は，特にされていない。従って，平成23年度税制改正による基本3法優先の原則廃止後においても，本文の(a)(ii)(イ)の主張を行うことは引き続き可能であると考えられる。

そもそも，課税要件の立証責任は課税当局側にあると解されており[37]，推定課税の場合も，推定課税の適用要件に係る事実及び推定課税の算定方法の法令適合性については，課税当局が立証責任を負うものと考えられる[38]。従って，上記(a)(i)及び(ii)の各要件に関する立証責任は課税当局側にあると解され，納税者としては反証レベルの立証で足りる（ノン・リケットの状態に持ち込めば足りる）と解される[39][40]。

　また，上記(a)(i)及び(ii)の各要件の立証（反証）に失敗した場合でも，納税者は，上記(b)の，「納税者が主張する価格が，独立企業間価格であること」（推定事実の否定）を主張立証することによって，推定を覆すことができる。もっとも，この場合には，納税者側は本証（裁判官を確信に至らしめる程度の立証）まで行わなければならないものと解される[41]。

　なお，納税者が，課税当局が推定した価格よりは独立企業間価格に近いが，なお措法 66 条の 4 第 2 項の算定方法に適合すると解するには難がある価格を「独立企業間価格」として主張した場合に，一体いかなる帰結となるかが問題となり得るが，推定課税を覆すには，上記のとおり納税者側が主張する

---

(37) 前掲のアドビシステムズ事件東京高裁判決は，課税当局が用いる独立企業間価格の算定方法が「再販売価格基準法に準ずる方法と同等の方法」に当たることは，「課税根拠事実ないし租税債権発生の要件事実に該当するから」「処分行政庁において主張立証責任を負うものというべき」と判示している。
(38) 藤巻・前掲注（19）100 頁も，推定課税の場合，その適法性や合理性を基礎付ける事実については課税当局が立証責任を負うものと考えられる，としている。
(39) 伊藤滋夫『要件事実の基礎裁判官による法的判断の構造』（有斐閣，2000）103-104 頁参照。
(40) 但し，(推定課税で用いたコンパラブルが課税当局の職員の守秘義務との関係で納税者に開示されない場合があること等から）推定課税が行われた後の納税者による「反証」のハードルは高いと指摘する見解もあり（望月文夫「移転価格税制における推定課税の適用事例について」国際税務 28 巻 3 号（2008）83 頁），更には，推定課税における前提事実の不存在についても，裁判官に確信を抱かせる程度の証明（本証）まで必要であると示唆する見解（岡・前掲注（29）679 頁）もある。
(41) 谷口安平＝福永有利『注釈民事訴訟法（6）証拠（1）』（有斐閣，1995）64 頁，兼子一ほか『条解民事訴訟法』（弘文堂，1986）937 頁参照。なお，前掲の東京地判平成 23 年 12 月 1 日も同旨。

独立企業間価格が正しいことの本証を要するため，当該証明ができない以上，納税者の主張する価格の方が独立企業間価格である蓋然性が一定程度高い場合においても，推定課税の方が優先されることとなると考えられる。

Ⅳ 移転価格税制における「文書化」と同種事業者に対する質問検査権に関する規定（措法66条の4第8項）に係る解釈上の問題点

1 措法66条の4第6項と同様の解釈上の問題点

　課税当局は，①法人が措施則22条の10第1項所定の「書類」を「遅滞なく提示し，又は提出しなかつた」場合に，②独立企業間価格を算定するために必要があるときは，その必要と認められる範囲内において，当該法人の当該国外関連取引に係る事業と同種の事業を営む者に対して質問検査権を行使することができる（措法66条の4第8項）。このうち①の要件には，ⅰ）措施則22条の10第1項所定の「書類」の意義，ⅱ）「遅滞なく」の意義，ⅲ）「提示し，又は提出しなかつたとき」の意義，及びⅳ）措法66条の4第6項と第8項（に基づく第2項の課税）の関係といった，推定課税規定と同様の解釈上の問題があるが，これらの問題については，結論的には，上記Ⅲの**2**から**5**までで検討したところと同様の分析が妥当することになると思われる。

2 シークレット・コンパラブルを用いた課税処分と不提出要件

　措法66条の4第8項所定の質問検査権の行使により得られたシークレット・コンパラブルを用いた課税処分には，ⅰ）同項所定の質問検査権の行使により得たシークレット・コンパラブルについては，課税当局が，その職員に課せられた守秘義務を理由としてその内容の開示が拒否することが通例であるため，納税者にとっては，課税当局により算定された独立企業間価格の検証が困難となり，納税者側からの反論が極めて困難となり得ること，ⅱ）シークレット・コンパラブルは非公開情報であるから，シークレット・コンパ

ラブルによる課税と同様の課税標準，税額の申告を行うことは納税者にとって不可能であり，シークレット・コンパラブルの利用はそもそも申告納税制度とは相容れないのではないかといった問題点が指摘されている[42][43]。

(42) 山本・前掲注（33）127頁以下。なお，前掲の東京地判平成23年12月1日は，シークレット・コンパラブルを用いた課税処分の適法性について，措法66条の4第6項〔旧第7項〕及び第8項〔旧第9項〕「は，税務当局がその事業内容や財務状況等について開示することができない同種事業類似法人を用いて推定課税をすることを予定しているというべきである。原告は，そのような制度は納税者の防御の機会を奪うもので相当ではない旨主張するが，それは，立法政策の当否を問うものにすぎないし，また，税務当局の職員が負っている守秘義務に反しない限度で，同種性，類似性についての立証をし，これに対して納税者がその信用性を争うなどすることは可能であるから，そのような制度を採ったからといって納税者の防御の機会が奪われるものではない」として，「本件類似3法人の事業内容や財務状況等の詳細が開示されていないことをもって，本件各更正処分等が違法となるものではない」と判示した。もっとも，この点は控訴審においても引き続き争われている。

(43) なお，平成23年度税制改正大綱では，納税者の予見可能性を確保する観点から，シークレット・コンパラブルが適用される場合の具体例を運用において一層明確にするとともに，シークレット・コンパラブルを用いる際は，守秘義務の範囲内でその内容を説明するとの運用を徹底するとしていた。これを受けて平成23年10月27日付けで改正された事務運営指針2-5では，推定課税又は同種事業を営む者に対する質問検査権行使の前提となる書類不提示又は不提出の認定に関して，以下のプロセスが示されている。即ち，①独立企業間価格を算定するために必要と認められる書類として財務省令で定めるもの等の提示又は提出を法人ができなかったことにつき合理的理由が認められるときは，当該法人の意見を再聴取し，改めて期日を定める。合理的理由が認められる場合とは，例えば，当該法人が災害によりこれをできなかった場合が該当する。②当該提示又は提出に係る期日の再設定を繰り返し行った結果，当初の期日から相当の期間が経過した場合において，それ以後の書類の提示又は提出が見込まれないときには，法人に対し，推定課税又は同種事業を営む者への質問検査権を行使する要件を満たした旨を説明する。また，同様に，事務運営指針2-5（4）においては，シークレット・コンパラブルを用いる際の当該コンパラブル（比較対象取引）選定のために用いた条件，当該比較対象取引の内容，差異の調整方法等を法人に対し「十分」説明すべきものとされ，課税当局の説明義務が厳格化されている。もっとも，改正前の事務運営指針2-5（3）においても，課税当局は，同様の内容の事項について説明義務を負うものとされており，上記改正では，「十分」という抽象的な文言が新たに追加されたにとどまる。この点，平成23年度税制改正大綱で示された，「納税者の予見可能性を確保する」という趣旨を十分に実現するという観点からは，上記説明義務の具体的な内容を，更に明確化することが必要であるように思われる。

シークレット・コンパラブルを用いた課税処分に関しては、措法66条の4第8項所定の「書類」を「遅滞なく提示し、又は提出しなかつた」とする要件（以下「不提出要件」という。）が充足されていないにも拘わらず、課税当局が第三者に対する質問検査権を違法に行使して得た情報に基づいて、このような課税処分を行った場合に、当該処分が適法であるかが問題となる。

　この点、措法66条の4第8項を、同業他社に対する質問検査権の創設的規定であると解し、不提出要件が充足されることは、質問検査権の行使のための単なる手続要件と解する見解がある。例えば、アドビシステムズ事件の第一審判決は、「租税特別措置法66条の4第9項〔筆者ら注：現行法における第8項〕は、課税当局の職員による比較対象法人に対する質問検査権限を創設した規定であって、当該質問検査に係る手続要件自体が課税処分の要件となるものではないから、当該質問検査に係る手続が違法であることを理由に、直ちに課税処分が違法であるということはできず、当該質問検査に係る手続が刑罰法規に抵触し、又は公序良俗に反するような重大な違法がある場合に初めて、当該処分の取消事由となるものと解するのが相当である」[44][45]と判示している。

　しかしながら、上記のような重要な問題点を内包するシークレット・コンパラブルを用いてなされた課税処分[46]について、納税者の権利保護のために設けられた不提出要件が充足されていない場合でも当該シークレット・コンパラブルを用いた課税は適法であると判示したアドビシステムズ事件第一審判決は、不提出要件が有する意義を無視又は軽視するものであって、妥当でないように思われる[47]。

　また、平成22年度税制改正により措施則22条の10第1項が定められ、

---

[44]　東京地判平成19年12月7日訟務月報54巻8号1652頁。
[45]　なお、同事件の控訴審判決（前掲のアドビシステムズ事件東京高裁判決）では納税者側が逆転勝訴したが、上記の争点についての判断はなされていない。
[46]　山本・前掲注（33）143頁以下も同旨。
[47]　佐治俊夫「『違法なシークレット・コンパラブル』が納税者勝訴の伏線に」T&Amaster 286号（2008）27頁参照。

措法66条の4第8項の関係で,不提出要件が充足されているか否かの判断は改正前よりも容易になったものと考えられるが,そもそもアドビシステムズ事件第一審判決のように,不提出要件が充足されていないにも拘わらず,シークレット・コンパラブルを用いた課税が行われた場合においても,質問検査に係る手続が刑罰法規に抵触し,又は公序良俗に反するような重大な違法があるときに限って処分取消事由とされるのであれば,「不提出要件」自体を無視した課税当局の恣意的な運用が,事実上野放しになることにもなりかねない。このことは,措法66条の4第8項が「不提出要件」を設けた趣旨,そして,平成22年度税制改正により,納税者の予測可能性を高めるために同項所定の「書類」の内容を措施則22条の10第1項に具体的に規定した趣旨を没却することにつながるものであって,上記のアドビシステムズ事件第一審判決の判示のように,処分取消事由を限定的に解することは,結論的に妥当でないと考えられる。

V グローバル・ドキュメンテーションに関する実務対応

上記Ⅱ3のとおり,「文書化の義務付け」制度の導入は世界的な潮流となっており,国際的な経済活動を行う我が国企業の中には,国外関連者が所在する諸外国の法制度に基づき,既に移転価格税制に係る「文書化」を実施している企業も少なくない。そのような企業においては,今後は,国外関連者との取引に関して経済的二重課税を生じさせないためにも,当該国外関連者が所在する諸外国の法制度に基づく文書化に対応するだけでなく,我が国の措施則22条の10第1項所定の「書類」の整備にも対応していく必要がある。即ち,グローバルな経済活動を行う企業は,諸外国の移転価格税制に関する法令及び関連するガイドライン等に適合した文書化を行う必要があるとともに,当該文書化を,グローバルな視点で整合的に且つ効率的に行う必要がある(このような文書化を,「グローバル・ドキュメンテーション」という。)。そのた

めには，企業グループ内の重要な国外関連取引並びに各取引における各会社の果たす機能及び負担するリスクを分析・評価した上で，全世界的な整合性を持った，移転価格関連文書作成の基礎となるグローバルな移転価格ポリシーを策定すること（即ち，企業グループにおける独立企業間価格の算定に関する基本的な考え方を記載した「移転価格基本方針」の策定及びこれに基づき具体的な独立企業間価格を算定するための「移転価格適用指針」又は「移転価格実務指針」を作成すること）が肝要である。

　グローバル・ドキュメンテーションを実施するための実務的な方法としては，例えば，いわゆる「EU TPD」（EU Transfer Pricing Documentation）で提唱されているマスターファイル方式が考えられる[48]。即ち，親会社が移転価格ポリシーを策定した上で，当該ポリシーに基づき，標準文書（マスターファイル）を作成し，書式・体裁については当該マスターファイルをベースとして，各国で共通する部分に加えて，各国の移転価格税制に対応した形で内容等をアレンジ又は特有の文書を追加するという方法である。

　また，この他，文書の書式・体裁は統一せず，親会社において移転価格関連文書作成の基本方針及び作成方法のみを指示し，各子会社は，当該基本方針等に基づき，文書化を実施する方法も考えられる[49]。

　いずれの方法を採用するにしても，かかる移転価格ポリシーを有効に機能させるためには，親会社が適切に企業グループ内の国外関連取引，各関係会社の機能・リスク並びに各国の移転価格税制に関する法令改正の動向及び執

---

(48) 2005年のEU共同移転価格フォーラム（EU Joint Transfer Pricing Forum）で，「マスターファイル」の名称により，EU域内における移転価格文書化モデルが提案され（和波英雄「グローバル企業の移転価格文書化（ドキュメンテーション）のポイント－OECD・PATA・EUにおける現行モデルのスタディー」国際税務29巻1号（2009）74頁参照），2006年6月20日に，文書化の調和を目的とするマスターファイル・アプローチとEU移転価格税制共通の行動規範が合意された。
(49) 具体的な文書化の手順や方法等の詳細については，例えば，堀口大介「平成22年度税制改正と日本版移転価格文書化制度の導入」AZInsight 40号（2010年7月号）5-6頁参照。

行状況等に関する必要十分な情報を迅速に収集することが必要であり，そのために，企業グループ内の移転価格コンプライアンスを担当する部署又は担当者を設けるとともに，当該部署又は担当者のグローバルなネットワークを作るなどの企業グループ内の組織構築を検討することが重要であろう。

VI 結　　語

　平成22年度税制改正による措法66条の4第6項及び同条第8項の改正並びに措施則22条の10第1項の制定の主な趣旨は，納税者の予見可能性の確保にあるとされている。しかしながら，本稿で述べたとおり，これらの規定には依然として筆者らが指摘した様々な解釈上の問題が存しており，納税者としては，平成22年度税制改正後もなお十分な予見可能性が確保されたとはいえない状況に置かれている。納税者は，このような解釈上の問題を念頭に置きながら，課税当局による推定課税のリスクを回避するために，措施則22条の10第1項所定の書類の作成ないし保存に対応しなければならず，その実務上の負担は相当に重いものと考えられる。

　平成22年度税制改正によって「日本版文書化」制度が導入されたことで，今後，当該制度の運用，とりわけ推定課税の執行状況次第では，我が国でも文書化の問題を巡る紛争が急増することが予想される。我が国から海外への不当な所得移転を防止し，我が国の適正な課税権を確保するために，移転価格税制を適正に執行することはいうまでもなく重要である。しかし，他方で納税者たる企業としては，変化の激しいグローバルな経営環境の下で，様々な要素を考慮しながら，国外関連取引の取引価格に関しても迅速にかつ適切な価格を設定しなければならないという事情が存しており，かかる経営環境の中で，移転価格税制に関する文書化に全て対応することは，実務上相当の負担である。かかる状況の下，我が国における移転価格税制の適用を巡る実務を健全に発展させるためには，文書化に際して納税者が負うコスト及び実務上の負担と，課税当局にとっての文書の必要性とのバランスを十分に斟酌

した形で，適切な実務慣行が形成されていくことが不可欠であり，またそのような実務慣行が形成されることが強く期待されるところである。

　本稿が，ささやかながらその一助になれば，筆者らにとって望外の喜びである。

移転価格税制の研究

第6章 移転価格調査
—推定課税規定を中心に—

同志社大学法科大学院教授 　占部　裕典

はじめに

　租税特別措置法（以下「措置法」という。）第66条の4第1項（以下，同条の各項を「第〇項」と表記する。）は，国際的経済活動の活発化に伴って，わが国の企業が，国外の関連企業（親会社，子会社等）に時価よりも低い対価で資産の譲渡等を行い，又は国外の関連企業から時価よりも高い対価で資産の譲渡等を受けることによって，所得がわが国から国外に移転し，その結果租税債務がゆがめられるという事態に対処するため，国外関連企業との間の取引（国外関連取引）における上述したような価格設定の結果，所得が国外に移転しているとみられる場合には，そのような取引を正常な状態に引き直して課税所得を算定することとしている[1]。この規定によれば，法人は，その国外関連取引の対価が独立企業間価格と異なる場合には，まずは納税者が独立企業間価格で申告調整の上申告しなければならず，わが国の移転価格税制は「申告調整型」の制度であると解されている[2]。納税者たる法人は，国外関連者との取引が措置法66条の4第2項により定める方法に算定した独立企

---

(1) 第1項の趣旨については，荒巻健二「移転価格税制の創設」『改正税法のすべて』210頁（大蔵財務協会・1986）参照。東京地裁平成23年12月1日判決（LEX/DBインターネット文献番号25490022）等も同様の理解を示す。

業間価格と異なる場合には第1項により申告調整を行うこととなる。移転価格税制は，国外関連取引に付すべき価格（独立企業間価格）を税法独自の観点から算定される点で法人税法のなかでも制度面，執行面においても特殊である。措置法66条の4第1項・第2項を申告調整規定として納税者に調整義務を課すことは，第6項以下の推定課税の発動要件，推定規定の適用における独立企業間価格と推定される金額の算定の方法，独立企業間価格の主張立証責任の問題などに一定の答えを導くためにことさら強調されている一面があり，申告調整型を過度に強調することは慎重であるべきであろう。法人税法における通常の申告調整事項とは性質が異なるところがある。

　措置法66条の4第6項では，税務職員が，法人にその各事業年度における国外関連取引に係る措置法66条の4第1項に規定する独立企業間価格を算定するために必要と認められる帳簿書類又はその写し（以下「書類等」という。）の提示又は提出（以下「提示等」という。）を求めた場合において，当該法人がこれらを遅滞なく提示等しなかったときは，税務署長は，当該法人の当該国外関連取引に係る事業と同種の事業を営む法人で事業規模その他の事業の内容が類似するものの当該事業に係る売上総利益率等を基礎として再販売価格基準法等により算定した金額を独立企業間価格と推定して更正又は決定を行うことができる旨規定している。措置法66条の4第6項は，推定による課税の制度を設けているが，これは，主として，国外関連取引における独立企業間価格の算定の根拠となる書類等の提示等についての納税者の協力を担保する趣旨で設けられたものである。すなわち，独立企業間価格の算定に必要な書類等の入手は，国外関連者からのものを含めて移転価格税制の適用に必要不可欠のものであり，そのような書類等の提示等について納税者側からの協力が得られない場合に，税務当局が何の手だてもなくこれを放置せざるを得ないということになれば，移転価格税制の適正公平な執行が不可能

---

(2)　金子宏「移転価格税制の法理論的検討－わが国の制度を素材として」『所得課税の法と政策－所得課税の基礎理論　下巻』（有斐閣・1996）380頁。前掲・東京地裁平成23年12月1日判決等も同旨。

となることから，推定による課税の制度が設けられたものと解されている(3)。この推定規定は，移転価格税制導入時より規定されているが，質問検査権を規定する措置法66条の4第8項も含めて解釈・適用にあたり必ずしも明確でないところがある。

　措置法66条の4第6項及び第7項は，わが国の範囲内での調査対象法人に対する税務調査と推定課税に係る規定である。措置法66条の4第8項は，調査対象法人とまったく取引関係にない，無関係な比較対象法人に対する調査権限を定めるものである。移転価格税制が導入されて20数年経過し，その間国外関連取引の増加などから法制度等の整備も進められてきたところである。平成22年度税制改正で，推定課税規定（措法66の4⑥）及び第三者への質問・検査規定（措法66の4⑧）の発動の一要件である「独立企業間価格を算定するために必要と認められる書類」が措置法施行規則22条の10で明確化された。いわゆる「文書化規定」が実質的に導入されたことからも今後のこの規定の運用についても少なからず影響を与えるものと思われる。

　また，平成22年度から23年度にかけて，移転価格税制関連の重要な改正・整備が行われた。移転価格調査は一般の税務調査（質問検査権の行使等）とは異なるところではあるが，一連の措置法66条の4第6項以下の規定は法人税に係る税務調査の規定の特別規定であり，第6項以下の規定は国税通則法74条の2等の規定ともあわせて理解される必要があろう。法人税においては，国税通則法74条の2柱書で，「事業に関する帳簿書類その他の物件を検査し，又は当該物件の提示若しくは提出を求めることができる。」と定

---

(3) 飯守一文「日本の移転価格税制の執行の現状と問題点」本庄資編著『移転価格税制執行の理論と実務』（大蔵財務協会・2010）391頁参照。なお，同論文は，移転価格調査と事前確認制度との間で生ずる跛行状態を指摘する。措置法66条の4の解釈を課税当局の視点から検討したものとして，藤巻一男「我が国の移転価格税制における推定課税について」税務大学校論叢42号64-65頁（2003），前原真一「移転価格税制における推定規定の解釈・適用について」税務大学校論叢42号9頁（2003），岡直樹「移転価格税制における情報義務と独立企業間価格の証明方法に関する考察－納税者・課税庁双方の利益を目指して－」税務大学校論叢59号（2008）等がある。

め，国税通則法74条の2第2号で，「法人と取引先」に対し質問検査権を行使できると定めている（改正前規定のもとでは，税務職員は，法人税法153条に基づき調査対象法人に対して質問検査権を行使することができるとされていた。）また，税務署長は，法人税法131条に基づく更正又は決定をする場合に白色申告者に対しては推計課税をすることができる。

　さらに，平成22年度の税制改正により，また措置法66条の4第1項・第2項におけるベストメソッドルールや独立企業間価格におけるレンジ規定などの基本的な枠組みについての実体法的な改正が行われた。これらの改正も推計課税等における課税当局の判断に与える影響もありうるものと推測される。従来は，独立企業間価格の算定に際し，基本三法（独立価格比準法，再販売価格基準法及び原価基準法）がその他の方法に優先して適用されることになっていたが，OECD移転価格ガイドラインが米国財務省規則と同様にベストメソッドルールを採用したことに伴い，最適な方法を事案に応じて選択する仕組みに改正された（措法66の4②）。なお，本改正は，平成23年10月1日以後に開始する事業年度より適用）。これまで，わが国の法令上は，基本三法を用いることができない場合に限って，基本三法に準ずる方法やその他政令で定める方法（取引単位営業利益法，利益分割法等）を用いることができたが，今後は課税当局による基本三法を用いることができないことの立証や説明は不必要となり，代わっていかにこのベストメソッドルールを運用するか等が問題となってこよう（平成23年10月27日に併せて改正された「措置法通達」「移転価格事務運営要領」（事務運営指針）及び「別冊　移転価格税制の適用に当たっての参考事例集」等参照）。

　比較対象取引が複数存在し，独立企業間価格が一定の幅（レンジ）を形成している場合において，国外関連取引の対価の額が当該幅の中にあるときには，移転価格課税は行われないこととなった（措置法通達66の4(3)-4）。幅（レンジ）から外れた場合には，原則として，幅を構成する比較対象利益率等の平均値に基づく課税が行われ，合理的な場合には中央値など当該比較対象利益率等の分布状況等に応じた値も認められることとなっている（事務運営

指針3-5）。従来レンジは，事前確認等の場合に事実上用いられる一方，課税の局面では，あくまでも一つの価格（ポイント）が独立企業間価格であるとして更正等がなされてきたが，今後はレンジの幅の中に収まっていれば更正や決定を行うことができない[4]。

以上のような視点で，措置法66条の4に規定する推定規定や質問検査権規定，国税通則法に規定する質問検査権規定等について，その適用要件，具体的な適用方法，関係規定の関連等に係る検討を行う必要がある。

I　移転価格税制における税務調査と推定課税

1　措置法66条の4第6項と第7項の規定における文言の解釈

措置法66条の4第6項は，推定課税のための発動要件等を下記のように規定する（下線筆者，以下同）。以下のこの条文の文言について検討を加える。

（国外関連者との取引に係る課税の特例）
第六十六条の四　6　国税庁の当該職員又は法人の納税地の所轄税務署若しくは所轄国税局の当該職員が，<u>法人にその各事業年度における国外関連取</u>

---

(4)　赤松晃・澤田純「独立企業間価格の幅（レンジ）の明確化」税務弘報60巻1号35頁（2012）等参照。従来，課税庁は，独立企業間価格は一つの価格に決まるという考え方を採用していたものと解されるが，改正された取扱いにおいては，国外関連取引に係る比較対象取引が複数存在し，独立企業間価格が一定の幅を形成している場合において，国外関連取引の対価の額が一定の幅の中にある場合には，移転価格税制に基づく課税を行わないこと（措法通66の4(3)-4），また，一定の幅の外にある場合には比較対象取引の平均値に加え，その分布状況等に応じた合理的な値を用いて独立企業間価格を算定することとされた（移転価格事務運営指針3-5）。なお，四分位法によるレンジについては，参考事例集の事例1《解説》5で触れられているが，これは「独立企業間価格の幅」（措置法通達66の4(3)-4）に関するものではなく，あくまでも，調査担当者が移転価格税制上の問題の有無を検討するプロセスで使用するもの（事務運営指針2-2）にすぎない。なお，レンジについては，小島信子「移転価格税制における独立企業間価格の算定に係る『レンジ』の採用について」税務大学校論叢67巻337頁以下（2010）参照。

引に係る第一項に規定する独立企業間価格を算定するために必要と認められる書類として財務省令で定めるもの(その作成又は保存に代えて電磁的記録(電子的方式,磁気的方式その他の人の知覚によつては認識することができない方式で作られる記録であつて,電子計算機による情報処理の用に供されるものをいう。次項において同じ。)の作成又は保存がされている場合における当該電磁的記録を含む。)又はその写しの提示又は提出を求めた場合において,当該法人がこれらを遅滞なく提示し,又は提出しなかつたときは,税務署長は,次の各号に掲げる方法(第二号に掲げる方法は,第一号に掲げる方法を用いることができない場合に限り,用いることができる。)により算定した金額を当該独立企業間価格と推定して,当該法人の当該事業年度の所得の金額又は欠損金額につき法人税法第二条第三十九号に規定する更正(以下この条において「更正」という。)又は同法第二条第四十号に規定する決定(第十七項において「決定」という。)をすることができる。
一 当該法人の当該国外関連取引に係る事業と同種の事業を営む法人で事業規模その他の事業の内容が類似するものの当該事業に係る売上総利益率又はこれに準ずる割合として政令で定める割合を基礎とした第二項第一号ロ若しくはハに掲げる方法又は同項第二号に定める方法(同項第一号ロ又はハに掲げる方法と同等の方法に限る。)
二 第二項第一号ニに規定する政令で定める方法又は同項第二号に定める方法(当該政令で定める方法と同等の方法に限る。)に類するものとして政令で定める方法

(1) 「独立企業間価格を算定するために必要と認められる書類として財務省令で定めるもの」－価格算定文書の範囲の明確化

平成22年度改正前措置法66条の4第6項においては,「独立企業間価格を算定するために必要と認められる書類若しくは帳簿又はこれらの写しの提示又は提出を求めた場合に」遅滞なく提示又は提出しなかつたときに推定課税の適用を認めることとしていた。しかし,独立企業間価格を算定するため

に必要と認められる書類等の範囲については必ずしも明確ではなく，税務当局においていかなる書類等を求めるかについて広範囲な裁量があり，また納税者においていかなる文書がそもそもそれに該当するのかについても理解が異なるなど，問題が指摘されていたところである。上述したように平成22年度改正で書類の範囲が明らかにされた。『改正税法のすべて（平成22年度）』（504頁〜508頁）は，改正理由を以下のように述べる。

「移転価格税制は，国外関連者との間における経済取引の価格に着目し，多種多様な要因により決定されるこの価格の妥当性に関し，独立企業間価格との比較によって検証する制度であることから，この取引価格に関する情報（価格決定の根拠となる資料等）は，納税者の協力がなければ，課税庁において移転価格税制を適正に執行することは，相当な困難を伴うものとならざるを得ません。移転価格税制における納税者の協力は，本制度の枠組みにおいて必要不可欠なものと考えられています。しかし，納税者からの資料提供の協力が得られない場合も存在することから，このような場合に，課税当局が何らの手だてもなくこれを放置せざるを得ないことになれば，課税の公平を損なうことになります。

そこで，（略）納税者からの資料提供の協力が得られない場合（法人が独立企業間価格を算定するために必要と認められる帳簿書類又はその写しを課税当局の要求後遅滞なく提示又は提出しなかった場合）に限り，推定課税の適用を認めることとし，納税者側の資料提供の協力を担保し，適正公平な執行を確保することとしています。

しかしながら，課税当局への提示又は提出する書類（以下「価格算定文書」といいます。）とは，どのようなものであるのかという点について，法律上の規定からは，価格算定文書の範囲が必ずしも明確ではなかったことから，価格算定文書の範囲について，納税者の予見可能性を確保し，税務執行の透明化・円滑化の観点から，省令において明確化が図られました。」[5]

移転価格調査における納税者の協力が得られない場合の推定課税規定にお

いて，提示又は提出を求めている書類の範囲が，次の区分に基づき，明確化された。独立企業間価格を算定するために必要と認められる書類として財務省令で定めるものは，措置法施行規則22条の10第1項に規定された書類であり，下記のようなものである。

(国外関連者との取引に係る課税の特例)
第二十二条の十　法第六十六条の四第六項に規定する財務省令で定める書類は，次に掲げる書類とする。
　一　法第六十六条の四第一項に規定する国外関連取引（以下この項において「国外関連取引」という。）の内容を記載した書類として次に掲げる書類
　　イ　当該国外関連取引に係る資産の明細及び役務の内容を記載した書類
　　ロ　当該国外関連取引において法第六十六条の四第六項の法人及び当該法人に係る国外関連者（同条第一項に規定する国外関連者をいう。以下こ

---

(5)　なお，同解説においては，「OECDの移転価格ガイドラインにおいても，納税者の文書化に関しては，以下のような指針が設けられており，また，諸外国の文書化制度の導入状況等は資料のとおりとなっています」として「(参考) OECD移転価格ガイドライン　第5章　文書化」の一部を取り上げている。
・本章は，(中略)，納税者がその関連者間取引が独立企業原則を満たしていることを示すために最も有用な文書を特定するに当たって納税者に支援を与え，その結果，移転価格問題の解決と，税務調査を円滑ならしめるための指針を，納税者に提供するものである（パラ5.1）。
・納税者は，移転価格の算定の基となった情報，考慮の対象となった事実及び選択した移転価格算定方法など独立企業原則に従う努力をしたことを示すと認められる文書を準備し，又はこれらに言及することが要求される（パラ5.4）。
・税務上の移転価格算定時に合理的に用いられ又は基礎とされる文書には，税務以外の目的では準備又は入手されないものもあろうが，移転価格が独立企業原則を満たすか否かを合理的に評価するうえで，これらの書類が不可欠であり，かつ，その準備又は入手に当たり，納税者が釣合いがとれないほど高いコストを要しない場合に限り，これらの書類を納税者が準備又は入手することが期待されるべきである（パラ5.7）。
　　文書化の意義については，本庄資「日本における質問検査権と立証責任の問題点」本庄・前掲書『移転価格税制執行の理論と実務』479頁～484頁，本庄資「情報の非対称性と文書化の必要性」本庄・前掲書『移転価格税制執行の理論と実務』489頁以下参照。

の項において同じ。）が果たす機能並びに当該国外関連取引において当該法人及び当該国外関連者が負担するリスク（為替相場の変動，市場金利の変動，経済事情の変化その他の要因による当該国外関連取引に係る利益又は損失の増加又は減少の生ずるおそれをいう。）に係る事項を記載した書類
- ハ　法第六十六条の四第六項の法人又は当該法人に係る国外関連者が当該国外関連取引において使用した無形固定資産その他の無形資産の内容を記載した書類
- ニ　当該国外関連取引に係る契約書又は契約の内容を記載した書類
- ホ　法第六十六条の四第六項の法人が，当該国外関連取引において当該法人に係る国外関連者から支払を受ける対価の額又は当該国外関連者に支払う対価の額の設定の方法及び当該設定に係る交渉の内容を記載した書類
- ヘ　法第六十六条の四第六項の法人及び当該法人に係る国外関連者の当該国外関連取引に係る損益の明細を記載した書類
- ト　当該国外関連取引に係る資産の販売，資産の購入，役務の提供その他の取引について行われた市場に関する分析その他当該市場に関する事項を記載した書類
- チ　法第六十六条の四第六項の法人及び当該法人に係る国外関連者の事業の方針を記載した書類
- リ　当該国外関連取引と密接に関連する他の取引の有無及びその内容を記載した書類

二　法第六十六条の四第六項の法人が国外関連取引に係る独立企業間価格（同条第一項に規定する独立企業間価格をいう。以下この条において同じ。）を算定するための書類として次に掲げる書類
- イ　当該法人が選定した法第六十六条の四第二項に規定する算定の方法及びその選定の理由を記載した書類その他当該法人が独立企業間価格を算定するに当たり作成した書類（ロからホまでに掲げる書類を除く。）

ロ　当該法人が採用した当該国外関連取引に係る比較対象取引（法第六十六条の四第二項第一号イに規定する特殊の関係にない売手と買手が国外関連取引に係る棚卸資産と同種の棚卸資産を当該国外関連取引と同様の状況の下で売買した取引，施行令第三十九条の十二第六項に規定する比較対象取引，同条第七項に規定する比較対象取引，同条第八項第一号イに規定する比較対象取引，同号ハ(1)に規定する比較対象取引，同項第二号に規定する比較対象取引及び同項第三号に規定する比較対象取引をいう。以下この号において同じ。）（法第六十六条の四第二項第一号ニに掲げる準ずる方法に係る比較対象取引に相当する取引，施行令第三十九条の十二第八項第四号に掲げる方法に係る比較対象取引に相当する取引及び法第六十六条の四第二項第二号に定める方法に係る比較対象取引に相当する取引を含む。以下この号において「比較対象取引等」という。）の選定に係る事項及び当該比較対象取引等の明細を記載した書類

ハ　当該法人が施行令第三十九条の十二第八項第一号に掲げる方法又は同項第四号に掲げる方法（同項第一号に掲げる方法に準ずる方法に限る。）を選定した場合におけるこれらの方法により当該法人及び当該法人に係る国外関連者に帰属するものとして計算した金額を算出するための書類（ロ及びホに掲げる書類を除く。）

ニ　当該法人が複数の国外関連取引を一の取引として独立企業間価格の算定を行つた場合のその理由及び各取引の内容を記載した書類

ホ　比較対象取引等について差異調整（法第六十六条の四第二項第一号イに規定する調整，施行令第三十九条の十二第六項に規定する必要な調整，同条第七項に規定する必要な調整，同条第八項第一号イに規定する必要な調整，同号ハ(1)に規定する必要な調整，同項第二号に規定する必要な調整及び同項第三号に規定する必要な調整をいう。以下この号において同じ。）（法第六十六条の四第二項第一号ニに掲げる準ずる方法に係る差異調整に相当する調整，施行令第三十九条の十二第八項第四号に掲げる方法に係る差異調整に相当する調整及び法第六十六条の四第二項第二号に定める方法に係る差異調整に相

当する調整を含む。以下この号において「差異調整等」という。）を行つた場合のその理由及び当該差異調整等の方法を記載した書類

なお，移転価格調査においては，移転価格事務運営要領の制定について（事務運営指針）2-4において，実質的なドキュメンテーション・ルールのもとで調査対象法人が上記書類等を作成・保存しているものとして，それら書類を用いて移転価格税制上の問題を把握することとされている。外国にあっては，同制度の実効性を担保するために適正な資料作成を求める規定（いわゆるドキュメンテーション・ルール）がおかれている国もあるが，わが国の規定は推定課税の根拠規定においた実質的な文書化規定であり，変則的・補充的な執行・運用規定を根拠としていることに留意をすべきである。なお，推定規定の発動要件とは別途，税務調査において提出等を求めることができる書類等の範囲についてはかなりの裁量が存することになろう。

（調査時に検査を行う書類）
2-4　調査においては，例えば次に掲げる書類（帳簿その他の資料を含む。）から国外関連取引の実態を的確に把握し，移転価格税制上の問題があるかどうかを判断する。
　(1)　法人及び国外関連者ごとの資本関係及び事業内容を記載した書類
　　　イ　法人及び関連会社間の資本及び取引関係を記載した書類
　　　ロ　法人及び国外関連者の沿革及び主要株主の変遷を記載した書類
　　　ハ　法人にあっては有価証券報告書又は計算書類その他事業内容を記載した書類，国外関連者にあってはそれらに相当する書類
　　　ニ　法人及び国外関連者の主な取扱品目及びその取引金額並びに販売市場及びその規模を記載した書類
　　　ホ　法人及び国外関連者の事業別の業績，事業の特色，各事業年度の特異事項等その事業の内容を記載した書類
　(2)　措置法施行規則第22条の10第1項第1号（（国外関連取引の内容を記載

した書類））に掲げる書類
(3) 措置法施行規則第22条の10第1項第2号（（独立企業間価格を算定するための書類））に掲げる書類
(4) その他の書類
　　イ　法人及び国外関連者の経理処理基準の詳細を記載した書類
　　ロ　外国税務当局による国外関連者に対する移転価格調査又は事前確認の内容を記載した書類
　　ハ　移転価格税制に相当する外国の制度にあって同制度の実効性を担保するために適正な資料作成を求める規定（いわゆるドキュメンテーション・ルール）に従って国外関連者が書類を準備している場合の当該書類
　　ニ　その他必要と認められる書類

　推定課税規定（措置法66条の4第6項）及び第三者（非関連法人）への質問・検査規定（措置法66条の4第8項）の発動の一要件である「独立企業間価格を算定するために必要と認められる書類」が措置法施行規則22条の10で明確化されたことにより，納税者にとって予測可能性が高まった一方，これら書類を「遅滞なく提示し，又は提出しなかった場合」には，前記二つの規定（措置法66条の4第6項又は第8項）が発動されるリスクが一層高まったともいえる。ただし，事務運営指針2-5(3)は，以下のように定めている。
　「(3) 法人から第6項に規定する書類に該当するものとして提示又は提出された書類を総合的に検討して独立企業間価格の算定ができるかどうかを判断するのであるが，当該判断の結果，当該書類に基づき独立企業間価格を算定することができず，かつ，措置法第66条の4第6項又は同条第8項の規定の適用がある場合には，当該法人に対しその理由を説明する。」
　すなわち，事務運営指針は，当該書類を総合的に検討した結果，独立企業間価格の算定ができる場合には，措置法66条の4第6項又は同条第8項の規定の適用はないことを明らかにしている。措置法施行規則の書類等が全て

提示又は提出されなかったとしても，独立企業間価格を算定できる場合には，前記二つの規定の適用はない旨が明らかにされている。執行上は，提示等のないことが，直ちにこれら条項の適用にはつながらないという形にはなっている。同指針では，これら条項を適用する場合には，別途，納税者に対して，その理由を説明することとされている。このような取扱いは，措置法66条の4の法的構造から当然に要請されているといえよう。

(2) 措置法66条の4第7項の国外関連者が保存する書類等

措置法施行規則22条の10に規定する書類については，措置法66条の4第7項の書類と重複することもあろう。第7項は，以下のように規定する。

> 7　国税庁の当該職員又は法人の納税地の所轄税務署若しくは所轄国税局の当該職員は，<u>法人と当該法人に係る国外関連者との間の取引に関する調査について必要があるときは，当該法人に対し，当該国外関連者が保存する帳簿書類</u>（その作成又は保存に代えて電磁的記録の作成又は保存がされている場合における当該電磁的記録を含む。以下この条において同じ。）<u>又はその写しの提示又は提出を求めることができる。</u>この場合において，当該法人は，当該提示又は提出を求められたときは，当該帳簿書類又はその写しの入手に努めなければならない。

措置法66条の4第7項の「当該国外関連者が保存する帳簿書類」とは，文字通り国外関連者が保存している書類であり，文言のうえから，独立企業間価格を算定するために必要と認められる書類として措置法施行規則22条の10で定めるものとは明らかに区別されるべきである。しかし，同条第7項の規定でいう書類は「当該国外関連者が保存する帳簿書類」であるが，このような書類でありながら同条第6項における「独立企業間価格を算定するために必要と認められる書類として財務省令で定めるもの」に該当する場合もありうる。このような第6項と第7項の重複書類（調査対象法人が所持している書類等）については，原則として第6項の問題であるが，通常，当該調

査法人が保有しておらず国外関連者から調査法人が引渡を受けて保有しているような書類であって，第6項を受けた財務省令で規定された書類に該当しない書類等が第7項が規定する「国外関連者が保存する帳簿書類」といえよう。第7項の入手努力義務と推定課税の発動との関連についての問題は，後述Ⅲ参照。

しかし，国税不服審判所平成18年9月4日（裁決事例集No.72　424頁）は，「租税特別措置法（平成16年法律第14号による改正前のもの）第1項に規定する独立企業間価格を算定するために必要と認められる帳簿書類が原処分庁の要求後遅滞なく提出されておらず，原処分庁の行った独立企業間価格の推定も適法であるから，同条第7項［現行第6項］の推定規定を適用して移転価格課税を行った原処分は適法であると判断されたものであるが，請求人は，(1)措置法66条の4第7項［現行第6項］に規定する帳簿書類等とは我が国の納税者が作成・保管することを要求されているものをいい，我が国の納税者が保有していない外国で作成されている資料は，同条第8項［現行第7項］に規定する帳簿書類等に該当し，あくまでも入手努力義務があるにすぎないこと，(2)国外関連者との取引価格の算定資料については，同社との取引を独立した第三者間の取引と認識しているため，見積書以外はないところ，当該資料は原処分庁に提出したから，提出すべき資料はすべて提出していること及び請求人が再販売価格基準法及び取引単位営業利益法により算定した独立企業間価格によれば所得移転はないことから，帳簿書類等を請求人が提示又は提出しないことを理由として，原処分庁が同条第7項［現行第6項］の推定規定を適用して更正をしたことは違法である旨，主張する。

しかし，同審判所は，「原処分庁の調査担当職員が提示又は提出を求めた資料は国外関連者の財務諸表及び国外関連者との取引価格の算定資料であるところ，これらは，独立企業間価格の検討を行う上で基本となる資料であり，国外関連者が有する帳簿書類等であっても，措置法第66条の4第7項［現行第6項］の帳簿書類等に含まれるものと認められるから，これらの独立企業間価格の算定に不可欠な帳簿書類等が遅滞なく提示又は提出されない場

には，同項の推定規定の要件を充足すると解される」と判断している。不可欠な帳簿書類等が遅滞なく提示又は提出されない場合に，同項の推定規定の要件を直ちに充足すると解されるかはともかくも，両項の重複書類等で請求人が採用した算定方法のもとで独立企業間価格を算定するために必要と認められる帳簿書類については第6項の書類等として取り扱われることになろうが，そのような書類等以外のもので我が国の納税者が保有していない外国で作成されている資料は第7項の書類等に該当すると解すべきであろう。

　なお，請求人は再販売価格基準法が本件における独立企業間価格の算定方法として合理的であると主張するが，同審判所は，「当該方法については，取引段階及び取引市場が国外関連取引とは異なっていることから，比較対象取引としての類似性を有するものとは認められず，請求人が加えた差異の調整も，当該差異の調整の算定根拠が不明で，その合理性が認められないから，請求人の主張は採用できない。さらに，請求人は，取引単位営業利益法により計算したところによれば所得移転はない旨主張するが，請求人が用いた方法は，比較可能性を検証する事項についての言及もないまま，単に請求人と国内関連企業2社の計3社の平均連結営業利益率と請求人が競合他社と認識している2社の営業利益率を比較しているものであり，合理性が認められないから，請求人の主張を採用することはできない。そうすると，原処分庁は，請求人から独立企業間価格の算定に必要な帳簿書類等の提示又は提出を受けることができず，他に比較対象取引となり得る取引も見出せなかったことから，本件国外関連取引に係る独立企業間価格の算定に当たって措置法第66条の4第2項第1号イ，ロ，ハ及びニに掲げる方法のいずれも適用することができなかったものであり，当審判所の調査の結果によっても，当該独立企業間価格の算定について当該各方法のいずれも適用することができないと認められる。

　したがって，原処分庁が，本件調査により国外関連者の総原価の額を把握し，措置法第66条の4第7項［現行第6項］の規定により独立企業間価格を推定したことは適法である。」と判断する。

原処分庁が第6項に基づいて独立企業間価格を推定して更正処分等を行った場合には，納税者としては，推定課税が行われる要件が満たされていないにもかかわらず推定課税が行われたことや推定課税の方法（同種事業類似法人の選定方法等）が違法であること等を主張して当該更正処分の適法性を争うか（この場合には，更正処分の適法性については被請求人に主張立証責任がある。），当該国外関連取引に係る適正な独立企業間価格を自ら主張立証して，同項の推定を破るかのいずれかの方法を採ることが考えられるが，請求人においては，再販売価格比準法又は取引単位営業利益法が当該国外関連取引に係る適正な独立企業間価格の算定方法として合理性があると主張しているところ，本件においては，比較対象取引としての類似性や比較可能性を検証する事項との関係においていずれも合理性が否定されている。しかし，今後は，ベストメソッドルールやレンジ（幅）の導入により，推定規定の発動要件や納税者の主張立証のあり方にも影響を与えるものと思われ，合理性の有無についてもこれまでとは異なる判断過程をたどることとなる可能性があろう。

II 法人が書類等を「遅滞なく提示し，又は提出しなかったとき」

　措置法66条の4第6項に規定する帳簿等の「提示又は提出」を求めた場合とは，国税通則法74条2項の質問検査権の行使の場面である。書類等の提示等を求める権限は，すなわち質問検査権の法的根拠は措置法66条の4第6項の推定課税の規定によるのではなく，国税通則法74条の2である。措置法66条の4第6項は，法人税法131条における「推計課税」の特例規定とは別途，独立企業間価格に係る場合にのみ適用される推定規定である。

1　「遅滞なく」

　措置法66条の4第6項は，法人が選択した独立企業間価格の算定に必要な書類で，かつ措置法施行規則22条の10で作成，入手又は保管が求められ

ている書類等で，課税当局が措置法施行規則22条の10で規定されている資料等を提示又は提出を求めた場合には「遅滞なく」，当該書類等を提示又は提出することを求めている。措置法66条の4第6項における「独立企業間価格を算定するために必要と認められる書類」が措置法施行規則22条の10で明確化されたことから，今後は独立企業間価格の算定に係るこのような書類等は法人が申告調整等に当たり，通常，作成，入手又は保管をしていると解することができる。旧規定と比較して，措置法施行規則22条の10の規定により，納税者にとっては予測可能性が高まった一方，これら書類を「遅滞なく提示し，又は提出しなかった場合」には，二つの規定（措置法66条の4第6項又は第8項）が機械的に発動される可能性が一層高まったともいえよう[6]。

ただ，事務運営指針2-5(3)は，同規則の書類が全て提示又は提出されなかったとしても，独立企業間価格を算定できる場合には，前記二つの規定の適用はない旨が明らかにされたので，執行上は，提示又は提出のないことが即，これら条項の適用にはつながらないという形にはなっている。

なお，事務運営指針2-5(2)は「遅滞なく提示又は提出しなかったとき」の取扱について，以下のように定める。

「2-5　法人に対し措置法第66条の4第6項（(推定規定)）に規定する独立企業間価格を算定するために必要と認められる書類として財務省令で定めるもの又はこれらの写し（以下2-5において「第6項に規定する書類」という。）の提示又は提出を求めた場合において，当該法人が第6項に規定する書類を遅滞なく提示又は提出しなかったときには，同項又は同条第8項（(同業者に対

---

[6] 推定課税に係る国際比較については，猪野茂「日本における推定課税の現状と課題」本庄資編著『移転価格税制執行の理論と実務』406頁以下（大蔵財務協会・2010）参照。猪野論文は，我が国において推定課税規定の適用事例が少ない理由として，措置法第66条の4第9項において，第三者に対する質問検査権の発動が認められていることから，ことさらに推定課税の規定を適用するのではなく，同項を適用して第三者間取引情報を比較対象取引として課税してきたという事情があったためであろうと述べる。また，「遅滞なく」についての国際的な取扱については，同411頁参照。

する質問検査規定））の規定を適用することができるのであるが，これらの規定の適用に当たっては，次の事項に配意する。

(1) 独立企業間価格を算定するために，第6項に規定する書類の提示又は提出を求める場合には，法人に対し，『当該書類が遅滞なく提示又は提出されないときには，措置法第66条の4第6項又は同条第8項の適用要件を満たす』旨を説明するとともに，当該説明を行った事実及びその後の法人からの提示又は提出の状況を記録する。

また，法人が第6項に規定する書類を遅滞なく提示又は提出したかどうかは，当該書類の提示又は提出の準備に通常要する期間を考慮して判断する。

(2) (1)の提示又は提出を求める場合には，独立企業間価格の算定に必要と認められる範囲内において，法人に対し期日を定めて当該提示又は提出を求める。

また，当該期日は，当該法人の意見を聴取した上で当該提示又は提出の準備に通常要する期間を斟酌して定めることとし，当該期日までに当該提示又は提出がない場合で，当該法人がこれをできなかったことにつき合理的な理由が認められるときには，当該法人の意見を再聴取し，改めて期日を定める。」

なお，同指針の（注）1は「法人が独立企業間価格を算定している場合には，当該法人が当該算定に用いた書類に基づき独立企業間価格の算定ができるかどうかを検討し，当該書類以外の書類の提示又は提出を求める必要があるかどうかを判断する。」としているところであるが，当該書類以外の書類の提示又は提出を求める必要があるかどうか（必要性の判断）は推定課税の発動にあたっての要件となるであろう。

さらに，『改正税法のすべて（昭和61年度）』（210～211頁）は，納税者が自己の独立企業間価格の算定に用いた書類等を提示したとしても，その用いたデータが不適当と認められる場合には，独立当事者間価格の算定に必要と認められる書類を提示したことにはならないので留意する必要がある[7]と述べ

る。移転価格事務運営要領2-5（注）においては，当該書類が不正確な情報等に基づき作成されたものである場合には，当該書類の提示又は提出については，第6項に規定する書類の提示又は提出には該当しないことから，この場合には，当該法人に対し，正確な情報等に基づき作成した書類を速やかに提示又は提出するよう求めるものとするとしている。

Ⅲ　措置法66条の4第6項と第7項の関係

1　資料入手の努力義務と不提示

　課税当局は，措置法66条の4第7項に基づいて，「法人と当該法人に係る国外関連者との間の取引に関する調査について」「必要があるとき」には，当該法人に対し，「当該国外関連者が保存する帳簿書類又はその写し」の提示又は提出を求めることができる。この場合において，当該法人は，当該提示又は提出を求められたときは，当該帳簿書類又はその写しの入手に努めなければならない。

　措置法66条の4第7項において，法人が「国外関連者が保存する帳簿書類又はその写し」の入手努力をしたにもかかわらず，実際に入手できず，税務当局に当該帳簿書類を提供できなかった場合に，推定課税規定の適用を受けないと解することができるか否かについては争いがある。

(1)　措置法66条の4第7項の規定の性格

　措置法66条の4第7項は，以下のように規定する。

　7　国税庁の当該職員又は法人の納税地の所轄税務署若しくは所轄国税局の当該職員は，<u>法人と当該法人に係る国外関連者との間の取引に関する調査について必要があるときは</u>，当該法人に対し，<u>当該国外関連者が保存する帳簿書類</u>（その作成又は保存に代えて電磁的記録の作成又は保存がされている

---

(7)　荒巻・前掲解説「移転価格税制の創設」210〜211頁。

場合における当該電磁的記録を含む。以下この条において同じ。）又はその写しの提示又は提出を求めることができる。この場合において，当該法人は，当該提示又は提出を求められたときは，当該帳簿書類又はその写しの入手に努めなければならない。

　国外関連者の保存する資料は，課税当局が調査において所得配分の歪みや取引価格の妥当性を検討する上で不可欠のものであると考えられるが，措置法66条の4第7項における納税者の義務は一種の協力義務ないし努力義務として規定されている。これは，法的効力の及ばない，領土主権の範囲外に所在する国外関連者に対して調査上必要な資料の入手を行うようなことは公権力の行使として行うことは許されないことから，このような規定ぶりになったものである[8]。この努力義務規定違反により，措置法66条の4第6項に基づき推定課税が行われることになるかについては，第6項の帳簿書類等と第7項の帳簿書類等との関係が問題となる。たとえば，課税当局においては，国外関係者が保存している書類等も第6項の書類等に該当すると解することができるので，不提示又は不提出の場合においては第6項の推定規定が発動されることになると解している。そのような見解は，下記のような考え方から導かれるものと解される。

　『改正税法のすべて（昭和61年度）』（208〜209頁）は，「［現行第7項］の規定は，納税者に資料の入手に努力するよう定めるものであり，これに従わなかったとしても特にペナルティーを課すものではありません。しかしながら，その求められた資料の内容が法人と国外関連者との取引に係る独立企業間価格の算定に必要な資料であって，納税者がそれをも含め独立企業間価格を算定するために必要となる資料を提出しなかった場合には，後述のように課税

---

(8)　国外関連者の情報へのアクセスの国際比較については，猪野茂「海外情報アクセスの現状と問題点」本庄・前掲書『移転価格税制執行の理論と実務』430頁参照。また，内国法人と外国法人のわが国所在の子会社との間における執行上の不均衡（情報の非対称性）と課税の公平の確保については，同440頁参照。

当局は，一定の条件を満たす同業者の利益率を用いて算定した価格を独立企業間価格と推定して更正，決定できることとされています。」[9]と述べる。

このような説明からは，「その求められた資料の内容が法人と国外関連者との取引に係る独立企業間価格の算定に必要な資料であって，納税者がそれをも含め独立企業間価格を算定するために必要となる資料を提出しなかった場合」ということで一律に不提示又は不提出が推定課税の発動要件になるとは解されていないといえる。これは第7項の問題ではなく，第6項の推定課税の要件が充たされているか否かによることを意味しているものと解される。平成22年度の文書化規定の導入前の記述であるが，具体的には以下のような取扱いを予定しているものと解される。

「第7項［現行6項］の適用上，課税当局の求めに応じて法人が提示・提出すべき帳簿書類等の中に，国外関連者や第三者（同業他者）が保存するものが含まれるかどうかということが論じられることがある（注記は省略する。以下同）。しかし，申告調整型制度の下では，法人が法令の規定に従って選定した独立企業間価格の算定方法によって第7項［現行第6項］の帳簿書類等の範囲がおのずと異なってくるのであるから，課税当局が第7項［現行第6項］に基づき法人に対して提示・提出を求める帳簿書類等の中に，国外関連者や第三者の保存するものが一律に含まれるかどうかを論じることは，そもそも意味がないと考える。例えば，法人が基本三法を適用することができないので，利益分割法を適用していれば，その算定に用いた国外関連者の資料は，第7項［現行第6項］の帳簿書類等に該当することになる。また，法人がたまたま入手することのできた第三者の保存する資料を基に独立企業間価格を算定しているのであれば，その資料は第7項［現行第6項］の帳簿書類等に該当することになる。これまで課税当局が法人に対して提示・提出を求める帳簿書類等の範囲について述べてきたが，それはあくまでも第7項［現行第6項］又は第9項［現行第8項］の適用要件に関するものである。そのこ

---

(9) 荒巻・前掲解説「移転価格税制の創設」208〜209頁。

とと，課税当局が法人に対してその国外関連者との間の取引に関する調査に必要であるとして提示・提出を求める帳簿書類等の範囲とを混同すべきではない。」[10]と解されることになろう。

　措置法66条の4第7項は，「法人と当該法人に係る国外関連者との間の取引に関する調査について必要があるとき」は，税務当局は，「当該国外関連者が保存する帳簿書類又はその写し」の提示等を求めることができる旨，規定しており，両者の文書の範囲の相違からすれば，第6項の文書と第7項の文書の範囲は異なり，提示等の目的も異なるといわざるをえない。申告調整型の移転価格税制のもとでは，まず，法人は，国外関連者との取引価格が第2項に定める方法により自ら算定した独立企業間価格の算定に係る資料の提示又は提出を求められた場合に国外関連者が保存している書類であっても当然に法人がその算定に用いることを不可欠とされるような書類は当然に保管されているわけであるから，そのような提示書類又は提出書類は第6項に含まれ，第7項には含まれないと解すべきである[11]。第7項は推定規定ではなく，質問検査権の根拠規定として位置づけられるものであり，国外関連者が保有する書類等については質問検査権が及ばないことから調査対象法人を介して資料を収集しようとするものであり，この規定は努力義務を課しているにすぎないことに留意すべきである。第7項の規定は，国税通則法をはじめとする租税法規の効力がわが国の主権の及ぶ範囲に限定されていることから，このような規定ぶりになったものである。

　税務当局は，調査により法人の国外関連者への所得移転を認定した場合には，法人の申告を是正するために，第1項及び第2項により更正を行うことになる。課税当局が国税通則法74条の2に規定する質問検査権の行使において，法人と国外関連者との間の取引価格を検討して，所得の配分に全体として歪みがないかを検討し，次に調査対象法人の算定した独立企業間価格の妥当性を具体的にチェックするなど調査上必要があるときは，措置法66条

---

(10)　藤巻・前掲論文67～68頁。

の4第6項により規定する書類等を求めることになる。この過程において，その法人の国外関連者のみが保有する財務諸表や利益状況等の資料が必要になった場合には第8項により当該書類の提示・提出を求めることができる。措置法66条の4第6項と第7項の書類等の関係については，第6項の規定においてドキュメンテーション・ルールが規定されたことから，その適用の

---

(11) 赤松晃『国際租税原則と日本の国際租税法－国際的事業活動と独立企業原則を中心に』361～362頁（税務研究会出版局・2001）は，「法解釈の問題として，日本の法人（内資系，外資系を問わない）は，国外関連者が保存している書類・帳簿等について入手努力義務……が定められている（租税特別措置法第66条の4第8項）が，仮に日本の法人の入手努力義務にかかわらず国外関連者が保存している書類・帳簿等の提示等がなかった場合に，推定課税が可能であるかについて議論がある。推定規定を定める租税特別措置法第66条の4第7項は『独立企業間価格を算定する必要と認められる書類等……について遅滞なく提示し，又は提出しなかったときは』と規定していることから，一見すると対象となる書類等の範囲について国外・国内の資料の区別がされていない規定ぶりであるが，第7項とは別に第8項を規定して納税者に国外関連者が保存する帳簿書類の入手義務ではなく入手努力義務を課す法構造をとっている以上，第7項は納税者である日本法人の保存する資料に限定されると解される。換言すれば，第7項とは別に第8項を定めている法構造からは国外関連者が保存する帳簿書類の提出がなかったことを理由として推定規定の適用を可とする解釈はできない。」と述べる。岡村忠生「移転価格税制」村井正編著『国際租税法の研究－国際的租税回避の理論と政策－』140頁以下（法研出版・1990）は，「むしろ，6項の独立企業間価格の算定に必要と認められるという要件と，7項の国外関連取引に関する調査について必要があるときという要件には，実質的な違いはないものと理解したうえで，両規定の対象の違いは，誰が資料を保存しているかにあるのであり，7項の存在意義は，それが国外関連者の保存する資料についての規定であることにあると解すべきであろう。そして，このことから，6項にいう資料は，当該法人が保存するものに限られると考えられることになる。つまり，6項は当該法人が保存する資料についての規定であり，7項は取引の相手方たる国外関連者の保存する資料についての規定であると解するのである。したがって，国外関連者が保存し，当該法人の下にない資料については，たとえそれが独立企業間価格算定に必要であっても，その入手は，当該法人の努力義務であるに留まり，それを当該法人が遅滞なく提出できなかったとしても，推定課税はできないと解すべきである。もちろん，国外関連者の保存する資料であっても，納税者が入手した場合には，6項にいう資料となる。」（ただし，引用文中の第6項と第7項は，現行（第66条の4）の第7項と第8項に当たる。）と述べる。第6項と第7項の関連性についての見解は，藤巻・前掲論文68～69頁が詳しい。

範囲は明確になったといえる。しかし，措置法施行規則22条の10に規定する国外関連者に関する明細書の規定については，その書類に該当するか否かについて争いが生じないとはいえないが，国外関連者が保存する帳簿書類等であっても当然に法人において法人と当該法人に係る国外関連者との間の取引において，当該調査対象法人が申告に当たり算定した独立企業間価格に係る不可欠な書類であっても文書化が求められているものについては第6項の書類として対応されることになる。

なお，「法人が調査上必要とされる国外関連者の保存する資料を結果的に入手することができなければ，それで調査が済むというものではないであろう。そのような場合であっても，課税当局としては，法人の所得配分の歪みや取引価格の妥当性を検討する必要があるという状況は依然として変わりがない。法人が第8項［現行第7項］に従って国外関連者の保存する資料を入手する努力さえすれば，第7項［現行第6項］の推定規定の適用を受けないというような法構造にはなっていない。むしろ，国外関連者の保存する資料の入手等について法人の協力が結果的に得られなかったときにこそ，第7項［現行第6項］の適用が検討されるべきであり，そのように解釈した方が同規定の趣旨に即していると考えられる。」[12]とする見解もあるが，国外関連者の保存する資料を努力したにもかかわらず，結果的に入手することができなければ推定課税の発動がありうるという見解は採用することができない。

(2) 東京地裁平成23年12月1日判決への疑問

本件において，税務当局は，原告に対し，少なくとも6回にわたり文書又は口頭で，U社の財務書類の提示を求め，また，4回にわたり文書又は口頭で，原告における本件取引の価格算定の根拠となった資料の提示を求めたが，原告はこれらの書類を提示しなかった。東京地裁判決は，「独立企業間価格の算定のためには，租特法66条の4第2項及び租特令39条の12第8項に定めるいずれの方法による場合でも，当該国外関連取引と比較対象取引の差

---

[12] 藤巻・前掲論文71頁。

異を調整するため（独立価格比準法の場合）や，通常の利益率（再販売価格基準法及び原価基準法の場合）並びに所得の発生に寄与した程度（利益分割法の場合）を算定するために，本件取引の当事者である原告及びU社が本件取引においてどのような役割を果たしていたかを客観的に把握することが必要であるところ，U社の財務書類はU社の機能を端的に知ることを可能とする客観的な書類として，また，原告における本件取引の価格算定のための資料は原告とU社の役割を原告がどのように見積もっていたかを知るための資料として，いずれも独立企業間価格の算定に必要な書類であり，これらを提示しなかったことにより，原告は，独立企業間価格を算定するために必要と認められる帳簿書類又はその写しを遅滞なく提示又は提出しなかったものというべきである。」と判示する。

　この点，原告は，本件取引に関し，原告が有する書類はすべて提出しているから，措置法66条の4第7項［現行第6項］の推定課税の要件を満たさない旨主張するが，同判決は，「同項の文言及び上記のとおり本邦における移転価格税制が申告調整型の制度であることからすれば，同項にいう独立企業間価格の算定に必要な書類とは，納税者が現に所持したり，作成したりしている書類に限られるものではないのであって，提示を求められた書類が納税者の現に所持していないものであったとしても，当該納税者において新たに作成し又は入手した上で提出することも不可能ではなく，その書類が独立企業間価格の算定に必要と認められる以上は，特段の事情がない限り，その書類が提出されない場合には，同項の推定課税の要件は満たされるというべきである。これを本件についてみると，山形税務署の職員又は仙台国税局の職員が原告に対して提示を求めた書類のうち，U社の財務書類は，原告代表者及びその親族がその全株式を保有する，原告の国外関連者であるU社の財務書類であり，弁論の全趣旨によれば，同社はその当時，当該財務書類を既に作成し所持していたと認めることができるから，それが原告の現に所持していないものであったとしても，原告においてU社から入手した上で提出することは可能であったと認められ，P12が損益計算書等の提供依頼に応

じなかったなどというだけで上記特段の事情があったということはできない（現に…これらの書類の一部は本件訴訟において提出されるに至っている。）。また，原告における本件取引の価格算定のための資料は，原告自身のものであり，弁論の全趣旨によれば，原告は本件取引を行うに当たり当然にその価格算定をしていたと認めることができるから，それが原告の現に所持していないものであったとしても，原告において本件取引に関する記録に基づいて新たに作成した上で提出することは可能であったと認められ，上記特段の事情があったとはいえない。」と判示する。

　さらに，措置法66条の4第7項について，原告は，原告が措置法66条の4第8項〔現行第7項〕後段の努力義務を尽くしているから，第7項〔現行第6項〕の適用の前提を欠く旨主張する。第6項（「独立企業間価格を算定するために必要と認められる帳簿書類」としており，原告の主張に沿うような限定又は除外をしていないこと等）及び第7項（「法人と当該法人に係る国外関連者との間の取引に関する調査について必要があるときは」としており，必要性の範囲が第6項よりも広いこと等）の文言，推定による課税の制度が設けられた趣旨並びに同項が第7項の後に配列されていることから，原告は，このことをもって，国外関連者のみが所持している書類を提出していないことは同項の推定課税の前提とされていないと主張する。しかし，同判決は，このような主張は，「同項の推定課税は当該法人が同項所定の帳簿書類等を遅滞なく提示又は提出しなかったことを要件としているのであって，当該法人において同条8項〔現行第7項〕後段の義務を尽くしたが，国外関連者からその保存する帳簿書類等を入手することができなかったときは，この限りでないと解すること，すなわち，同条8項〔同〕後段の入手義務が尽くされないことが推定課税の要件となると解することはできず，原告の上記主張は失当である。」と判示する。

　「法人と当該法人に係る国外関連者との間の取引に関する調査について必要があるとき」（第7項）と「独立企業間価格を算定するために必要があるとき」（第6項・第8項）と文言を区別しており，発動要件について相違がある。また，措置法66条の4第7項を第6項との関係においては議論がある。措

置法66条の4第7項は第6項に次ぐ規定であるが、推定課税に係る規定であると解するのではなく、国外関連者からの書類等の収集にあたっての特別の規定であり、国税通則法74条の2における反面調査に係る質問検査権の規定で通常は対応されるべきところ、移転価格税制においてはそのような国外関連者には反面調査を行うことができないことから第7項の特別規定をおいたと解すべきである。措置法66条の4第7項と第6項を一体として理解して、推定課税規定であると解することはできないといえよう。(1)当該法人において第7項後段の義務を尽くしたが、国外関連者からその保存する書類等を入手することができなかったときは、推定課税の発動要件が充足されたと解する見解、(2)第7項は努力義務規定であることから、努力義務を尽くしたにもかかわらず、国外関連者からその保存する書類等を入手することができなかったとしてもそれだけで第6項の規定の要件を充足したとして推定課税が発動されることはないとする見解が存する。上記判決は(1)の見解を採用しているものと解されるがそのような解釈には疑問が存する。

すでに述べたように第7項の書類は第6項の書類に該当せず、国外関連者が保有している書類であると解すべきであることから、客観的にみて入手義務を尽くしたにも関わらず入手することができなかった場合において、第6項を適用することは許されないと解されよう。

Ⅳ 措置法66条の4第8項

1 国税通則法74条の2と第8項の関係

措置法66条の4第8項は、「国税庁の当該職員又は法人の納税地の所轄税務署若しくは所轄国税局の当該職員は、法人が第六項に規定する財務省令で定めるもの又はその写しを遅滞なく提示し、又は提出しなかつた場合において、当該法人の各事業年度における国外関連取引に係る第一項に規定する独立企業間価格を算定するために必要があるときは、その必要と認められる範囲内において、当該法人の当該国外関連取引に係る事業と同種の事業を営む

者に質問し、当該事業に関する帳簿書類を検査し、又は当該帳簿書類（その写しを含む。）の提示若しくは提出を求めることができる。」と規定する。

　この規定は、通常国内に存する調査対象法人に係る取引については国税通則法74条の2に基づいて税務当局は反面調査により取引先に調査を行うことで対応することができるところ、措置法66条の4第8項は反面調査の規定では対応できない比較対象法人に対して質問検査権を認める規定である。第8項は質問検査権（調査権限）の根拠規定である。

　措置法66条の4第8項にいう「法人が第六項に規定する財務省令で定めるもの又はその写しを遅滞なく提示し、又は提出しなかつた場合において、当該法人の各事業年度における国外関連取引に係る第一項に規定する独立企業間価格を算定するために必要があるとき」とは、①法人が第6項に規定する財務省令で定めるもの又はその写しを遅滞なく提示し、又は提出しなかった場合で、かつ②第1項に規定する独立企業間価格について国税通則法74条の2に基づいて質問検査権を行使し、独立企業間価格を算定するための資料を得ることができなかった場合であるといえる。

2　シークレットコンパラブルの運用の明確化（比較対象企業に対する質問検査権）

　課税当局においては、シークレットコンパラブル（類似の取引を行う第三者から質問検査等により入手した比較対象取引についての情報）に基づいて、独立企業間価格の算定を行うことが認められている（措法66の4⑥⑧)[13]。シークレットコンパラブルによる課税は、企業等からは「不意打ち」的な性格を持つことや守秘義務のため納税者の反証可能性が制限されることから、これまでも強い批判が寄せられてきたところである。

　移転価格課税においては、法人が独立企業間価格の算定に十分な情報を課税当局に提出しない場合に、課税当局は自ら質問検査権を行使して独立企業間価格を検証することとなるが、それも不可能な場合には課税庁が納税者と類似の取引を行う第三者（比較対象法人）から質問検査等により入手した比

較対象取引についての情報によって更正又は決定することとなるが，守秘義務によりその開示が行われないため，調査対象法人にとっては課税内容の検証が十分にできず，反証はできないといった指摘がなされてきた。また，シークレットコンパラブルのための第三者への質問検査権の行使が仮に違法であったとしても，そのことから直ちに課税処分の取消訴訟において違法であるとして同処分が取消されない。一方で，類似の取引を行う第三者（比較対象法人）を開示した場合には，税務当局において申告納税制度の維持が困難になることも指摘されてきた[14]。

このシークレットコンパラブルの問題については，2010年7月のOECD移転価格ガイドラインの改定，平成23年度税制改正（平成23年6月22日に成立した「現下の厳しい経済状況及び雇用情勢に対応して税制の整備を図るための所得税法等の一部を改正する法律」）を受けて，平成23年10月27日付で国税庁

---

(13) 措置法66条の4第8項（旧措法66の4⑨）は，平成3年度改正で導入された。第三者間取引情報は，伝統的な取引基準法の使用を原則とし，税務当局に立証責任が課せられている我が国において，税務当局が独立企業間価格の算定を行うために必要であるとされている。その趣旨等については，大野雅人「移転価格調査における第三者間取引情報の使用について」租税研究595号71頁（1999）参照。なお，飯守・前掲論文396頁は，「基本三法（独立価格比準法，再販売価格基準法及び原価基準法）や比較可能性を重視する立場からすれば，非公開情報を課税処分に用いることで一般的には高い比較可能性が確保されるが，そのような目的で非公開情報を入手し課税に用いることができるわけではない点は留意しておく必要がある。」と述べる。

(14) シークレット・コンパラブルについての包括的な研究として，望月文夫「シークレット・コンパラブルに関する考察」税大ジャーナル20号73頁（2013）参照。なお，各税法に定める質問検査権同様，シークレットコンパラブルのための質問検査権も「必要があるとき」に限り行使することができるが，これは客観的な必要性が認められるときをいうのであって，租税職員の自由な裁量に委ねられているわけではない。したがって，客観的な必要性が認められない場合の質問・検査は違法である。シークレットコンパラブルの質問検査における必要性は，具体的には「不提出の要件」の充足であり，必要性がないと認められる場合には第三者である同業者は答弁義務や受忍義務は生じないことになる。しかし，第三者が不提出の要件を問題にすることは実際問題としては起こりにくいであろう。岡直樹「移転価格税制における情報義務と独立企業間価格の証明方法に関する考察－納税者・課税庁双方の利益を目指して－」税務大学校論叢59号661頁注74（2008）。

事務運営指針の改正が行われ，若干の進展をみせたところである。第三者への質問検査権規定は，いわゆるシークレットコンパラブルを探索するための権限授与規定であるが，事務運営指針2-5（4）では，同項を適用して比較対象取引を選定した場合には，下記のように守秘義務の範囲内でその内容等を説明することとされている。

「(4) <u>措置法第66条の4第8項の規定を適用して把握した非関連者間取引を比較対象取引として選定した場合には，当該選定のために用いた条件，当該比較対象取引の内容，差異の調整方法等を法人に対し十分説明するのである</u>が，この場合には，国税通則法第126条（（職員の守秘義務規定））の規定に留意するとともに，当該説明を行った事実を記録する。」

東京地裁平成23年12月1日判決に係る事案において，税務当局はいわゆるシークレットコンパラブルを用いているところ，独立企業間価格の算定に係る比較対象法人である「類似3法人」について，被告はその事業内容や財務状況等を開示していない。原告は，このように事業内容や財務状況等の同種性，類似性について検証することができない法人を用いて推定課税を行うことは，納税者側の防御の機会を奪うものであり，相当ではない旨主張する。しかし，同判決は，「租特法66条の4第9項［現行第8項］は，推定課税を行う際に，税務当局の職員が同種事業類似法人に対する質問検査権を行使することを認めているところ，このことは，この質問検査権で得られた情報を推定課税において用いることが前提とされていると解するのが相当である。他方，これらの企業は，納税者とは関係のない第三者であることからすれば，その事業内容や財務状況等の詳細について，税務当局の職員が守秘義務を負っていることは当然である。

これらによれば，租特法は，税務当局がその事業内容や財務状況等について開示することができない同種事業類似法人を用いて推定課税をすることを予定しているというべきである。原告は，そのような制度は<u>納税者の防御の機会を奪うもので相当ではない旨主張するが，それは，立法政策の当否を問うものにすぎないし，また，税務当局の職員が負っている守秘義務に反しな</u>

い限度で，同種性，類似性についての立証をし，これに対して納税者がその信用性を争うなどすることは可能であるから，そのような制度を採ったからといって納税者の防御の機会が奪われるものではない。前記のとおり，推定課税の制度が，主として，国外関連取引における独立企業間価格の算定の根拠となる帳簿書類等の提示等についての納税者の協力を担保する趣旨で設けられたものであること，推定課税による更正処分等を受けた納税者は，自ら独立企業間価格を立証して推定を破る方法を採ることができることからすれば，このような制度になっていることが納税者にとって過酷であるとはいえない。そして，本件において，被告は，（略）守秘義務に反しない限りで本件類似3法人に関する情報を開示しているのであり，以上によれば，本件類似3法人の事業内容や財務状況等の詳細が開示されていないことをもって，本件各更正処分等が違法となるものではない。

　また，上記のとおり，事業内容や財務状況等の詳細が開示されていない同種事業類似法人を用いて推定課税を行うことは法が予定していることであることからすれば，これらの情報が明らかにされていなかったとしても，本件各更正処分等の理由付記に不備があるということはできない。」と判示している。

　また，東京地判平成19年12月7日判決（公刊物未登載）は，「不提出の要件」の充足がシークレットコンパラブルによる課税処分の前提要件となるかどうかについて判断している。原告は，(1)「不提出の要件」は，シークレットコンパラブルを用いた課税には納税者からの反論が困難になるという根本的な問題があることから，シークレットコンパラブルを用いた課税を行うべき必要性とかかる課税をされた場合の納税者の不利益とを調整するために設けられた要件であり，シークレットコンパラブルによる更正処分は，提出しようとすればできた内部文書について求められても提出しないなど，納税者の帰責事由が明らかな場合についてのみ適用されるべきである，(2)本件においては，原告納税者は課税庁が提出を求めた書類についてすべて遅滞なく提出し，課税庁からの事業内容の聴取等にも積極的に協力したので，シークレ

ットコンパラブルによる更正を行うための前提要件が満たされておらず，違法であると主張している。

　同判決は，措置法66条の4第9項の趣旨について，「税務職員による比較対象法人に対する質問検査権限を創設した規定であって，<u>当該質問検査に係る手続要件自体が課税処分の要件となるものではないから，当該質問検査に係る手続が違法であることを理由に，直ちに課税処分が違法であるということはできず，</u>当該質問検査に係る手続が刑罰法規に抵触し，又は公序良俗に反するような重大な違法がある場合に初めて，当該処分の取消事由となるものと解するのが相当である。」として，不提出の要件の違法が直ちにシークレットコンパラブルによる課税処分の違法を意味しないと判示している。

　さらに，同判決は，シークレットコンパラブルにより課税処分が行われると，公務員の守秘義務のため納税者に開示される情報が制約されるため，納税者が十分な検証を行うことができなかったとしてもそのことから直ちに課税処分に重大な違法があると解することはできないといわざるを得ないこと，また，納税者による物理的に書類についてすべて遅滞なく提出し調査にも協力したという事実をもってしても，シークレットコンパラブルに関する質問検査権の手続に重大な違法があるとはいえないなどとして，原告の主張を排斥している。

　なお，比較対象法人が，(1)当該職員の質問に対して答弁せず，若しくは偽りの答弁をし，又は同項の規定による検査を拒み，妨げ，若しくは忌避した場合，(2)帳簿書類の提示又は提出の要求に対し，正当な理由がなくこれに応じず，又は偽りの記載若しくは記録をした帳簿書類（その写しを含む。）を提示し，若しくは提出した場合，については30万円以下の罰金に処することとなっており，第8項の質問検査権の行使にあたっては「調査の必要性」が厳格に問われることになろう。税務行政手続の規定整備が続く中で，シークレットコンパラブルにより課税処分については，納税者が十分な検証を行うことができるよう制度改正が必要であろう[15]。

3　税務調査による課税処分と守秘義務～平成23年度国税通則法改正による理由附記の拡大

　平成23年度国税通則法改正により，国税に関する法律に基づく申請により求められた許認可等を拒否する処分又は不利益処分について，課税庁は行政手続法の規定に基づき理由を示すこととなった（改正国税通則法74条の14，附則41条）。個人の白色申告者に対する更正等に係る理由附記については，青色申告と同様の程度の理由附記は困難であるとの理由から，記帳・帳簿等保存義務の拡大と併せて実施することとしている。

　今回の理由附記規定の改正は，今後不服申立て等に影響を与えると考えられる。理由の不備は取消事由に該当することから，税務調査が慎重に行われることとなるが（そうすると調査期限が今より長くなるおそれがあるが），措置法66条の4第6項に基づく更正にあたっての理由附記については，これまで同様第8項との関係においてまったく蚊帳の外となるのか，調査結果の終了時の交付書面の内容等も含めて今後の改正の影響を見守る必要がある[16]。

---

(15)　金子宏『租税法（第17版）』480頁（弘文堂，2012）参照。シークレットコンパラブルに基づく課税処分への批判に対する対応策としてのインカメラ審理の導入等の検討について，居波邦泰「移転価格訴訟の現状と問題点」本庄・前掲書『移転価格税制執行の理論と実務』889頁参照。
(16)　改正前の規定についてであるが，青色申告者に対する更正については理由附記が求められていた（所得税法155条2項，法人税法130条2項）。理由附記を欠く処分は無効であり，その理由が不十分な場合は取消事由になる。後日裁決等により理由が附記されてもその違法は治癒されない（最高裁昭和47年12月5日判決・民集26巻10号1795頁等参照）。理由附記の程度については帳簿書類の記載自体を否認して更正をする場合において更正通知書に附記すべき理由としては，単に更正にかかる勘定科目とその金額を示すだけではなく，そのような更正をした根拠を帳簿記載以上に信憑力のある資料を摘示することによって具体的に明示することを要すると解されている（最高裁昭和60年4月23日判決・民集39巻3号850頁）。なお，理由附記は青色申告についてのみ要請されており，白色申告や加算税の賦課処分等にはそのような附記は要請されておらず，これまでは納税者はいかなる理由で処分されたのかすら知らされず，それを知るために異議申立をするという悲喜劇を演ぜさせられていた。

4 措置法66条の4第6項又は同条第8項の適用要件

　推定課税の発動要件としての書類等の範囲，独立企業間価格との関係やその程度が問題となる。事務運営指針2-5(4)では，推定規定又は同業者に対する質問検査規定の適用に当たっての留意事項を定めている。それによれば，「2-5　法人に対し措置法第66条の4第6項((推定規定))に規定する独立企業間価格を算定するために必要と認められる書類として財務省令で定めるもの又はこれらの写し(以下2-5において「第6項に規定する書類」という。)の提示又は提出を求めた場合において，当該法人が第6項に規定する書類を遅滞なく提示又は提出しなかったときには，同項又は同条第8項((同業者に対する質問検査規定))の規定を適用することができるのである」とするが，当該法人が第6項に規定する書類を遅滞なく提示又は提出しなかったときには，第6項の推定規定の発動に先立って，まず第8項の規定が適用されるべきである。

　事務運営指針2-5(1)では，「(1)　独立企業間価格を算定するために，第6項に規定する書類の提示又は提出を求める場合には，法人に対し，『当該書類が遅滞なく提示又は提出されないときには，措置法第66条の4第6項又は同条第8項の適用要件を満たす』旨を説明するとともに，当該説明を行った事実及びその後の法人からの提示又は提出の状況を記録する。」としているが，同指針の注記においては「(注)1　法人が独立企業間価格を算定している場合には，当該法人が当該算定に用いた書類に基づき独立企業間価格の算定ができるかどうかを検討し，当該書類以外の書類の提示又は提出を求める必要があるかどうかを判断する。」「(3)　法人から第6項に規定する書類に該当するものとして提示又は提出された書類を総合的に検討して独立企業間価格の算定ができるかどうかを判断するのであるが，当該判断の結果，当該書類に基づき独立企業間価格を算定することができず，かつ，措置法第66条の4第6項又は同条第8項の規定の適用がある場合には，当該法人に対しその理由を説明する。なお，当該書類を総合的に検討した結果，独立企業間価格の算定ができる場合には，措置法第66条の4第6項又は同条第8項の

規定の適用はないことに留意する。」としている。当該法人から第6項に規定する書類に該当するものとして提示又は提出された書類を総合的に検討して独立企業間価格の算定が困難であると判断した場合においても，さらに国税通則法74条の2に基づく質問検査権を行使して収集した資料等を用いても，当該書類に基づき独立企業間価格を算定することができない場合にはじめて，措置法66条の4第6項又は第8項の規定の適用があると解すべきである。

このような見解は，「課税当局は，第6項又は第8項を適用しようとする場合，法人の申告に係る『第一項に規定する独立企業間価格を算定するために必要と認められる帳簿書類又はその写しの提示又は提出』(第6項)を求めること〔と〕されていることから，第6項又は第8項を適用するに当たり，法人に対して，その申告に係る独立企業間価格の算定方法をはじめから無視して別の算定方法の適用を押し付けるようなことは予定されていないし，また，法人の申告に係る算定方法とは関係がないような帳簿書類等の提示・提出を求めるようなことも予定されていないと考えられる。(略)例えば，法人が基本三法を適用することができないので利益分割法を適用して申告していたにもかかわらず，課税当局が調査段階で基本三法の適用に必要であるとして，法人に対して競争相手である第三者(同業他者)が保存する帳簿書類等の提示・提出を求めるようなことは，申告調整型制度の趣旨に反することになる。」[17]といったように，移転価格税制が申告調整制度であることを前提に広く主張されているところである。

なお，課税当局が調査段階で措置法66条の4第8項の規定に基づき，国外関連取引の価格の妥当性等を調査するために必要であるとして，提示等を求めることができる書類等の範囲は，法人が申告段階で適用した算定方法に係るものに限定されないことに注意を要するとの見解[18]もあるが，法人の申告に係る算定方法とは関係がないような書類等の提示等を求めるようなこ

---

(17) 藤巻・前掲論文64〜65頁。
(18) 藤巻・前掲論文65頁。

とも予定されていないと考えられ、その他書類については国税通則法74条の2において許容されている反面先からの範囲内の書類等に限られることから、そのような書類等まで第8項の適用対象を広げることは問題といえよう。

さらに、税務当局が法人に対してその申告に係る独立企業間価格の算定に必要と認められる書類等の提示等を求めたが、その法人がそれらを遅滞なく提示等しなかった場合には、第6項又は第8項の要件が満たされるが、直ちに推定課税が許されるか否かについては検討が必要である。申告調整型制度のもとでは、法人が、質問検査権を行使することにより独立企業間価格の算定方法の選定や比較対象取引に係る資料情報の収集や分析等を行い、そのうえで、税務当局が調査段階で法人の選択した独立企業間価格に問題が存すると判断するときには当該選択した算定方法による独立企業間価格に関係する書類等の提示等を求め、その結果第6項の要件を充足する場合（要求後遅滞なく提示等されなかった場合）には推定課税をすることができ、又は第8項を適用しようとする場合、法人の申告に係る独立企業間価格の算定に必要と認められる書類等の提示等を求めることができるところ、税務当局においては推定課税の必要性において十分に独立企業間価格の算定方法の選定や比較対象取引に係る資料情報の収集や分析等を行ったことの説明は求められると解すべきであろう。

V 法人税の質問検査権の行使と措置法66条の4の関係

移転価格課税における税務調査は措置法66条の4による独立企業間価格の分析にあたり重要であるが、広く税務調査一般に係る問題がここでは共有される。

1 税務調査手続（課税処分の判断過程）と推定課税の手続

国税通則法24条でいう「調査」は行政調査（税務調査）として広範囲な活動を含んでいる（国税不服審判所平成19年12月19日裁決参照）。税務調査は、

①相手方の任意の協力を得て行う任意調査（純粋な税務調査），②行政上の制裁等により実効性が担保された間接強制調査（質問検査権の行使による税務調査），③実力行使により相手方の抵抗を排除して行う実力強制調査（国税犯則取締法による犯則調査）がある。措置法66条の4との関係で特に問題となるのが①②の税務調査であろう。そこではなによりも②の税務調査の裁量統制・法的統制が問題となろう。

最高裁昭和48年7月10日決定（刑集27巻7号1205頁）は，質問検査（行政調査）の範囲，程度，時期，場所等実定法上実施の細目については，特段の定めのないところ，質問検査の必要があり，かつ，これと相手方の私的利益との衡量において社会通念上相当な限度にとどまるかぎり，権限ある税務職員の合理的な選択に委ねられていると判示する。そこで，相手方の私的利益との衡量において社会通念上相当な限度を超える場合とはどのような場合かが問題となる。また，「暦年終了前または確定申告期間経過前といえども質問検査が法律上許されないものではなく，実施の日時場所の事前通知，調査の理由および必要性の個別的，具体的な告知のごときも，質問検査を行なううえの法律上一律の要件とされているものではない」という判示は，事前通知及び理由告知が必要とされる場合があることを示したものと解されるが，どのような場合かが問題となろう[19]。

なお，最高裁昭和47年11月23日判決（月報30巻1号151頁）は，所得税法に基づく調査には令状主義や供述拒否権が及ばないとされているところであるが，税務調査は実質上刑事責任追求のための資料の収集に直接結びつき作用を一般的に有しないものであるが，これに反して質問検査のやり方次第では告発等に結びつくことなどもあり，違法な質問・検査によって得た情報は証拠能力が排除されるか否かという問題があろう。

---

(19) 税務調査についての文献は多いが，包括的な研究として，占部裕典「税務行政」『現代行政法講座Ⅲ』（日本評論社・近刊）参照。

2　税務調査の過程と取りまとめ

　税務調査における税務職員（調査官）の裁量は，(1)調査の必要性，(2)調査の時期，(3)調査対象選択の合理性，(4)事前通知・調査理由の開示，(5)第三者の立会いの可否，(6)調査の手法，(7)反面調査の必要性や範囲の検討，(8)反面調査先への通知，(9)調査終了時のとりまとめ等において問題となる。これらも移転価格税制に係る税務調査（質問検査権の行使）において重要である。

(1)　調査の開始時期

　税務調査（質問検査権の行使）は租税債務が成立していなくとも，あるいは法定申告期限を経過していなくとも開始することができると解されている（前掲最高裁昭和48年7月10日決定）。現在の規定の租税債務確定手続の構造からして一定の国税徴収法に係る差押等のための調査を除き，法定申告期限が経過しないと調査はできないと解されよう。なお，国税通則法74条の2第1項にいう「納税義務がある者」とは，既に法定の課税要件が充たされて客観的に所得税の納税義務が成立し，いまだ最終的に適正な税額の納付を終了していない者のほか，当該課税年が開始して課税の基礎となるべき収入の発生があり，これによって将来終局的に納税義務を負担するにいたるべき者をもいい，「納税義務があると認められる者」とは，税務職員の判断によって，納税義務がある者に該当すると合理的に推認される者をいうと解すべきものである（前掲最高裁昭和48年7月10日決定）。

(2)　「調査について必要があるとき」の意義

　国税通則法74条の2（当該職員の所得税等に関する調査に係る質問検査権）第1項にいう「調査について必要があるとき」には，その調査の客観的な必要性には，過少申告の疑いが具体的かつ合理的に存する場合のみならず，そのような疑いが当初から存しない場合でも，課税の公平適正な運用を図るため，申告の適否すなわち申告の真実性，正確性を確認する必要性が存する場合も含むもの，すなわち「法人税に関する調査について必要があるとき」とは，相手方の事業形態等諸般の具体的事情にかんがみ，客観的な必要性があると判断される場合のことをいうと判示する（客観的必要説）とされている（前掲

最高裁48年7月10日決定，釧路地裁昭和63年3月29日判決・判タ674号85頁。東京地裁昭和48年4月17日・行政事件裁判例集24巻4・5号319頁は主観的な疑いで足りるとする)。最高裁昭和48年7月10日決定の枠組みは不動のものとして判例は推移してきている。しかし，それがどの程度のものを要求するかについては必ずしも明らかではないといえよう。調査をここ5年間一度も行っていないという理由で質問検査権を行使することができる否かについて，青色申告の承認を受けている者の場合には，帳簿書類を備え付け，記録，保存する義務があることから（法人税法126条1項等），青色申告者で税務署が長期間未接触である者については，調査の必要性の程度は未接触だけの理由では弱いものの，必要性自体は存在すると認めることができると判示する（広島高裁平成4年9月29日判決・税務訴訟資料192号696頁，横浜地裁平成13年12月12日判決・税務訴訟資料251号順号9033等参照）。

なお，質問検査における被調査者の義務について，質問検査権は，犯罪捜査のためではなく，被調査者の任意の協力を前提としているとはいえ，その非協力に対し所得税法上罰則があるから，被調査者には，質問検査に応ずる義務がある（京都地裁昭和59年4月26日判決・シュトイエル274号1頁）と解される。

(3) 反面調査の必要性

反面調査の要件，反面調査の範囲が問題となるところ，最高裁昭和48年7月10日決定は当該職員の合理的な裁量に委ねている。広義説（裁量説）と補完要件説の対立が存しよう。広義説によれば，青色申告に対する税務調査において，帳簿等を調査せずにただちに反面調査に及ぶことは許される。これに対して，補充説によれば納税義務者の税務調査を経た後になお調査の必要性があるときに限定されることになる。東京地裁昭和58年9月30日判決・行政事件裁判例集34巻9号1723頁等は，反面調査の補充性を否定する（東京高裁平成11年11月10日判決・税務訴訟資料245号201頁，福岡地裁平成12年5月26日判決・税務訴訟資料247号839頁，熊本地裁平成15年11月28日判決・民集59巻2号391頁等参照)。反面調査は，直ちに反面調査に及ぶことなく，

納税者における資料等では申告内容の適否を判断できない場合に限られると解すべきであろう。措置法66条の4第6項の前提としての質問検査権の行使は重要な意味がある。措置法66条の4第8項は，国税通則法における反面調査規定の補完規定であるといえよう。

3 調査の通知，必要性の告知・調査理由等の告知

事前通知の必要性については議論がわかれているが，①調査そのものが，財産権の侵害等，一般的には納税者の権利を侵害可能性を含んでいる以上，事前通知は必要とする見解，②通知は不要にして実体法的規制を厳格にする見解，③事前通知は不要だが，立入時における調査の目的・事項の告知は必要とする見解などが存する。最高裁昭和48年7月10日決定は，実施の日時場所の事前通知，調査の理由及び必要性の個別的，具体的な告知のごときも，質問検査を行ううえの法律上一律の要件とされているものではないと判示する（福岡地裁平成12年5月26日判決・税務訴訟資料247号839頁，宇都宮地裁平成10年3月19日判決・税務訴訟資料231号50頁，東京高裁平成10年12月25日判決等）が，事前通知・理由開示はいついかなる場合でも必要とされるわけではないが具体的事情によって必要とされる場合もあるという趣旨にも理解することができる。しかし，「質問検査の範囲，程度，時期，場所等実定法上特段の定めのない実施の細目については，右にいう質問検査の必要があり，かつ，これと相手方の私的利益との衡量において社会通念上相当な限度にとどまるかぎり，権限ある税務職員の合理的な選択に委ねられているもの」としていることから行政庁の裁量を広く認め，調査日時等の事前通知や調査理由等の告知を当然に必要とはされていないと解するほかはない。よって，現在では個別の法律の規定のないかぎり，調査の必要性と相手方の私的利益の衡量によって決するほかはない（後述の改正参照）。基本的には資料の改竄，隠匿のおそれ，緊急性の高さ，資料収集の効率性，私生活や営業活動への配慮，立入等に対する制裁の有無，程度を考慮することになろう。

4 調査の範囲と調査方法の選択

　質問検査の範囲，程度，時期，場所等実定法上特段の定めのない実施の細目については，客観的な必要性があり，かつ，これと相手方の私的利益との衡量において社会通念上相当な限度にとどまる限り，権限ある税務職員の合理的な選択に委ねられているものと解されている（前掲最高裁昭和48年7月10日決定，熊本地裁平成15年11月28日判決・民集59巻2号391頁，大阪高裁平成17年6月28日判決・税務訴訟資料255号順号10065等参照）。そこで税務職員の裁量行使について違法とすべき場合とは，調査の前提となる事実関係に誤認がある場合，調査の目的・動機に不正がある場合，信義則上で違法となりうる場合，平等原則違反の場合，比例原則違反の場合などが考えられる。比例原則違反を取り上げると(1)調査権限を行使するか否か，(2)どの程度調査をするか，(3)どのような調査手段を選択するか，である。(1)も比例原則はあてはまるが調査をしてみなければ規制権限を行使すべきか分からないことがあるので，この点での比例原則の拘束は弱い。調査について合理的な必要性があれば足りる。(2)については，比例原則が厳格に妥当するところであり，調査により収集される情報はその目的に照らして必要な程度ということになる。(3)については，いずれの手段をとるかにより相手方の被る負担も大きく，いずれの方法による方が納税者の負担が小さいかが衡量されなければならない。調査を行うために必要的合理性が認められない場合，調査目的に照らして調査の範囲が必要最小限を超えている場合，相手方の負担軽減が考慮されずに調査手段が選択された場合など，裁量を逸脱しているということができよう。

　また，質問検査権による税務調査と犯則調査との関係にも留意が必要である。税務職員が法人税等に関する調査のために行う質問検査権の行使を中心とする税務調査は，租税の公平かつ確実な賦課徴収という行政目的をもって，課税要件事実を認定し，課税処分を行うために認められた純然たる行政手続である。両者はその目的，手続等を異にしており，しかも質問検査権については，これに応じない者に対しては，罰則の適用をも伴うものであるから（法人税法162条2号等），かかる行政目的を逸脱して，同法所定の調査の場合

と全くその目的性格を異にする犯則調査のための手段として，若しくは犯罪捜査を有利に行おうとして質問検査権を行使し，調査に藉口して証拠資料を収集することは，憲法 35 条，38 条の法意に照らし，許されないものといわなければならない。なお，最高裁平成 16 年 1 月 20 日決定（刑集 58 巻 1 号 26 頁）は，上記質問又は検査の権限の行使に当たって，取得収集される証拠資料が後に犯則事件の証拠として利用されることが想定できたとしても，そのことによって直ちに，上記質問又は検査の権限が犯則事件の調査あるいは捜査のための手段として行使されたことにはならないというべきであるとして現実の利用に併せて判断している（高松高裁平成 16 年 1 月 15 日判決・月報 50 巻 10 号 3054 頁等参照）。一方，逆の場合，すなわち，更正処分及び青色申告承認取消処分を行うに当たり国税犯則取締法に基づく調査により収集された資料を利用することが許されるかについて，最高裁昭和 63 年 3 月 31 日判決（判時 1276 号 39 頁）は，収税官吏が犯則嫌疑者に対し国税犯則取締法に基づく調査を行った場合に，課税庁が右調査により収集された資料を右の者に対する課税処分及び青色申告承認の取消処分を行うために利用することは許されるものと解するのが相当であるとして，そのような利用を許容する。

　白色申告者との関係においては更正等にあたり推計課税が認められている（所得税法 156 条，法人税法 131 条）。ここでは，推計課税の「必要性」，推計課税の方法（推計課税の合理性）が問題となる[20]。推計課税は納税義務者が帳簿書類等を備え付けておらず，収入・支出の状況を直接処理によって明らかにすることができない等の一定の場合（大阪地裁昭和 52 年 7 月 26 日判決・行裁例集 28 巻 6・7 号 727 頁等参照）に限られると解すべきである。また，いかなる推計課税を行うかは税務署長等の自由裁量ではなく，合理的に行われなければならない（東京高裁平成 11 年 9 月 28 日判決・判時 1740 号 28 頁等参照）。推計課税の必要性，推計課税の合理性を欠く，推計課税は違法となる。青色申告者に対して青色申告の承認を取り消した上で，推計課税に基づく更正等を

---

[20] 推計課税と推定課税の類似性について，藤巻・前掲論文 83～84 頁参照。

行うこととなるが，青色申告の承認の取消理由（所得税法150条1項各号，法人税法127条1項各号）の有無，理由附記の程度等が問題となる（福岡高裁昭和52年9月29日判決・行裁例集28巻9号1029頁，最高裁昭和49年4月25日判決・民集28巻3号405頁参照）。

なお，質問検査の人的対象（相手方の範囲）であるが，旧所得税法234条1項にいう「納税義務がある者」とは，既に法定の課税要件が充たされて客観的に所得税の納税義務が成立し，いまだ最終的に適正な税額の納付を終了していない者のほか，当該課税年が開始して課税の基礎となるべき収入の発生があり，これによって将来終局的に納税義務を負担するにいたるべき者をもいい，「納税義務があると認められる者」とは，権限ある税務職員の判断によって，このような意味での納税義務がある者に該当すると合理的に推認される者をいうと解されている（最高裁昭和48年7月10日決定）。

5　国税通則法改正による税務調査と納税者の権利保障

平成23年度国税通則法改正により，法人税法・所得税法等の税務調査の根拠規定（質問検査権）が国税通則法に集約され，質問検査権に関する規定について，横断的に整備することとしている（改正国税通則法74条の2～74条の6）。そのうえで，下記の改正が行われた。

(1)　税務調査の事前通知

税務署長等は，税務職員に実地の調査において質問検査等を行わせる場合には，あらかじめ，納税義務者に対し，調査の開始日時・場所，調査の目的（例　○年分の所得税の申告内容の確認等），調査対象税目，課税期間，調査の対象となる帳簿書類その他の物件（例　法人税△△条に規定する帳簿書類），その他必要事項を通知することとする。ただし，税務署長等が違法又は不当な行為を容易にし，正確な課税標準等又は税額等の把握を困難にするおそれその他国税に関する調査の適正な遂行に支障を及ぼすおそれがあると認める場合には，これらの通知を要しない（改正国税通則法74条の9，74条の10）。当初の改正法案ではこの規定は書面による通知（事前通知）として導入が予定さ

れていたが，再度の法案改正で口頭による通知に改められた。なお，納税者に合理的な理由が存する場合には調査日時，場所の変更が可能である（適用については，附則39条）。

改正前においては，調査日時を口頭で原則通知（例外はある）「税務調査の際の事前通知について（事務運営指針）」（平成13年3月27日）に基づいて対応していたことから，課税庁は実質的な変化はないものと考えていると解される。しかし，法制度として導入された以上，課税処分等へ通知内容の範囲と程度等に係る手続違反がいかなる影響を及ぼすかは今後は慎重な判断が求められよう。

(2) 留置規定の導入

税務調査において提出された物件の留置制度が導入された。税務職員は，国税の調査について必要があるときは，当該調査において提出された物件を留め置くことができる（改正国税通則法74条の7。附則40条）。これまでは「預かり証」の交付というかたちで納税者の同意のもとで運用されていたものであるが，改正においては一方的な留置規定が置かれた。措置法66条の4第9項は，「国税庁の当該職員又は法人の納税地の所轄税務署若しくは所轄国税局の当該職員は，法人の国外関連取引に係る第一項に規定する独立企業間価格を算定するために必要があるときは，前項の規定に基づき提出された帳簿書類（その写しを含む。）を留め置くことができる。」と規定し，国税通則法のもとでは留置対象とならない第8項の規定に係る書類等の留置規定が置かれている。

(3) 税務調査の終了と取りまとめ

①申告是認通知

平成23年度の改正までは，税務調査において非違がない場合で帳簿の備付け，記録及び保存について指導すべき事項もない場合は適正な申告として認められ「調査結果についてのお知らせ」（書面）を送付することとしている（通達）。非違がない場合でも，上記の要件を満たさなければ，申告内容に誤りがない旨を税務調査終了時に口頭で通知することとなる。指摘事項や

指導事項があることが多く，そうした場合に税務署は「申告内容について無傷であるとはいえない」として，是認通知を出すことを否定している。納税者にとって，申告是認通知は必ずしも後の税務調査を停止するものではなく，また信義則も必ずしも付随するとは考えられていない（大阪地裁昭和42年5月30日判決・月報13巻9号1113頁等）。この通知にどの程度の法的拘束力をもたせるかは今後の立法を含めた問題である。

(4) **平成23年度税制改正による税務調査の終了手続の導入**

平成23年度税制改正により，調査終了の際の手続について，以下のような規定の整備を行った（改正国税通則法74条の11。附則39条）。

ア，税務署長等は，実地の調査を行った結果，更正決定等をすべきと認められない場合には，当該調査において質問検査等の相手方となった納税義務者に対し，その時点において更正決定等をすべきと認められない旨を書面により通知する。しかし，この通知にその後の再調査を遮断する効果はない（同条8項）。これはこれまでの申告是認通知に代わるものである。

イ，調査の結果，更正決定等をすべきと認める場合には，税務職員は，納税義務者に対し，調査結果の内容を説明するものとする（同条7項）。調査結果の内容を簡潔に記載した書面を交付する（同条2項）。

ウ，上記イの説明をする場合において，税務職員は，納税義務者に対し修正申告等を勧奨することができる。この場合において，当該調査結果に関し納税申告書を提出した場合には不服申立てをすることはできないが更正の請求をすることはできる旨を説明するとともに，その旨を記載した書面を交付しなければならない。納税義務者等の同意がある時には上記通知・交付（通知）は税務代理人に足してのみ行うことが可能である。勧奨による修正申告等，更正決定等が行われたときには調査終了の通知を行う（同条4項）。実地調査以外の調査については上記の適用はないが，納税義務者からの交付要求があれば交付することとしている（同条5項）。

なお，申告是認通知（終了通知）や修正申告等の勧奨が法制度化されるこ

ととなったが，納税者の権利保障にどの程度つながるものか疑問である。

Ⅵ 推定方法

1 推定による独立企業間価格

　課税当局は，推定にあたっては措置法66条の4第2項に規定する1号又は2号により掲げる下記の方法により算定した金額を独立企業間価格として更正又は決定する必要がある。
一　当該法人の当該国外関連取引に係る事業と同種の事業を営む法人で事業規模その他の事業の内容が類似するものの当該事業に係る売上総利益率又はこれに準ずる割合として政令で定める割合を基礎とした第二項第一号ロ若しくはハに掲げる方法又は同項第二号に定める方法（同項第一号ロ又はハに掲げる方法と同等の方法に限る。）
二　第二項第一号ニに規定する政令で定める方法又は同項第二号に定める方法（当該政令で定める方法と同等の方法に限る。）に類するものとして政令で定める方法

　すなわち，独立企業間価格とは，国外関連取引が次のア及びイに掲げる取引のいずれに該当するかに応じア及びイに定める方法により算定した金額をいう（2項）。
　　ア　棚卸資産の販売又は購入　次に掲げる方法（(エ) に掲げる方法は，(ア) から (ウ) までに掲げる方法を用いることができない場合に限り，用いることができる。）（1号）
　　(ア)　独立価格比準法（特殊の関係にない売手と買手が，国外関連取引に係る棚卸資産と同種の棚卸資産を当該国外関連取引と取引段階，取引数量その他が同様の状況の下で売買した取引の対価の額（当該同種の棚卸資産を当該国外関連取引と取引段階，取引数量その他に差異のある状況の下で売買した取引がある場合において，その差異により生ずる対価の額の差を調整できると

きは，その調整を行った後の対価の額を含む。）に相当する金額をもって当該国外関連取引の対価の額とする方法をいう。）（同号イ）

（イ）再販売価格基準法（国外関連取引に係る棚卸資産の買手が特殊の関係にない者に対して当該棚卸資産を販売した対価の額（以下「再販売価格」という。）から通常の利潤の額（当該再販売価格に政令で定める通常の利益率を乗じて計算した金額をいう。）を控除して計算した金額をもって当該国外関連取引の対価の額とする方法をいう。）（同号ロ）

（ウ）原価基準法（国外関連取引に係る棚卸資産の売手の購入，製造その他の行為による取得の原価の額に通常の利潤の額（当該原価の額に政令で定める通常の利益率を乗じて計算した金額をいう。）を加算して計算した金額をもって当該国外関連取引の対価の額とする方法をいう。）（同号ハ）

（エ）（ア）から（ウ）までに掲げる方法に準ずる方法その他政令で定める方法（同号ニ）

イ　アに掲げる取引以外の取引　次に掲げる方法（（イ）に掲げる方法は，（ア）に掲げる方法を用いることができない場合に限り，用いることができる。）（2号）

（ア）上記ア（ア）から（ウ）までに掲げる方法と同等の方法（同号イ）

（イ）上記ア（エ）に掲げる方法と同等の方法（同号ロ）

よって，税務当局が，法人にその各事業年度における国外関連取引に係る独立企業間価格を算定するために必要と認められる帳簿書類又はその写しの提示又は提出を求めた場合において，当該法人がこれらを遅滞なく提示し，又は提出しなかったときは，税務署長は，当該法人の当該国外関連取引に係る事業と同種の事業を営む法人で事業規模その他の事業の内容が類似するものの当該事業に係る売上総利益率又はこれに準ずる割合として政令で定める割合を基礎として上記ア（イ）若しくは（ウ）に掲げる方法又は上記イ（ア）に掲げるこれらの方法と同等の方法により算定した金額を当該独立企業間価格と推定して，当該法人の当該事業年度の所得の金額若しくは欠損金額又は解散による清算所得の金額につき法人税法2条43号に規定する更正

又は同条44号に規定する決定をすることができる（6項）(21)。

　1号に掲げる方法が用いることができない場合に，2号の方法は用いることができる。同種の事業を営む法人で事業内容が類似するものの利益率を用いる必要がある。同種の事業の範囲については，この制度の趣旨に照らしてケース・バイ・ケースで判断すべきであるが，同じ業種，すなわち同じ製造業というだけでは足らず，それを行う上で法人及び国外関係者の果たす機能，負担するリスクが同程度のものでなければならない。単に，問題となっている取引の対象資産と似かよった資産の卸売業者であるとか製造業者であるといったとらえ方では不十分であると解されよう。

　上記の1号の方法に関して，売上総利益率又はこれに準ずる割合とはどういうものかについて，措置法施行令39条の12第11項は，①売上総利益の額の総収入金額に対する割合，又は②売上総利益額の総原価の額に対する割合，と規定する。よって，①を用いる場合には再販売価格基準法により，②を用いる場合には原価基準法を用いて独立企業間価格を算定することになる。なお，上記の利益率を算定する場合に，原価及び費用の額をどの範囲まで含めるかが重要となるが，その範囲については，問題となっている事案との関係で決まってくる(22)。利益分割法又は取引単位営業利益法に類する方法に

---

(21) 藤巻・前掲論文81頁注28は，「第2項では，利益分割法は基本三法を用いることができない場合に適用されると規定しているが，法人と課税当局とではアクセス可能な資料の範囲が異なるので，基本三法を用いることができないかどうかは法人と課税当局とでは異なる。法人は，申告段階で比較対象取引に係る資料の不存在又は入手困難性から基本三法を用いることができなければ，利益分割法を適用することができる。一方，課税当局は，第9項の発動要件がいったん充足すれば，質問検査権を行使して基本三法の適用を検討することになる。それでは課税当局が基本三法の適用の検討段階に入ってから，法人が利益分割法の算定に必要な資料を遅れて提示・提出してきた場合はどのように取り扱うべきであろうか。「遅滞なく」とは，提示・提出の遅滞に正当な理由又は合理的な理由がある場合には許容されるという趣旨であるから（略），遅滞の理由に正当性・合理性が認められ，また，提示・提出された資料の内容が適当なものであれば，法人の希望する利益分割法の適用を認めてもよい場合があるのではないかと考えられる。」と述べる。

(22) 武田昌輔『DHC　法人税法コンメンタール』4977の6頁（第一法規・加除式）。

ついては，措置法施行令 39 条の 12 第 12 項が規定する。

2 措置法 66 条の 4 第 6 項の推定課税の基礎となる法人の営む事業の同種性及び事業内容の類似性の程度

(1) 東京地裁平成 23 年 12 月 1 日判決における「緩和された類似性」

本件は，原告がその国外関連者である U 社との間でしたパチスロメーカー向けコインホッパー用モーターの仕入取引（以下「本件取引」という。）に関し，山形税務署長が，租税特別措置法（改正・平成 16 年法律第 14 号）66 条の 4 第 1 項に規定する独立企業間価格を算定するために必要と認められる帳簿書類等が遅滞なく提示又は提出されなかったとして同条 7 項［現行第 6 項］により算定した価格を本件取引の独立企業間価格と推定して法人税についての更正処分等をしたのに対し，原告が，同項による推定の要件を欠き，推定された独立企業間価格は相当なものではなく，税務調査手続に重大な違法があったなどとして，本件各更正処分等の取消しを求めた事案である。原告は，U 社（売主）と原告（買主）との間の DC2464（FM116K3－L3 型）取引及び DC2463（FM36K－C9L）取引を検証対象取引とし，S 工業所と H 社との間の DC2465G2（FM116P－L1 型）取引を比較対象取引とする独立価格比準法による独立企業間価格の算定を再抗弁として主張した。本件取引に関しては，措置法 66 条の 4 第 7 項の推定課税を行う要件が満たされていることになるが，原告は，S 工業所と H 社との間の DC2465G2 の取引価格を用いて独立企業間価格を算定することができるのであり，この価格を本件取引に係る独立企業間価格として課税を行うべきであると主張している。

同判決は，措置法 66 条の 4 第 7 項については，「納税者側の書類の不提示，不提出という事情が存する場合に，独立企業間価格の立証責任を課税庁側ではなく納税者側に負わせることとする一種の立証責任の転換を定めた規定であると考えられ，同項に基づいて推定される金額は，同項所定の算定方法に従って算定された一応独立企業間価格と認められる金額であれば同項の趣旨に反するものではないと考えられること，同項の趣旨からは，同項による推

定課税が不可能又は著しく困難となる場合が多くなることは移転価格税制の制度の意義を没却することにつながりかねないことからすると，当該国外関連取引に関する事業と推定課税の基礎となる法人の営む事業との間で事業が同種であること（事業の同種性）及び事業規模その他の事業の内容が類似するものであること（事業内容の類似性）については，それほど高度で厳格なものは要求されていないと解するのが相当である。同項が「同種の事業」とか「事業の内容が類似するもの」という比較的幅があることを前提とした文言を用いているのもその趣旨と解される。納税者側は，独立企業間価格の算定のために必要な書類を提出すれば推定課税の適用を免れることができるし，仮に，何らかの事情で遅滞なくこれらの書類を提出できなかった場合でも，自ら適正な独立企業間価格を主張立証することにより，推定を破ることができることからすると，このように解することが，納税者側にとって過酷なものであって不当であるということはできない。」と判示する。

　当該国外関連取引に関する事業と推定課税の基礎となる法人の営む事業との間で事業が同種であること（事業の同種性）及び事業規模その他の事業の内容が類似するものであること（事業内容の類似性）については，それほど高度で厳格なものは要求されていないと解するのが相当であるとする点は，措置法66条の4第6項が推計課税規定ではなく，独立企業間価格の推定規定であることを考えると類似性の程度を緩やかに解することは問題であろう。

　また，原告は，推定課税の適法性を判断する場合にも独立企業原則が適用されると主張し，関連者間取引を主として行っている企業を同種事業類似法人とすることは許されないとする。しかし，同判決は，「租特法66条の4第7項及び租特令39条の12第11項には，その文言上，同種事業類似法人を選定する場合に関連者取引を行っている法人を除外すべきことは規定されていない。そして，租特法66条の4第7項の推定課税の制度の趣旨が前記2で説示したものであることからすれば，（略）推定課税の適用が認められる場合における独立企業間価格と推定される金額の算定については，同項所定の算定方法に反しない限り，その要件を厳格に解する必要は必ずしもないと

いうべきであり，同項の金額の算定に当たり，関連者取引を含んだ金額を基礎とすることが直ちに許されないものではないと解すべきである。」と判示する。さらに，原告は，租特法66条の4第7項と同条2項が，「独立企業間価格」という同一の文言を用いていることから，同条7項の独立企業間価格を算定する際に非関連者取引に基づくことが必要であると主張する。しかし，同判決は，「同項に規定する方法によって算定される金額は，独立企業間価格と推定されるべき金額にすぎないのであり，推定の前提となる事実である同種事業類似法人の売上総利益率等を用いて算定した金額は独立企業間価格そのものではないのであるから，独立企業間価格という文言が用いられているからといって，同項における同種事業類似法人の行う取引が非関連者取引でなければならないことが当然に導かれるものではない。」「原告は，租特法66条の4第7項は，同条2項1号ロ又はハに掲げる方法を用いることを定めているところ，同号ロ及びハは通常の利潤の額という文言を用い，この通常の利潤の額の算定方法を定める租特令39条の12第6項及び7項は，通常の利益率という文言を用い，非関連者間の独立企業間価格を算定することを明らかにしていると主張するが，租特法66条の4第7項は，同条2項1号ロ又はハに規定された通常の利潤の額に代えて同種事業類似法人の売上総利益率等を用いた上でこれらの規定に掲げられた方法を用いて推定の基礎となる金額を算定する旨を定める規定であると解すべきであり，通常の利潤の額を用いて推定の基礎となる金額を算定すべきものとしているのではないから，そのことを前提として，同項が非関連者間の独立企業間価格を算定することを予定しているとする原告の上記主張は，その前提を欠き，失当である。」と判示する[23]。

　第2項に規定する方法によって算定される金額は，独立企業間価格と推定されるべき金額にすぎないことから，算定した金額は独立企業間価格そのものである必要はなく，同項における同種事業類似法人の行う取引が非関連者取引でなければならないことが当然に導かれるものではないとする解釈は，措置法66条の4第6項・8項に基づいて比較対象法人により独立企業間価

格を算定するという法的構造からは問題であろう[24]。

---

(23) 国税不服審判所平18年9月4日裁決（裁決事例集72号424頁）において，請求人は，独立企業間価格の推定方法について，「原処分庁が選定した比較対象法人は，我が国の親会社と国外関連取引を行っている法人であり，独立企業間価格で取引されているという保証はないので，独立企業間価格算定の基礎に用いるのは不適切である。そもそも，移転価格税制の趣旨からみて，関係会社間の取引価格は独立企業間価格ではないことから，関係会社間の取引価格に基づいて独立企業間価格を推定したことは矛盾している。」と主張している。同審判所は，本件国外関連取引がF社と請求人との間のモーターの売買取引であるという観点から，本件各更正処分における比較対象法人は，いずれも本件国外関連取引の対象資産と同様のモーターを販売している業者が選定されており，F社と同種の事業を営む法人と認められ，また比較対象法人は，その事業規模，取引段階及び取引形態においても本件国外関連取引と同様と認められ，事業規模その他の事業の内容が類似したものが選定されていると認められる，(2)本件各更正処分においては，措置法第66条の4第7項［現行第6項］を適用し，比較対象とした事業に係る売上総利益の額の総原価の額に対する割合を基礎として原価基準法の方法により算定した金額を独立企業間価格とし，請求人がF社に支払う対価の額が独立企業間価格を超えるとして，国外移転所得金額を算出していると認められる，ことから，本件各更正処分における比較対象法人の選定及び本件国外関連取引に係る独立企業間価格の算定方法には，合理性があると認められると判断する。
　なお，請求人は，原処分庁が選定した比較対象法人は，在庫リスク，短納期対応等を負わない商社であり，かつ，関連者に販売又は関連者から仕入れるという非常に限定された機能及びリスクしか負っていないので比較可能性がない旨主張しているところであるが，同審判所は，(1)請求人が主張するF社の短納期対策及び品質管理機能について，①請求人からF社の具体的指示内容についての資料の提出及び説明がないこと，並びに②F社との価格算定に関する資料の提出もなく，具体的に，どの程度のリスクを負っているかは不明であり，請求人の主張は採用できない，(2)請求人は，①比較対象法人の業態が異なることから，比較可能性がないこと，及び②比較対象法人は，日本の親会社と国外関連者間取引を行っている法人であり，移転価格税制の趣旨から判断して，関係会社間の取引価格は独立企業間価格ではないので，関係会社間取引価格に基づいて独立企業間価格を推定することは矛盾している旨主張するが，同審判所は，原処分庁が行った比較対象法人の選定には合理性があると認められ，推定規定の適用に当たって，措置法施行令第39条の12第11項では，独立企業間価格の算定方法を定めた原価基準法に係る同条第7項のように，非関連者間取引で構成されなければならないとの要件はなく，また，独立企業間価格の算定の基礎となる比較対象法人の通常の利益率の算出においても不合理な点は認められないことから，請求人の主張には理由がない，と判断している。

(24) 赤松晃『国際課税の実務と理論（第2版）』371頁（税務研究会出版・2009）。

(2) 原告が主張する比較対象取引の取引価格を用いて独立企業間価格を算定することの可否

本件において，原告（X会社）は，本件比較対象取引の取引価格を用いて独立価格比準法により独立企業間価格を算定することができると主張するが，本件取引は，一次卸業者の二次卸業者に対する売買取引であるのに対し，本件比較対象取引は，三次卸業者が当該製品を加工して新たな部品を製造する業者に対して販売する取引であるから，両者は取引段階を異にする取引であることになり，したがって，本件比較対象取引の取引価格を用いて，本件取引の独立企業間価格を算定することはできないというべきであると判示する。

独立価格比準法について定める，措置法66条の4第2項1号イの規定の趣旨について，同判決は，措置法66条の4第2項1号イが，国外関連取引が棚卸資産の販売又は購入に該当する場合の独立企業間価格の算定方法の一つである独立価格比準法について，国外関連取引に係る棚卸資産と同種の棚卸資産を「当該国外関連取引と取引段階が同様の状況の下で」売買した取引の対価の額に相当する金額をもって当該国外関連取引の対価の額とする方法と定めたのは，一般に，棚卸資産を売買した取引の対価の額は，卸売段階から小売段階に進むに従って各事業者の経費や利潤に相当する金額が累積することにより上昇するので，国外関連取引に係る棚卸資産と同種の棚卸資産を売買した取引の対価の額に相当する金額をもって当該国外関連取引の対価の額とするためには，同種の棚卸資産を売買した取引が当該国外関連取引と取引段階が同様の状況の下で行われたものであることを必要とするからである」としたうえで，納税者が主張する比較対象取引は，取引段階を異にし，それによる差異を調整できないため，その取引価格を用いて独立企業間価格を算定することはできないと判示する。すなわち，当該同種の棚卸資産を売買した取引が当該国外関連取引と取引段階に差異のある状況のもとで行われたものであるとしても，その差異により生ずる対価の額の差を調整することができるときは，その調整を行った後の対価の額に相当する金額をもって当該国外関連取引の対価の額とすることができるものである（措置法66条の4

第2項1号イ括弧書）が，本件においては，一次卸業者及び二次卸業者である原告の経費や利潤に相当する金額をにわかに認めることはできないことなどからすれば，同イ括弧書の差異調整をすることができる取引であるとは解されず，本件比較対象取引の対価の額に相当する金額をもって当該国外関連取引の対価の額とすることはできないというべきであると判示している[25]。

　各算定方法の要件に基づき，資産等の種類，取引段階，取引数量，契約条件，当事者の果たす機能，リスク，無形資産，事業戦略，市場の状況など，比較可能性の判断要素ごとに，個々の状況に応じた取引に関する詳細な分析，機能分析など，厳格な事実認定がなされており，訴訟において求められる比較可能性の程度は高いものと考えられている[26]。よって，納税者においては，検証対象となる国外関連取引を詳しく分析した上，的確に算定手法を選択し，比較対象候補となる個々の取引の状況に応じ，その算定手法における比較可能性の決定要素の一つ一つの類似性について，算定手法の指標となる価格又は利益率に影響を与える差異があるかどうかを分析し，比較可能性の判断を行う必要があるといえよう[27]。

---

(25) その他，比較対象取引の適否等に係る裁判例の検討については，小島俊朗「日本における移転価格紛争の現状と問題点」本庄・前掲書『移転価格税制執行の理論と実務』509頁以下参照。
(26) 田中俊久「移転価格課税における比較可能性の要件について」税務大学校論叢71号204頁以下（2011）。田中論文においては，最近の裁判事例等の検討から(1)移転価格課税における比較対象取引は，商品市場や金融市場等で市場価格が形成される取引も対象となり，取引単位は，採用される算定手法や取引実態に応じまとめて評価するのが合理的な場合には1つの取引単位とされ，独立企業間価格「幅」については，一義的に決まるが，同等に類似性が高い場合には幅の概念が採用される余地がある，(2)比較可能性に関する適性性は，個々の状況に応じて選択される独立企業間価格の算定方法に応じた比較可能性の決定要素に類似性があり，その算定方法の指標となる価格又は利益率に影響を及ぼす差異がない，又は差異があっても調整できる場合に充足される，(3)差異の調整の要否については，「対価の額の差を生じさせるものすべてを含むものとは解すべきでなく，その差異が価格に与える影響が客観的に明らかな場合」，あるいは，「通常の利益率の算定に重大な影響を与えないものであるか，又は，そのような差異による重大な影響を排除するために，相当程度正確な調整を行うことができるもの」とされていると述べる。

おわりに～推定課税規定の効果

　推定課税の制度が，措置法66条の4第6項に基づいて計算された価格を独立企業間価格と推定するものであることからして，納税者側が推定された金額と異なる金額が適正な独立企業間価格であることを立証すれば，推定は破られ，第6項に基づいて算定された金額を独立企業間価格と推定することは許されないこととなる。しかし，法律に定められた推定を破るという法律効果が生ずるものであることからして，納税者側が主張する金額が適正な独立企業間価格であることの立証責任は，納税者側が負うと解するのが相当であり，納税者側は，その主張する金額が，同条2項に定める方法に従って計算された適正な独立企業間価格であることを立証する必要がある。

　すなわち，税務署長が措置法66条の4第6項に基づいて更正処分等を行った場合，その処分に不服のある納税者としては，推定課税が行われる要件が満たされていないにもかかわらず推定課税が行われたことや推定課税の方法（同種事業類似法人の選定方法等）が違法であること等を主張して当該更正処分の適法性を争うか[28]（この場合には，更正処分の適法性については被告に主張立証責任がある。），当該国外関連取引に係る適正な独立企業間価格を自ら主張立証して，同項の推定を破るかのいずれかの方法を採ることが考えられる。

　推定課税を行う要件が満たされた場合，推定課税の制度が，措置法66条の4第6項に基づいて計算された価格を独立企業間価格と推定するものであることからして，納税者側が推定された金額と異なる金額が適正な独立企業間価格であることを立証すれば，推定は破られ，同項に基づいて算定された金額を独立企業間価格と推定することは許されないこととなるが，法律に定められた推定を破るという法律効果が生ずるものであることからして，納税者側が主張する金額が適正な独立企業間価格であることの立証責任は，納税

---

(27)　田中・前掲論文276頁以下参照。

者側が負うと解するのが相当であり,納税者側は,その主張する金額が同条2項に定める方法に従って計算された適正な独立企業間価格であることを立証する必要がある(東京地裁平成23年12月1日判決)[29]。

(28) 違法な調査自体がなされた場合,相手方の作為義務を前提とした義務賦課型の調査は行政行為として,取消訴訟の対象になるという見解もあるが取消訴訟の処分性についてのハードルは高いといえよう。そこでまず違法な調査については国家賠償請求訴訟を提起することが考えられる(国税調査官が相手方の不在を確認するため店舗内部に無断で立ち入った行為が必要性を欠くものとして,精神的苦痛について国家賠償責任を認めた事例などがある(京都地裁昭和59年3月22日判決・判タ527号147頁))。最高裁平成5年3月11日判決(民集47巻4号2863頁)は,税務署長のする所得税の過大更正と国家賠償法1条の違法性について,「税務署長のする所得税の更正は,所得金額を過大に認定していたとしても,そのことから直ちに国家賠償法1条1項にいう違法があったとの評価を受けるものではなく,税務署長が資料を収集し,これに基づき課税要件事実を認定,判断する上において,職務上通常尽くすべき注意義務を尽くすことなく漫然と更正をしたと認め得るような事情がある場合に限り,右の評価を受けるものと解するのが相当である」と判示する。いわゆる違法性二元論に拠っている。また,後続の行政行為の取消訴訟において行政調査の違法性を主張できるかであるが,行政調査の瑕疵と行政処分の瑕疵との関係については,①行政調査の違法と税務処分の違法とを峻別する見解,②行政調査の違法と税務処分の違法とを一応区別するが,行政調査の違法性が公序良俗に違反する程度までに至るときには違法となる(大阪高裁平成2・4・11判決・判タ730号90頁)とする見解,行政調査を行政行為と切り離すが重大な違法性を有する調査によってえられた資料は処分の資料として用いることができない(東京地裁昭和61・3・31判時1190号15頁)とする見解などが存する。総額主義の立場から一定の手続的違法に配慮する②の見解が通説であるが,課税処分が違法と判断されたものは存しない(東京地裁昭和48年8月8日判決・行裁例集24巻8・9号763頁,大阪地裁昭和59年11月30日判決・行裁例集35巻11号1906頁,広島高裁平成4年9月29日判決・税務訴訟資料192号696頁,東京高裁平成18年3月29日判決・税務訴訟資料256号順号10356参照)。見解の対立は,課税処分の訴訟物,訴訟における審理のあり方をどのように解するかに由来するものであるといえる。通説的な見解によると課税処分の当否は処分の前提としてどれだけ調査が尽くされたかではなく,調査の結果である課税標準,税額等が客観的なそれに一致するかであるということである。そうすると,処分当時の調査資料では当該処分は適法ではないが,その後の調査によってみれば調査の内容が適法であるということは許容されることになる。税務調査手続の違法については,納税者の権利保護視点が軽視されてきたことは否定できない。国庫主義的な視点から税務行政手続は構築されてきた。税務調査手続の法制化とともに,税務調査の実体法的コントロールが必要である。

措置法66条の4第1項は，法人が国外関連者と取引を行った場合に，当該取引について対価が独立企業間価格に満たないときには独立企業間価格で申告調整をすることを求めている。これに対して，第6項は法人がその選択した方法により算定した価格か独立企業間価格とはいえず，課税当局が当該法人に当該価格が独立企業間価格を算定するための書類等の提示等を求めたにもかかわらず，提示等をしない場合には第6項で規定する方法で算定した金額を独立企業間価格と推定するものである。独立企業間価格幅の取扱いが明確になったことにより，国外関連取引がレンジの中に入っていれば，移転価格課税を受けるリスクを抑えることができるが，レンジの中に入っていることの事実は，調査対象法人が移転価格調査の際に，所定の移転価格文書（措法66の4⑥）を提示・提出して明らかにすることになる。また，納税者は，当該国外関連取引に係る適正な独立企業間価格を自ら主張立証して推定をくつがえすことができるが，今後は，独立企業間価格に一定の幅（レンジ）があることを前提とするのであるから，いかなる方法で独立企業間価格を算定したかというよりもその金額がレンジ内にあることを主張立証すれば足りるということになろう。ベストメソッドルールや独立企業間価格においてレンジが認められたことにより，納税者におけるこれまでの主張立証のあり方はこれまでとは異なってくるものといえよう。

---

(29) 松山地裁平成16年4月14日判決（訴務月報51巻9号2395頁）は，「課税庁が，独立価格比準法，再販売価格基準法，原価基準法のいずれの方法を採るべきかについては，何らの規定がなく，課税庁の判断に委ねられているところである。」「しかも，本件では，原告から，独立企業間価格を算定するにつき，独立価格比準法を用いるよりも，上記の〔1〕ないし〔3〕の方法（引用注：再販売価格基準法，原価基準法，その他の方法）によることが，より適切であり，優れているとの主張，立証もされていないから，被告が，本件各取引に係る独立企業間価格を算定について，独立価格比準法を採用したこと自体には，特に，問題もない。」と判示している。

移転価格税制の研究

第7章 移転価格課税に係る紛争の処理
－租税条約に基づく相互協議における仲裁手続を中心に－

駒澤大学准教授・税理士 赤松 晃

I はじめに

　1986（昭和61）年に導入された移転価格税制（措法66の4）は，法人（内国法人又は外国法人の日本支店）が海外にある親会社又は子会社等の関係会社（国外関連者）と取引（国外関連取引）を行うに当たって，独立の第三者との間で成立したであろう取引価格（独立企業間価格：Arm's Length Price）と異なる価格を用いたことにより所得が減少している場合，その取引価格を独立企業間価格に引き直して日本における課税所得を再計算する制度である[1]。

　例えば，日本の会社が外国の関係会社に対して独立企業間価格と比べて低い価格で製品を輸出している場合は，その分だけ日本の会社の所得が低く，外国の関係会社の所得が増大する。日本の会社が外国の関係会社から製品を独立企業間価格と比べて高い価格で輸入する場合は，その分だけ日本の会社の所得が低く，外国の関係会社の所得が増大する。このように国外関連取引

---

(1) 移転価格税制の制度については，例えば，赤松晃『国際課税の実務と理論－グローバル・エコノミーと租税法』（税務研究会出版局，第3版，2011年）「第6章移転価格税制」336～434頁参照。日本における移転価格税制の導入の経緯とその発展について，赤松晃「国際課税分野での立法」金子宏編『租税法の発展』（有斐閣，2010年）124～126, 132頁参照。

に係る価格に起因して過少申告となっている日本の会社に対して，独立企業間価格に基づいて所得を再計算し増額更正するというのが移転価格税制である[2]。外国の会社は関係会社間の取引価格に基づいて既にその所在地国の税務当局に対して所得を申告し納税しているのであるから，日本の会社の所得を増額する日本の税務当局による課税処分がなされた段階で，一の取引に関して国際二重課税の状態が生ずる。

かかる国際二重課税を排除するには，国内法に基づく救済手段である不服申立前置主義（通法115①）による取消訴訟（行訴3②）[3]と当該国外関連取引が日本との租税条約締結国等との取引である場合には租税条約に定める権限のある当局による相互協議による救済がある。相互協議の場合は，国外関連取引が独立企業原則によることを定めるOECDモデル租税条約9条（特殊関連企業）に従った所得の国家配分について両締約国の合意が成立すれば，日本での課税が相当とされた追加所得金額に対応する所得金額が相手国で減額（対応的調整）[4]され，国際二重課税の状態から救済される（もっとも，国家間における所得の配分に関する調整の仕組みであり税額の調整ではないので，法人税の税率の高い日本の税務当局による移転価格課税について相互協議が成立し条約相手国

---

(2) 移転価格税制の対象となる国外関連取引は，棚卸資産の販売取引，無形資産の使用の許諾取引，金銭の貸借取引，役務提供取引など独立企業であれば対価を得て行ったであろう取引（有償性取引）がすべて対象となる。従って，国外関連者に対する金銭及び金銭以外の資産の贈与並びに経済的利益の供与は寄附金課税の対象となる（措法66の4③による法法37）。

(3) 不服申立て及び訴訟の全般について水野忠恒『租税法』（有斐閣，第5版，2011年）110～130頁参照。

(4) 対応的調整（Corresponding adjustment）とは，二国間による利益の配分を一貫したものとするため，当初の課税国の税務当局によって行われた第一次調整に対応して，他方の国の関連者の租税債務に対してその国の税務当局により行われる調整と定義されている（OECD Transfer Pricing Guidelines for Multinational Enterprises and Tax Administrations (July 2010, OECD) at 25. 日本語訳として『OECD移転価格ガイドライン『多国籍企業と税務当局のための移転価格算定方法に関する指針』2010年版』（日本租税研究協会，2011年）9頁（用語集））。

による対応的調整を受けても，日本と相手国との税率差は納税者にとって追加的負担となる）。しかしながら，国内救済手続の場合は原処分が完全に取り消されない限り国際二重課税は救済されない（相互協議を実施せずに相手国において対応的調整に相当する所得の減額を受けることは一般に期待できない）。

　本稿では，移転価格課税に起因する「紛争の処理」について，主として租税条約に基づく権限のある当局による相互協議，なかんずく 21 世紀に入り導入される傾向[5]にある相互協議の一部としての仲裁手続を中心に検討する。相互協議の実務に関する説明の目的上，「紛争の予防」として重要な意義を有する相互協議を伴う事前確認についても，その範囲で言及する（事前確認制度の論考は，谷口勢津夫教授による「事前確認制度」を参照されたい）。

II　移転価格税制に係る紛争の処理に関する制度の枠組み

1　国内救済手続と租税条約に定める相互協議

　日本の移転価格税制の納税義務者は法人であり，国外関連取引を対象とし，独立企業間価格と異なる価格の設定により所得が国外関連者に移転しているとみなされるときに移転価格課税処分がなされる。前述のとおり，国外関連取引に係る国外関連者の所在地国と日本との間に租税条約が締結されている場合には，国内救済手続とは別に，租税条約に定める両締約国の権限のある当局による相互協議の申立てを当該条約に定める期間制限内にすることができる[6]。相互協議とは，納税者が租税条約の規定に適合しない課税を受け，又は受けると認められる場合において，その条約に適合しない課税を解決するために，条約締結国の税務当局間が外交チャネルによらず直接に交渉する手続をいう（OECD モデル租税条約 25 条 4）。日本が締結している 54 の租税条約（適用対象国・地域は 65 か国）（平成 25 年 4 月末現在）すべてに，相互協議に

---

(5)　金子宏『租税法』（弘文堂，第 18 版，2013 年）489 頁。
(6)　相互協議手続の概要については，赤松・前掲注（1）193〜198 頁参照。

関する規定が置かれている。相互協議手続については，平成23年8月29日付け一部改正の平成13年6月25日官協1-39ほか7課共同「相互協議の手続について（事務運営指針）」（相互協議事務運営指針）が移転価格課税を含む条約に適合しない課税の解決のための相互協議手続を定める[7]。

租税条約に定める相互協議を国内救済手続に優先させる場合であっても，相互協議は権限のある当局による合意努力義務規定という限界があることから（本稿で検討するように条約に強制仲裁手続が定められていても仲裁に適しないとの相互協議による合意があり得る），相互協議による解決が得られない場合に備えて，実務上は，更正処分の通知を受けた日の翌日から2か月以内という期間制限内に異議申立て（又は審査請求[8]）をするとともに相互協議優先のお願い（嘆願書）を提出することで，国内救済手続の権利を留保している。

2 移転価格課税の状況と相互協議の申立ての状況

国税庁資料「法人税の課税事績について（調査課所管法人）」及び「『相互協議の状況』について」によれば，日本の移転価格税制に基づく課税の状況及び相互協議の申立ての状況は，図表1及び2のとおりである。

移転価格課税に係る公表されている裁判例として，管見する限りでは，①経営指導料事件（東京地裁平成12年2月3日判決），②今治造船事件（松山地裁平成16年4月14日判決，高松高裁平成18年10月13日判決），③関係会社借入利息事件（東京地裁平成18年10月26日判決），④アドビ・システムズ事件（東京地裁平成19年12月7日判決，東京高裁平成20年10月30日判決），⑤電子部品事

---

(7) 平成23（2011）年度税制改正において，国税庁長官に対する仲裁の要請書の記載事項が定められ（実特規12③④），併せて，相互協議事務運営指針は仲裁に関する国内手続を第5仲裁36～44として定めた。主たる規定として，相互協議開始日（相互協議事務運営指針37），仲裁に係る事前相談（相互協議事務運営指針40），仲裁の要請の手続（相互協議事務運営指針41），仲裁の要請を行った者等への通知（相互協議事務運営指針42）などがある。

(8) 国税不服審判所における相互協議を優先する実務の取扱いについては，小島俊朗「移転価格課税における国内的救済手続と国際的救済手続」本庄資編著『移転価格税制執行の理論と実務』（大蔵財務協会，2010年）861頁参照。

件（大阪地裁平成 20 年 7 月 11 日判決，大阪高裁平成 22 年 1 月 27 日判決），⑥国外関連者に対する寄附金課税事件（東京地裁平成 21 年 7 月 29 日判決），⑦推計課税事件（東京地裁平成 23 年 12 月 1 日判決）及び⑧寄与度利益分割法事件（東京地裁平成 24 年 4 月 27 日判決）の 8 つの事件がある[9]。

図表 1：移転価格課税の状況

事務年度	平成 17 (2005)	平成 18 (2006)	平成 19 (2007)	平成 20 (2008)	平成 21 (2009)	平成 22 (2010)	平成 23 (2011)
処理件数（件）	119	101	133	134	100	146	182
課税所得金額（億円）	2,836	1,051	1,696	286	687	698	837

（注）「事務年度」とは 7 月 1 日から翌年 6 月 30 日をいう（以下同じ）。
（出典）国税庁「法人税の課税事績について（調査課所管法人）」から作成。

図表 2：相互協議の申立ての状況

事務年度		平成 17 (2005)	平成 18 (2006)	平成 19 (2007)	平成 20 (2008)	平成 21 (2009)	平成 22 (2010)	平成 23 (2011)
相互協議の発生件数（件）	移転価格課税	27	35	31	30	27	14	21
	事前確認	92	105	113	130	149	135	112
	その他	10	14	9	14	7	8	10
	計	129	154	153	174	183	157	143

（注）1　「発生件数」は，納税者からの相互協議申立て又は相手国税務当局からの相互協議の申入れがあった件数を示す。
　　　2　「その他」欄には，恒久的施設（PE）に関する事案や，源泉所得税に関する事案などが含まれる。
（出典）国税庁「『相互協議の状況』について」から作成。

[9] 既往の裁判例はいずれも，2010 年 OECD 移転価格ガイドラインに基づく平成 23（2011）年度税制改正前の法律に係るものである。判決例の分析と移転価格課税実務の動向に関して，例えば，赤松・前掲注 (1) 404～407 頁参照。

3 紛争解決の方法としての租税条約に定める相互協議の意義

上記「図表1:移転価格課税の状況」が件数であるのに対して,上述の訴訟事件数は法人数であるから,単純に比較はできないものの,税務訴訟は,①国外関連者の所在地国と日本との間で租税条約が締結されていない場合,②国外関連者の所在地国と日本との間で租税条約が締結されていても相互協議が機能しておらず実効性が期待できないと評価される場合,あるいは,③事実認定が主たる争点であるため相互協議における合意の可能性が期待し難い場合に,長期間にわたりかつ高額に上るとされる訴訟に要する費用と勝訴の蓋然性とのバランスに基づき選択されるため,制限的となっていると思われる。

移転価格課税は本質的に国家間の所得の配分の問題(OECD移転価格ガイドライン序文パラグラフ12)であるから,租税条約に定める独立企業原則(OECDモデル租税条約9)に基づき,相互協議(OECDモデル租税条約25)による対応的調整を得ることが納税者にとって実効性ある紛争解決となる。

移転価格課税に係る紛争の論点としては,取引単位の決定,比較対象取引の選定,最も適切な独立企業間価格の算定方法の決定,差異調整の計算などがあるが,紛争の中心的課題は,もともと幅のある概念[10]である独立企業原則の適用の妥当性という評価の問題である。移転価格課税処分における独立企業間価格幅(レンジ)が争点の場合,行政庁の自己統制機能の観点から行政処分の違法性だけでなく妥当性をも審査する不服申立て手続はなじむであろうが,違法性を争う取消訴訟は納税者にとって紛争解決のための最後の手段と位置づけられ[11],可能な限り租税条約に定める相互協議による紛争解決が指向されていることが伺える。他方で,上記図表1及び2は,移転価格課税事案のうちの多くが,国内救済手続及び租税条約に定める相互協議のいずれの救済をも求めていない実態も示唆している。換言すれば,納税者である企業は,移転価格課税により生ずる国際二重課税が,その経済的負担の

---

(10) 金子宏「移転価格税制の法理論的検討―わが国の制度を素材として―」芦部信喜先生古希祝賀『現代立憲主義の展開(下)』(有斐閣,1993年)465頁参照。

限度を超えるときに，相互協議又は国内救済手続による救済を求めていると解されるのである。

前掲「図表2：相互協議の申立ての状況」及び後掲「図表3：相互協議の処理件数」が示す注目すべき実務の動向は，移転価格課税処分が経営に及ぼす影響の大きさを考慮して，将来事業年度の予想可能性と法的安定性を確保するため相互協議を伴う事前確認の件数が急増したものの，最近では頭打ちの傾向が認められることである（後述Ⅲ.5参照）。

4　租税条約に定める相互協議の基盤整備としての国内法の改正

前述のとおり移転価格課税処分は国内法の適用でありながら，租税条約に定める両締約国の権限のある当局による相互協議により国家間の所得の配分の問題として二重課税が解消されるという紛争解決が予定されている（租税条約が締結されていない国等に所在する国外関連者に係る移転価格課税処分は相互協議による救済はなく，国内救済手続によることになる）。この点に関して，日本の移転価格税制に係る執行方針は，基本方針として「移転価格税制に基づく課税により生じた国際的な二重課税の解決には，移転価格に関する各国税務当局による共通の認識が重要であることから，調査又は事前確認審査に当たっては，必要に応じOECD移転価格ガイドラインを参考にし，適切な執行に努める」（移転価格事務運営指針1-2(3)）としている。そこで，OECD移転価格ガイドラインの国内法への受容を特徴とする近年の改正[12]を受けた現行の法令・法令解釈通達・事務運営指針の特徴等を確認しておくことが有益で

---

(11) 角田伸広（国税庁相互協議室長や国税庁国際業務課長（執筆当時）を歴任）「国際的課税紛争の国内裁判所による解決とその限界－移転価格税制における独立企業間価格立証の困難性－」本庄資編著『国際課税の理論と実務　73の重要課題』（大蔵財務協会，2011年）1069頁，同「移転価格課税紛争解決手段に関するわが国の選択肢－国内争訟及び相互協議での紛争解決上の論点－」本庄資編著『移転価格税制執行の理論と実務』（大蔵財務協会，2010年）895頁参照。

ある。

　具体的には，最も適切な方法による独立企業間価格の算定（措法66の4②），独立企業間価格幅（レンジ）の取扱いの明確化（措通66の4（3）-4，移転価格事務運営指針3-5），独立企業間価格の算定に係る利益指標にベリー比を導入（措令39の12⑧四五），推定課税規定の運用の明確化と移転価格文書の作成（措法66の4⑥，措規22の10，移転価格事務運営指針2-5），相互協議係属中の納税の猶予・延滞税の免除（措法66の4の2①②⑦，通法35②二，37①）[13]が挙げられる。租税条約に基づく両締約国の権限のある当局による相互協議は，OECD移転価格ガイドラインを参考にして行われるから，これらの改正は基盤整備と位置づけられる。

　日本の移転価格税制の特徴として，更正決定及び更正の請求の期間制限（6年）（措法66の4⑰），国税の徴収権の消滅時効（6年）（措法66の4⑱），比較対象企業に対する質問検査権（措法66の4⑧⑨），国外関連者に対する寄附金の全額損金不算入（措法66の4⑬）を挙げることができる。

　法令解釈通達として平成24年9月12日付け一部改正の昭和50年2月14日直法2-2（例規）「租税特別措置法関係通達（法人税編）の制定について」「第11章国外関連者との取引に係る課税の特例等」があり，執行通達として平成23年10月27日付け一部改正の平成13年6月1日査調7-1ほか3課共同「移転価格事務運営要領の制定について（事務運営指針）」（移転価格事務運営指針）が，調査の方針，独立企業間価格の算定等における留意点，国外所得移転金額等の取扱い，事前確認手続などを定め，別冊として「移転価格税制の適用に当たっての参考事例集」（別冊「参考事例集」）が添付されている

---

(12)　赤松・前掲注（1）337～339頁。最新の移転価格調査の状況については，赤松晃「日本企業の国際展開のダイナミズム（2002年～2012年）と国際課税制度」租税研究761号（2013年3月）256～257頁参照。

(13)　地方税についても，国税と同様の特例が定められている（地法55の2～55の5，72の39の2～79の39の5，321の11の2，321の11の3）。なお，日本の税務当局による移転価格課税に関して，条約の相手国等との相互主義を条件として，延滞税を免除する規定が置かれているが（措法66の4㉑），これまで実例はないとされている。詳細については，赤松・前掲注（1）417～418頁参照。

(脱稿後の平成25年6月28日付けで，移転価格事務運営指針が一部改正されている）。

Ⅲ 租税条約に定める相互協議による国際二重課税の救済の仕組み

1 租税条約に定める相互協議の意義

　本稿は，移転価格課税により国際二重課税の状態が発生するという税務紛争の解決の方法としての相互協議を主たる課題とする。OECD移転価格ガイドラインの用語集では相互協議手続（MAP＝Mutual Agreement Procedure）とは「二重課税排除のための租税条約の適用に関する紛争を解決するため，税務当局が協議するための手続。OECDモデル租税条約25条に規定されて認知されているこの手続は，移転価格の調整により生ずる可能性のある二重課税を除去するために用いることができる。」[14]と定義している。移転価格課税処分を受け国際二重課税の状態となっている納税者にとっては，次に見るように，租税条約に定める両締約国の権限のある当局による相互協議は努力義務規定であって合意義務は課せられていないという限界があるものの，相互協議において合意が成立し，その合意内容に基づいて所得の調整（増額）と対応的調整（減額）が両締約国において実施されることで国際二重課税からの救済が得られる。

OECDモデル租税条約25条（相互協議）
「1. 一方の又は双方の締約国の措置によりこの条約の規定に適合しない課税を受けたと認める者又は受けることになると認める者は，当該事案について，当該一方の又は双方の締約国の法令に定める救済手段とは別に，自己が居住者である締約国の権限のある当局に対して又は当該事案が前条1の規定（筆者注：24条（無差別取扱い）1の国籍無差別を指す）の適用に関するものであ

---

[14] OECD移転価格ガイドライン・前掲注（4）8頁。

る場合には自己が国民である締約国の権限のある当局に対して，申立てをすることができる。当該申立ては，この条約の規定に適合しない課税に係る措置の最初の通知の日から3年以内に，しなければならない。

2．権限のある当局は，1の申立てを正当と認めるが，満足すべき解決を与えることができない場合には，この条約の規定に適合しない課税を回避するため，他方の締約国の権限のある当局との合意によって当該事案を<u>解決するよう努める</u>。成立したすべての合意は，両締約国の法令上のいかなる期間制限その他の手続上の制限（当該合意を実施するための手続上の制限を除く。）にもかかわらず，実施されなければならない。（下線部は強調のため加筆）

3．両締約国の権限のある当局は，この条約の解釈又は適用に関して生ずる困難又は疑義を合意によって解決するよう努める。両締約国の権限のある当局は，また，この条約に定めのない場合における二重課税を除去するため，相互に協議することができる。

4．両締約国の権限のある当局は，2及び3の合意に達するため，直接相互に通信すること（両締約国の権限のある当局又はその代表者により構成される合同委員会を通じて通信することを含む。）ができる。

5．（2008年改正により強制仲裁手続が導入されている。後述Ⅲ.4（2）参照）」

金子宏名誉教授は，1項及び2項の協議を「個別事案協議」，3項1文に定める協議を「解釈適用協議」，3項2文に定める協議を「立法的解決協議」と整理され，「個別事案協議」と「解釈適用協議」とは部分的に重なりあう関係にあると指摘されている[15]。事実，米国モデル租税条約25条3項に係る technical explanation は，7条（事業所得），9条（特殊関連企業）及び事前確認を「解釈適用協議」の例示として挙げており，これらは個別事案協議としてだけでなく，独立企業原則の適用に関する「解釈適用協議」の対象となり得ると解されている。なお，条約の定めとして，個別事案協議及び解釈適

---

(15) 金子宏「相互協議（権限のある当局間の協議及び合意）と国内的調整措置－移転価格税制に即しつつ－」国際税務11巻12号（1991年12月）16～17頁。

用協議は「努力義務規定（shall endeavor to）」であるのに対して，立法的解決協議は「できる規定（may clause）」である[16]。

　紛争解決のための相互協議手続の論点としては，相互協議申立ての受理，相互協議の合意の成立，及び，相互協議の合意に基づく対応的調整の実施が挙げられる。以下では，相互協議の入り口に当たる「相互協議申立ての受理」，次に，相互協議の出口に当たる「相互協議の合意に基づく対応的調整の実施」，最後に，相互協議手続の核心である「相互協議の合意の成立」の順で検討する。

2　相互協議申立ての受理

　OECD モデル租税条約 25 条 1 項は「一方の又は双方の締約国の措置によりこの条約の規定に適合しない課税を受けたと認める者又は受けることとなると認める者」と定めており，「個別事案協議」を受理する要件は「措置の蓋然性」と「条約の規定に適合しない課税」である。

　「措置の蓋然性」に関する実務上の問題は，課税処分に先立って相互協議の申立てをした場合に権限のある当局が受理するか否かにある。この点につき，猪野茂国税庁相互協議室長（執筆当時）は，移転価格調査中に相互協議の申立てを受けることを「無条件に可とすると，質問検査権も課税処分権限も持たない『権限のある当局』が，移転価格に関する税務調査を事実上代行することとなり，ひいては質問検査権や加算税等のペナルティを背景とした税務執行部局におけるコンプライアンス維持活動といった税務行政上の根幹を事実上骨抜きとする結果を招来することとなろう」[17]と否定的である。なお，

---

(16) 小島・前掲注（8）869 頁 脚注 18 によれば，「権限のある当局」とは，個別事案に係る相互協議については国税庁相互協議室，租税条約の一般的解釈（解釈適用協議及び立法的解決協議の双方を指していると解される）に係る相互協議については財務省主税局参事官室である（財務省組織令 36 条，財務省組織規則 406 条参照）。

納税申告期限が到来していない将来事業年度に係る移転価格税制の適用に関する相互協議申立てについては，移転価格事務運営指針第5章に定める事前確認手続による相互協議事務運営指針に基づくバイラテラルAPAに言及し（後述Ⅲ.5参照），相手国が同意するのであれば税務調査が着手されていない限り事前確認結果のロールバック[18]という形で対応することもあろう[19]と実務の取扱いを示す。

さらに，実務では，既往年度に対する移転価格課税処分に係る相互協議と併せて将来事業年度（いわゆるオープン事業年度を含む）を対象とする相互協議を伴う事前確認申請を行うことで，事前確認と課税事案とを一括して解決する独立企業間価格の算定方法の遡及適用（ロールバック）を行うことも少なくない。ただし，移転価格課税処分がなされ（例えば，租税条約が締結されていない国に係る国外関連取引に対するものであるため）納税者が国内救済手続に進んだ場合，納税者が後続事業年度について事前確認申請をしても，日本の税務当局は，係争中であることを理由として事前確認申請を受理しない取扱いとなっている（移転価格事務運営指針5-14(2)イ）。

「条約の規定に適合しない課税」について，上記の猪野論文は，課税処分を受けたことにより国際二重課税状態が現に存在しているということだけでは要件を充足しているとは言えず，OECDモデル租税条約9条（特殊関連企業）に違反した課税がなされていることが必要であるとする。その上で，課税実務において議論を呼んでいる寄附金課税[20]の相互協議対象性について，

---

(17) 猪野茂「相互協議手続の理論と執行上の課題」本庄資編著『国際課税の理論と実務　73の重要課題』（大蔵財務協会，2011年）1046頁。
(18) 事前確認の遡及適用（ロールバック）については，大野雅人「事前確認手続の現状と課題」本庄資編著『移転価格税制執行の理論と実務』（大蔵財務協会，2010年）809頁参照。
(19) 猪野・前掲注(17) 1047頁。
(20) 例えば，小島俊朗「移転価格課税と寄附金課税」本庄資編著『移転価格税制執行の理論と実務』（大蔵財務協会，2010年）959頁参照。

寄附金課税に関する課税要件を整理した上で基本的に否定的な立場をとりつつ,「個別事案協議」として受理するかどうかは「権限のある当局」が事案の内容を検討した上での裁量の問題とする[21]。もっとも,移転価格税制に基づき課税処分がなされるべきものが寄附金課税とされることにより相互協議による救済が排除されるというこの問題は,納税者が移転価格文書（措規22の10）を作成するに当たって,移転価格事務運営指針が寄附金課税の取扱例として示す,棚卸資産取引に係る価格調整金の支払い（移転価格事務運営指針2-20,別冊「参考事例集」事例26),役務提供取引（移転価格事務運営指針2-9(5),別冊「参考事例集」事例23, 25), 及び,金銭の貸借取引（移転価格事務運営指針2-19,別冊「参考事例集」事例4, 25) に妥当な考慮を払うことによりリスク管理できると言える[22]。

日本の権限のある当局が「個別事案協議」として受理しないと判断した寄附金課税事案であっても,「立法的解決協議」として相互協議の申立てあるいは相手国の権限のある当局からの相互協議申し入れがあった場合について,「協議の実施は不可能ではない。しかしながら,わが国の『権限のある当局』は……租税条約の規定や国内法の規定と異なる課税となるような合意をすることができないことから,事実上,二重課税の除去のための解決が得られる局面は少ないものと考える」[23]としている。なお,2013年改正日米租税条約（署名・未発効）の相互協議に係る仲裁手続では「立法的解決協議」を明示的に仲裁対象から除いている（日米租税条約25⑥(c)）（後述IV.5(2)参照）。

権限のある当局が「条約の規定に適合しない課税」の要件を充足しないと判断し不受理とする場合としては,上記の寄附金課税のほか,国内法の租税回避防止規定に基づく課税事案が考えられるが,「租税の賦課が国内法令の

---

(21) 猪野・前掲注（17）1048～1049頁。
(22) 赤松・前掲注（1）362～367頁。
(23) 猪野・前掲注（17）1050頁, 1066頁（注）44参照。

租税回避防止規定に基づいてなされるという単純な事実は，相互協議を利用する権利を否定する理由となるべきではない」(OECDモデル租税条約25条コメンタリーパラグラフ26) とされている[24]。相互協議に関する手続として，移転価格事務運営指針は，日本の権限のある当局が租税条約の相手国等の権限のある当局に相互協議を申し入れない場合の納税者への通知（相互協議事務運営指針15）を定めている。この通知が行政処分に当たり，「条約の規定に適合しない課税」の判断に誤りがあるとして行政事件訴訟法に定める取消訴訟の対象となるかについて，上記の猪野論文は，「強制仲裁」が租税条約に導入されることとなった現下の状況に照らすと，「権限のある当局」の受理の是非の判断は，条約に定める相互協議による救済という納税者の法律上の利益の直接の侵害（行訴9①）に関するものである旨を指摘して，積極的に解していることが注目される[25]。従って，今後の相互協議での実際の取扱いとしては，相互協議事案として受理し両締約国の権限のある当局が相互協議による解決の対象としないことに合意（OECDモデル租税条約25条コメンタリーパラグラフ64，68）するか，あるいは，両締約国の権限のある当局が仲裁に付託しないことに合意（日蘭取決め3，日米租税条約25⑥(b)）することが考えられる（後述Ⅳ.3及び5(1)(2)参照）。この場合，納税者は，相互協議の申立てに当たり，不服申立前置主義に係る手続を適法に行って争訟の権利を留保した上で相互協議を優先するとの立場から中断をしていた国内救済手続を再開することになる。

3　相互協議の合意に基づく対応的調整の実施

相互協議の合意が成立した場合において，相手国による国外関連者に対する対応的調整の実施は，移転価格課税による国際二重課税の解消という紛争

---

(24) 角田伸広「相互協議手続の現状と問題点―紛争解決の実効性向上に向けて」本庄資編著『移転価格税制執行の理論と実務』（大蔵財務協会，2010年）841頁参照。
(25) 猪野・前掲注(17) 1050～1053頁参照。

解決の目的の達成に当たり欠くべからざるものである。なぜならば，対応的調整の実施を欠く場合は，相互協議において原処分をすべて取り消すと両締約国の権限のある当局が合意しない限り，相互協議で合意した所得の再配分の金額についての国際二重課税の状態が解消されないからである（移転価格課税処分が租税条約が締結されていない国との国外関連取引に関するものである場合は国内救済手続によるほかはないが，その場合に訴訟で取り消されなかった金額につき国際二重課税が解消されないのと同じである）。

　相互協議による合意が成立した場合，国外関連者の居住地国である相手国は対応的調整を行う条約上の義務を負う（OECDモデル租税条約9②，25②）。日本の税務当局による移転価格課税処分に関する相互協議が成立した場合，相手国は相互協議の合意内容に従い所得の減額更正を行い算出された税額を当該国外関連者に還付することで，日本の税務当局による日本での追徴課税に基因する国際二重課税が解消される。条約相手国等の移転価格課税に関する相互協議が成立した場合，日本の税務当局は，更正の請求（通法23②三，通令6①四）を条件として，法人に対して対応的調整（減額更正）を行う（実特法7①③）。これにより国外関連者の所在地国の税務当局が行った移転価格課税に基因する国際二重課税の状態から救済される（国家間における所得の調整の仕組みであり税額の調整ではないので，対応的調整によっても両締約国間の税率差は納税者にとって追加的負担となり得る）。

　実務の取扱いでは，国税庁長官から納税者に送付される「相互協議の合意について（通知）」（相互協議事務運営指針19）において，移転価格課税処分に係る相互協議の合意内容として，①日本における所得調整金額及び相手国における対応的調整金額及び②いかなる意味においても先例としての価値を有しないことの２点のみが記載され，合意の理由や金額の計算根拠などは示されない（なお，相互協議を伴う事前確認（バイラテラルAPA（BAPA））の場合は，事案の性質に照らして，合意内容として①検証対象取引，②対象期間，③取引単位，④最も適切な独立企業間価格の算定方法，⑤比較対象取引，⑥差異調整，⑦目標独立

企業間価格幅（レンジ），⑧補償調整[26]，⑨重要な前提条件，⑩事前確認報告書などについての記載がある）。

　今日，日本企業がその製造拠点を立地競争力に優れた中国，タイ，インドネシア，ブラジル，フィリピン，ベトナムなどのOECD非加盟の国に移管してきたことに伴い，日本の親会社とこれらの諸国に所在する子会社等との取引に対する日本の税務当局による移転価格課税処分が増大してきているが[27]，日本とこれらの諸国の租税条約にはOECDモデル租税条約9条2項に定める対応的調整に相当する規定（1977年に導入）を欠く条約例が多く（例えば，ブラジル，中国，インドネシア，ロシアなど），またOECDモデル租税条約25条2項（国内法上の期間制限にかかわらず相互協議の合意の実施を義務づけ）に相当する規定を欠く条約例（例えば，ブラジル，タイ，フィリピン，ロシアなど）もあり，近時，これらの国との租税条約に定める相互協議を通じての国際二重課税の救済が機能しない状況が生じていることが問題となってきている[28]。「個別事案協議」に加えて（この条約に定めのない場合における二重課税を除去するための）「立法的解決協議」という相互協議チャネルを通じて，条約改正及び相手国の国内法の整備への働きかけが重要である。

---

(26) 補償調整（Compensating adjustment）とは，納税者が，関連者間で実際に取引された価格と異なるにもかかわらず，自らの考えに基づき，関連者間取引が独立企業間価格であるとして税務上の移転価格を報告する際の調整。この調整は，納税申告書が提出される前に行われる（OECD移転価格ガイドライン・前掲注（4）11頁）。BAPAの実務では，事前確認で合意された目標利益幅（レンジ）の内に実績値が収まるように移転価格を調整する例が多い。
(27) 平成24年10月国税庁プレスリリース「平成23事務年度の『相互協議の状況』について」http://www.nta.go.jp/kohyo/press/press/2012/sogo_kyogi/index.htm
(28) 国税庁相互協議室長猪野茂「相互協議の現状について」租税研究738号（2011年4月）214, 223頁参照。21世紀を迎えた今日顕在化する対応的調整に関する論点については，増井良啓教授が既に1995年の時点で綿密な考察を加えている（増井良啓『移転価格税制－経済的二重課税の排除を中心として－』日税研論集33巻（日本税務研究センター，1995年）51～60頁参照）。

4 相互協議の合意の成立－強制仲裁手続の導入
(1) 合意努力義務規定にとどまる相互協議の限界

先に言及したように，租税条約に定める相互協議は合意努力義務規定（OECDモデル租税条約25②）にとどまり，両締約国の権限のある当局に合意を義務づけるものでなく，納税者にとっては合意の保証がないという基本的な問題がある[29]。2008年にOECDモデル租税条約が改正され25条5項に強制仲裁手続が導入された背景として，次の実務上の問題が指摘されていた[30]。

① 相互協議は合意努力義務規定であり，合意を義務づけるものでなく，合意の保証がない。
② 相互協議には納税者の参加が予定されていないため，両締約国の権限のある当局の事実に関する「誤解」に基づく不適切な合意を防止する仕組みを欠いている[31]。

---

(29) 日本の税務当局による移転価格課税に係る相互協議事案で，次の2例が不成立として知られている。
　　2006年7月24日日本経済新聞は，ホンダに対する国税庁による250億円の移転価格課税に関するブラジルとの相互協議が決裂したと伝えている。
　　2011年11月4日付の武田薬品工業ホームページは，国税庁による1,223億円の移転価格課税に係る米国との相互協議が合意に至らず終了したこと，それに従い中断していた異議申立ての手続を再開する旨を伝えている。http://www.takeda.co.jp/news/2011/20111104_4837.html
　　2013年3月25日付の同社のホームページは，2012年4月6日の大阪国税局による一部取り消しの異議決定に続き，2013年3月25日に国税不服審判所から全部取消の裁決を得たことを明らかにしている。http://www.takeda.co.jp/news/2013/20130325_5700.html
(30) Marlies de Ruiter, Deputy Director of the Tax Policy Directorate, Netherland, Ministry Finance, Den Hagg, Supplementary Dispute Resolution, European Taxation, at 493 (September 2008).
(31) 角田・前掲注(24) 843頁によれば，納税者が相互協議に参加することは一般に認められていないが，日本の相互協議のベストプラクティスとして，両締約国の権限のある当局に対し事案と納税者の見解を説明することは認められている。

③　条約上は条約の規定に適合しない課税が相互協議の開始要件であるが，実務的には二重課税排除を目的とした運用により，相互協議の合意がブラック・ボックス化しており透明化が要請される。

④　いずれか又は双方の権限のある当局が相互協議手続を進めない場合，事案の検討は遅延し又は棚上げとなるなど合意に至るまで長時間を要する(32)。

(2)　相互協議に強制仲裁手続を導入

そこで，2008年OECDモデル租税条約の改正において，相互協議の不可分の一部としての仲裁手続が，25条（相互協議）5項として，権限のある当局の仲裁への付託が（納税者が望む限り）条約上義務づけられ，かつ，仲裁決定を（納税者が拒否する場合を除き）権限のある当局の合意とすることが義務づけられるという拘束力のある強制仲裁手続(33)として導入されている(34)。

---

(32)　OECDによれば，2011年度におけるOECD加盟国が報告する相互協議案件は3,838件（両締約国がOECD加盟国である場合は2件とカウントされている）で対前年度比15.3%増，5年前の2006年度と比較すると63.2%増となっている。報告に基づく相互協議の終了に要した平均月数は次のとおりである。

年度	2011	2010	2009	2008	2007	2006
平均所要月数	25.59	27.30	22.82	22.42	18.93	22.10

（注）OECD: Dispute resolution Mutual Agreement Statistics 2006-2011 より作成。
http://www.oecd.org/ctp/dispute/mapstatistics20062011.htm

　IRSによれば，2011年度（2012年9月終了）の数値では，移転価格課税事案の解決に外国課税事案で809日，米国課税事案で704日を要しており（平均790日），いずれも2年を超えている。U.S. Competent Authority Statistics for 2008-12 (Released 3/13/13 by IRS APAM), Tax Management Transfer Pricing Report, Vol.21, No.22, at 1103.

　国税庁「平成23事務年度の『相互協議の状況』について」（平成24年10月）によれば，日本では，相互協議の事案の処理に係る期間は，平均すると1件当たり25.1か月である。
http://www.nta.go.jp/kohyo/press/press/2012/sogo_kyogi/index.htm

(33)　任意仲裁については，後述IV. 4参照。

(34)　詳細については，赤松晃「OECDモデル租税条約25条5項に導入された仲裁規定の意義－OECDの事例検討を手がかりに－」租税研究727号（2010年5月）222頁参照。

OECDモデル租税条約25条（相互協議）5項

「a）　1の規定に従って，ある者が，一方又は双方の締約国の措置によりこの条約の規定に適合しない課税を受けたことを理由に，その事案について，一方の締約国の権限のある当局に対する申立てをした場合であって，かつ，

b）　両締約国の権限のある当局が，2の規定に従い他方の締約国の権限のある当局に対して当該事案について申立てをした日から2年以内に，当該事案を解決するための合意に達することができない場合には，

当該者が要請すれば，当該事案の未解決の事項は，仲裁に付託されなければならない。ただし，当該未解決の事項について，いずれかの締約国の裁判所又は行政審判所がすでに決定を下している場合には，これらの事項は仲裁に付託されてはならない。仲裁による決定は，当該事案によって直接の影響を受ける者が，当該決定を実施するための合意を受諾しない場合を除き，両締約国を拘束し，かつ，両締約国の国内法令上のいかなる期間制限にもかかわらず，実施されなければならない。両締約国の権限のある当局は，合意により，この5の規定の実施方法を決定する。」

すなわち「5項は，権限のある当局が2年以内に合意を成立させることができなかった未解決の事項につき納税者が仲裁を要請できる仕組みを定めている。相互協議は，一般にこの条約に基づき生ずる紛争を解決する効果的かつ効率的な手段を提供するが，権限のある当局は，両国による課税がこの条約に適合することにつき合意ができない場合もあり得る。5項の下で定められる仲裁手続が，未解決の事項に関する独立した判断を許容することにより相互協議の合意の成立を可能にし，それによって事案の解決を可能にする。この手続は，相互協議の不可分の一部であり，この条約の適用に関する紛争を解決するための代替手段ではない。」（OECDモデル租税条約25条コメンタリーパラグラフ5）として制度設計されている。

要約すれば，OECDモデル租税条約25条5項は，納税者の主導により，

納税者に一定の期間内に確実に二重課税の救済を保証する次の仕組みを採用している。

① 納税者の仲裁の要請に関し，権限のある当局の同意を条件としないこと[35]。

② 納税者は，仲裁委員会に対する意見書の提出に加えて，仲裁人の許可を得て仲裁委員会において自らの立場を申述することができる納税者参加型の仕組みを採用[36]。

③ 両締約国の権限のある当局の間で手続上の合意が成立しない場合に，一定の期間内に解決を保証する仕組みを規定[37]。

OECDモデル租税条約25条5項及び同コメンタリーの付録「仲裁に関する合意見本」（仲裁手続見本）が，以下のとおり，具体的手続を示している。

すなわち，条約の規定に適合しない課税（移転価格課税に限られない）に関する相互協議に関して，両締約国の権限のある当局による相互協議の申立てから2年以内に事案が解決されない場合に，納税者からの要請に基づき，両締約国の権限のある当局は仲裁手続に移行する義務を有し（強制仲裁），第三者から構成される3人の仲裁人による仲裁委員会の決定を納税者が拒否しない限り，その決定に従い事案を解決する義務を負う（仲裁決定の拘束力）。仲裁決定の方法として，仲裁委員会が独自に決定を行う「独立意見方式」を定める。すなわち，3人の仲裁人によって構成される仲裁委員会は，事実と主張の提示を受け，その上で，当該事実と適用される法（国内法，租税条約，OECDモデル租税条約及びコメンタリー，及び，OECD移転価格ガイドライン）の

---

(35) OECDモデル租税条約25条コメンタリーパラグラフ63。

(36) 仲裁手続見本「11. 仲裁を要請した者の参加」及び仲裁手続見本コメンタリーパラグラフ20。

(37) 仲裁手続見本「4. 付託事項の不通知」，「5. 仲裁人の選任」，「16. 仲裁決定の通知のために認められる期間」，「17. 必要な期間内に仲裁決定の通知が行われなかった場合」，「19. 仲裁決定の実施」，「20. 仲裁決定が提供されない場合」など。

出所に関する理由づけを伴う書面の分析を行い，仲裁人が自ら適切と考える任意の解決を意見として決定する（独立意見方式）[38]。仲裁決定は秘密保持に抵触しないよう開示されることを原則とする。なお，OECDモデル租税条約は，両締約国の権限のある当局の最終提示のいずれかを仲裁意見として選び決定する「簡易方式＝能率方式ともいう（Streamlined arbitration process）」（本稿では日本でも一般的な呼称となりつつあるベースボール方式と呼ぶ）[39]を，例えば，独立企業間価格又はその幅の決定のような単に終局的な処理になじむ仲裁方法であるとする（仲裁手続見本コメンタリーパラグラフ13）。

OECDモデル租税条約は，前述のとおり「権限のある当局」にとって拘束力を有する「強制仲裁」を定めるが，納税者にとっては，相互協議による救済の申立てを取り下げることにより，仲裁手続を何時でも取りやめることができる。また，相互協議手続による権限のある当局の交渉の結果（仮合意）を受け入れずに国内救済手続を追及することができるのと同様に，仲裁を申請した事案について出訴する権利を留保する。

なお，OECDモデル租税条約25条5項a）は，仲裁の対象を「1の規定に従って」と条約の規定に適合しない課税を受けた「個別事案協議」に限定しているので，事前確認は仲裁手続の対象とならない。

このように，OECDモデル租税条約25条5項の仲裁手続は，租税紛争に係る仲裁制度を，25条（相互協議）を補完するものとして，既存の相互協議の制度に乗せる型で導入している。換言すれば，租税条約とは別に租税紛争のための仲裁条約を別途締結するというEU仲裁条約（後述Ⅳ.2参照）のア

---

(38) 仲裁手続見本コメンタリーパラグラフ2。
(39) last best offer「最後・最適の申し出」/final offer「最終の申し出」方式とも言われる。この手続の狙いは，両締約国の権限のある当局が仲裁人に相手方の提示ではなく自分の提示を採択させるべく最も合理的な線を示そうと努力するという点にあるとされ，この手続に似た手続が米国の野球選手の年俸を巡る紛争解決に用いられてきたことから「ベースボール方式」とも呼ばれる（赤松・前掲注（34）231頁脚注21で引用するFrank E. A. Sander（増井良啓訳）「租税紛争の仲裁と調停」租税法研究23号（1995年）199頁参照）。

プローチや，租税条約に定める相互協議の代替的又は追加的な手段として，相互協議条項とは別に仲裁条項を新たに規定し，執行については「外国仲裁決定の承認及び執行に関する条約」（いわゆるニューヨーク条約）に依拠するという 2003 年 IFA 報告書のアプローチ[40]を採用していない。したがって，増井良啓教授が既に指摘[41]されていたように，仲裁手続を既往の相互協議を補完するものと定め，その国内執行力を相互協議の合意の執行に関する既存の国内制度に乗せる型で担保したことは，「仲裁人による課税問題の判断を妨げる憲法上の障碍」（OECD モデル租税条約 25 条コメンタリーパラグラフ 65）問題に抵触しない制度設計と評価されている[42]。

日本は，2010 年に署名した改正オランダ租税条約（発効）において初めて相互協議に OECD モデル租税条約 25 条 5 項と基本的に同じ仲裁手続を導入し，香港新租税協定（発効），ポルトガル新租税条約（2011 年署名・未発効），改正ニュージーランド租税条約（2012 年署名・未発効）と続いている。また，2013 年に署名した改正米国租税条約（未発効）は米国型とも言うべき仲裁手続を採用している（後述 IV.5 参照）。これに伴い，平成 23（2011）年度税制改正において，租税条約に定める相互協議に係る仲裁手続に関する国内法の整備が行われている（実特規 12③④，相互協議事務運営指針第 5 仲裁）。

(40) 増井良啓「租税条約上の仲裁に関する IFA 報告書」ジュリスト 1244 号（2003 年 5 月）281～283 頁参照。
(41) Yoshihiro Masui, Treaty Arbitration from Japanese Perspective, Bulletin for International Fiscal Documentation, Vol. 58, No. 1, 14, 16 (2004).
(42) Marlies de Ruiter, supra note 30, at 497.
　　日本における「憲法上の障碍」に関する従前の議論としては，仲裁が国家の課税高権（主権に基づく固有の課税権）を制約し国内法の執行を抑制するものであれば，そもそも租税法にはなじまないとし，具体的には，①裁判所でなく仲裁が国内法の解釈・適用の権能を有することができるか，②仲裁は裁判を受ける権利（憲法 32 条）を放棄させるものではないか，更には，③仲裁は，政治的妥協やいい加減な認定により，租税法律主義（憲法 84 条）を僭脱しないか，というものであった。これらの点に関しては，赤松・前掲注（34）235～237 頁及び引用する文献を参照。

5　紛争予防のための事前確認制度と相互協議

　日本は，昭和61（1986）年度税制改正による移転価格税制の導入（昭和62年4月1日以後に開始する事業年度から適用）とともに，昭和62年4月24日付査調5-1ほか2課共同「独立企業間価格の算定方法等の確認について」を制定し，事前確認制度を導入した[43]。事前確認とは，納税者が税務当局に申し出た独立企業間価格の算定方法等（移転価格の算定方法，比較対象取引とそれらに行う適当な調整，将来の事象についての重要な前提など）について，税務当局がその合理性を検証し，原則として将来の3～5事業年度[44]の適用について確認を行うことをいい，納税者が確認された内容に基づき申告を行っている限り[45]，移転価格課税は行われないという制度である。国外関連者の所在地国と日本との間に租税条約が締結されている場合には，一般に相互協議を伴う事前確認が有益であると言われている（自国の税務当局のみとの事前確認をユニラテラルAPAといい，二国間の相互協議による事前確認をバイラテラルAPA（BAPA）という）。バイラテラルAPAは，両締約国の権限のある当局が相互協議により独立企業間価格の算定方法等について合意することで，日本及び相手国双方において法的安定性を確保することができるからである。そのため，バイラテラルAPAは，移転価格税制に係る「紛争の解決」の予防的措置としての重要性を高めてきている（「図表3：相互協議の処理件数」参照）。

---

(43)　導入の経緯については，昭和62（1987）年4月国税庁「国際課税問題研究会における議論の概要」（座長　金子宏東大法学部教授）国際税務7巻5号（1987年5月）44～50頁参照。昭和62年4月24日付査調5-1ほか2課共同「独立企業間価格の算定方法等の確認について」は，相互協議を通じての法的安定性と予見可能性の確保の観点から平成11年10月25日付査調8-1ほか3課共同「独立企業間価格の算定方法等の確認について（事務運営指針）」が制定されたことに伴い廃止され，更に，移転価格税制に係る包括的な事務運営を定める平成13年6月1日付査調7-1ほか3課共同「移転価格事務運営要領の制定について（事務運営指針）」（移転価格事務運営指針）の新たな制定に伴い「第5章　事前確認手続」として吸収されている。事前確認申請の法的性質は，行政指導（行政手続法2条六）と解される。

(44)　移転価格事務運営指針（確認対象事業年度）5-7。

図表3：相互協議の処理件数

事務年度		平成17 (2005)	平成18 (2006)	平成19 (2007)	平成20 (2008)	平成21 (2009)	平成22 (2010)	平成23 (2011)
相互協議の処理件数（件）	移転価格課税	16	16	33	23	33	27	15
	事前確認	65	84	82	91	105	128	135
	その他	12	15	10	13	16	9	7
	計	93	115	125	127	154	164	157

(注)「処理件数」は，相手国税務当局との合意，納税者による相互協議の申立ての取下げ等により相互協議を終了した件数を示す。
(出典) 国税庁「『相互協議の状況』について」から作成。

　前述のとおり，ユニラテラルAPAは日本の税務当局が（外国税務当局との相互協議を行わずに）独立企業間価格の算定方法等について確認するものであり，国外関連者が外国税務当局により課税されるリスクの回避までは保証されないが，相互協議を伴わないので，通常，早期に確認が得られるとされる。

(45) 納税者は，事前確認通知書にあらかじめ定める期限内に，事前確認の内容に適合した申告を行っていることの報告書を提出する（移転価格事務運営指針（事前確認審査の結果の通知）5-15,（報告書の提出）5-17）。報告書の検討は調査であるとされ，検討の結果として事前確認の内容に適合した申告が行われておらず所得金額が過少となっている事実が判明した場合に，納税者が自主的に修正申告書を提出したときにおいても過少申告加算税が賦課される取扱いとなっている（一部改正前の移転価格事務運営指針5-18）。しかしながら，平成23 (2011) 年度税制改正で国税通則法に新設された第7章の2（国税の調査）に定める「調査」に該当しない行為（国税通則法第7章の2（国税の調査）関係通達1-2）と考えられ，そうであるとすれば過少申告加算税は賦課されるべきでないことになる。なお，納税者が自主的に修正申告書を提出しない場合は，更正処分の対象となり過少申告加算税が賦課されることになるが，これは「不利益な取扱い」（行政手続法32②）に当たらない（宇賀克也『行政手続法の解説』（学陽書房，第4次改訂版，2003年）149, 158頁）。また，事前確認の取消し理由に当たる（移転価格事務運営指針5-21 (1) ロ）。
　脱稿後の平成25年6月28日付け一部改正の移転価格事務運営指針5-18は，同趣旨の改正である。

今日の日本企業は，タックス・ホリディなどの税務上のインセンティブを付与し企業誘致を行う政策を通じて自国経済の発展・拡大を図るアジアの国々との取引が増大している。しかし，これらの諸国と日本とのバイラテラルAPAの成立の実行可能性に疑問があることも実状である。また，バイラテラルAPAは租税条約に定める相互協議に根拠を置く二国間の取決めであるから，1か国でなく多くの国々に製造子会社を展開し，更に，地域の複数の国に所在する販売会社に製品を供給するという日本企業の現実の展開に即した制度とは言い難い。かかる現実に照らせば，日本企業が，世界の税務当局の中でも移転価格課税に積極的であるとされる日本の税務当局とユニラテラルAPAを締結する実際的意義は高いというべきである。こうした現実に即し，現行の移転価格事務運営指針5-12（1）事前確認に係る相互協議については「当該確認申出法人がどのような申出を行うかについて適切に判断できるよう必要な情報の提供等を行い，当該確認申出法人が相互協議を伴う事前確認を受ける意向であると確認された場合には，相互協議の申立てを行うよう勧しょうする」と，従前の「事前確認について相互協議の申立てを行っていない場合には……相互協議の申立てを行うよう勧しょうする」（平成19（2007）年6月25日付一部改正前の5-11）と比較して，より実践的となっている。

6　二国間租税条約に基づく相互協議による紛争解決の限界

　移転価格課税により生じた国際二重課税の排除という紛争解決の確実性は，租税条約に定める権限のある当局による相互協議に強制仲裁手続を導入することで格段に高まることを本稿は明らかにしていく。しかし，その前に，一層複雑化する国際取引において，従前の二国間租税条約に定める相互協議では救済し難い移転価格課税事例が生じてきている現実についても認識しておきたい。ここでは，相互協議（仲裁手続を含む）による紛争解決の限界の理解に資するため，典型的な事例を示すこととする[46]。

(1) 連鎖する国外関連者との棚卸資産取引

検証対象法人である内国法人(J)と直接取引のある国外関連者(A)との取引価格が（例えば，国外関連者(A)に係る取引単位利益法（TNMM）の分析により）独立企業間価格であるとの説明が可能であるとしても，その先の国外関連者(B)の利益水準が（その果たす機能及び引き受けるリスクに照らして）高すぎる場合に，次に説明する「引き直し計算」[47]と呼ばれる計算により移転価格課税処分が行われる。

① 国外関連者(A)の売上先である国外関連者(B)と同一の市場における比較対象会社の利益に関する公開情報から独立企業間利益幅（レンジ）を算定し，国外関連者(B)の利益の実績値が独立企業間価格幅を上回るときは，
② 国外関連者(A)と国外関連者(B)の関連者価格を独立企業間価格に引き直して移転価格分析上の国外関連者(A)の利益金額を計算し，
③ 引き直し計算による国外関連者(A)の利益金額が，国外関連者(A)と同一の市場における比較対象会社の利益に関する公開情報から算定した独立企業間利益幅（レンジ）を超える場合に，
④ その超える金額を内国法人(J)から国外関連者(A)に対する国外所得移転金額であるとして，内国法人(J)に対して移転価格課税処分をする。

この場合，内国法人(J)の直接の取引先である国外関連者(A)の居住地国の税務当局が，日本との相互協議において日本の移転価格課税処分に起因する対応的調整に合意する可能性は，国外関連者(B)の居住地国の税務当局による対応的調整がない以上，あり得ないと考えてよいであろう。このように「引き

---

(46) 棚卸資産取引については，例えば，Steven D. Harris et al, "Beyond Bilateral: Avoiding and Resolving Dispute Arising from 'Sandwich' Transactions, Tax Management 2011, Vol. 20, No. 11 (10-6-11) at 463. 参照。ライセンス取引については，例えば，Leonard B. Terr, et al, Resolving International Tax Disputes: APAs, Mutual Agreement Procedures, and Arbitration, Tax Management International Journal. Vol. 41 (2012), no. 9, at 473. 参照。
(47) 国際税務編集部「山川博樹・国税庁調査課長に聞く－『国際課税の執行を巡る最近の動向』」国際税務33巻1号（2013年1月）48頁参照。

直し計算」による移転価格課税による国際二重課税という紛争は，関係する第三国の税務当局を含む（二国間でなく）複数国間での相互協議が実施されない限り解決し難いのである。

(2) 複数の国外関連者とのライセンス取引

検証対象法人である内国法人(J)が，国外関連者(A)(B)(C)及び(D)の4社と無形資産の使用許諾に関するライセンス契約を締結していたときに，内国法人(J)が受けるべきロイヤリティの額が低すぎるとして移転価格課税を受けた場合に，内国法人(J)は，国外関連者(A)(B)(C)及び(D)の4社の居住地国の税務当局の各々に対して二国間租税条約に基づく相互協議を申し立てる必要がある。

この場合，例えば，国外関連者(A)の居住地国との相互協議において救済手続により解決が得られたとしても，当該解決をもって，他の3社の居住地国の税務当局が日本との相互協議における合意とする保証は全くない。現実は，4つの二国間相互協議の結果により，各々別のロイヤリティ料率となる可能性が高く，そうなると価値ある無形資産を利益の源泉とする企業経営上の問題に発展することになる。さらに，いずれかの国と日本との間に租税条約が締結されていない場合は，当該国とのロイヤリティ取引に係る移転価格課税処分については，国内救済手続によるしかないのである。

今日では，こうした二国間租税条約に定める相互協議による紛争解決の限界が広く認識されるようになってきており，経済的に相互依存関係にある緊密なトレード・パートナー諸国との間での紛争解決のための多国間租税条約の締結が必要とされてきている。そこでは，多国間の重複課税という税務紛争を迅速に解決するための手段としての仲裁手続の必要性・重要性はより一層高まる。

Ⅳ　租税条約における仲裁手続

1　前　　史

　租税条約に係る紛争を第三者の審議機関に付託することに言及する最初の条約は 1926 年に署名された英国・アイルランド自由国条約（Agreement Between the British Government and the Government of the Irish Free State in Respect of Double Taxation Tax, Apr. 14, 1926）7 条であり，今日の OECD モデル租税条約及び国連モデル租税条約の成立に大きな影響を与えた国際連盟1935 年租税条約草案は，政府間協議で解決に至らない税務紛争について第三者の審議機関への付託を定めている[48]。仲裁手続を相互協議の一部とする租税条約は 1985 年の西ドイツ・スウェーデン租税条約（案）をもって嚆

---

(48)　国際連盟 1935 年租税条約草案（C. 252. M. 124. 1935. Ⅱ. A.[F. /Fiscal. 83.]）は，次のとおり定める（赤松晃『国際租税原則と日本の国際租税法－国際的事業活動と独立企業原則を中心に－』（税務研究会出版局，2001 年）112～113 頁，480～481 頁参照）。
「第 Ⅷ 条
1. 本条約の規定の解釈又は適用に関し締約国間で紛争が生じ，当該紛争が，当該締約国が直接にも，又は，合意に達するために採用した他のいかなる方法によっても，解決されない場合には，当該紛争は，友好的解決を行うことを目的として国際連盟理事会が指名した専門機関に付託されるものとする。当該機関は，当該締約国から聴聞を行い，必要に応じて当該締約国間の会議を設営した後に，勧告意見を提示する。
2. 当該締約国は，当該手続の開始に先立ち，当該機関によって提示される勧告意見を終局とすることに合意することができる。当該合意が存在しない場合，当該意見は両締約国によって受け入れられない限り当該締約国を拘束しないものとし，かつ，当該締約国は，何等の制約なしに，当該手続を依頼した後に，又はそれに代えて，常設国際司法裁判所法に基づき当該裁判所の権限に属するあらゆる問題について，当該裁判所へ付託することなど，選択可能なあらゆる仲裁手続又は司法手続に移行することができる。
3. あらゆる事案において，上記機関での手続の開始又は当該機関による意見の申し渡しのいずれも，異議手続の中断をもたらさない。常設国際司法裁判所が法第 41 条のもとでそれと異なる決定を行わない限り，常設国際司法裁判所において採られる手続についても同一の取り扱いが適用されるものとするが，当該裁判所が法第 41 条に基づき，異なる決定を行う場合はこの限りでない。」

矢とし，初期の条約例の多くが権限のある当局の仲裁への付託が条約上義務づけられていない任意仲裁（voluntary arbitration）であった[49]。

2　EU仲裁条約の概要

EU仲裁条約[50]はローマ条約220条（構成国は，必要な限り，その国民のために，共同体内における二重課税の廃止を保証する目的で，相互に交渉を行うものとする）[51]に法的根拠を置き，1990年7月23日に署名され1995年に発効している多国間条約である[52]。

EU仲裁条約は，対象事案を移転価格課税事案に限定し，相互協議の申立てから2年以内[53]に合意に達しない場合，（納税者の意向にかかわらず）権限のある当局は仲裁委員会（advisory commission）を設置し，その意見を徴すことが義務づけられている（EU仲裁条約7①）。ただし，いわゆる重加算税対事案は仲裁対象の義務づけから除外されている（EU仲裁条約8）。権限のある当局は納税者の同意を得て（例えばEU域内の3か国が関係する移転価格課税事案など複雑な事案については）2年の期間制限を延長することができる（EU

---

(49) 仲裁規定の歴史と現状の記述は，Leonard B. Terr, supra note 46, at 482-484. を参照。
(50) Council Decision 90/430, Convention on the Elimination of Double Taxation in Connection with the Adjustment of Profits of Associated Enterprises
http://eur-lex.europa.eu/LexUriServ/LexUriServ.do?uri=CELEX:41990A0436:en:HTML
(51) European Economic Community Treaty（March 1957）
http://eur-lex.europa.eu/LexUriServ/LexUriServ.do?uri=CELEX:12002E293:EN:HTML
　EU仲裁条約に関する記述は，Leonard B. Terr, supra note 46, at 484-486, 489-490. による。
(52) 手続規定を定める実施規範（Revised Code of Conduct for the effective implementation of the Convention on the elimination of double taxation in connection with the adjustment of profits of associated enterprises（2009/C 322/01））は，次により入手できる。
http://eur-lex.europa.eu/LexUriServ/LexUriServ.do?uri=OJ:C:2009:322:0001:0010:EN:PDF
(53) 2年の起算日については，実施規範5参照。

仲裁条約7④)。EU仲裁条約は，権限のある当局の合意が裁判所又は行政審判所の決定と異なることを国内法が許容していない場合は，納税者が国内救済手続に基づく争訟を取り下げることを仲裁の付託の条件としている (EU仲裁条約7②③)。

EU仲裁条約は，適用対象の納税者を，EU加盟国の企業 (associated enterprises) 及びEU加盟国の企業の恒久的施設 (PE) に限定している (EU仲裁条約1,4)。

仲裁委員会は，仲裁委員会の長，各権限のある当局の代理人，及び，各権限のある当局が作成する「独立の仲裁人リスト (5名が記載)」から権限のある当局の合意により指名された仲裁人 (通常は2名) によって構成される (EU仲裁条約9①④，実施規範7.1, 7.2)。仲裁委員会の長は，最高裁判所に任官する資格のある者又は権威ある弁護士として認知されている者であって，「独立の仲裁人リスト」に掲げられている者のうちから各権限のある当局の代理人及び仲裁人により選任される (EU仲裁条約9⑤)。仲裁委員会の各構成員は仲裁手続の結果を含む仲裁に関して知り得た情報の秘密保持に服する (EU仲裁条約9⑥)。締約国は，秘密保持の遵守のために，いかなる違反にも処罰規定を定めなければならず，採用した処罰規定の内容はEU委員会に報告し，EU委員会は，それを他の締約国に通知する (EU仲裁条約9⑥)。納税者は，仲裁委員会に自らが参加するか，又は代理人を出席させる権利を有し，他方，仲裁委員会は，関連企業の各々当事者又はその代理人の仲裁委員会への出席を強制でき，仲裁決定のために証人調べや専門家の意見を徴すことができる (EU仲裁条約10②)。各締約国は，追加の規定や手続を自由に合意することができ，仲裁に要する費用については，納税者自身が負担する費用以外の費用は，各締約国間で均等に負担する (EU仲裁条約11③)。

仲裁委員会は，その長が必要な全ての資料・情報を受け取ったことを確認した日から6か月以内に，仲裁決定を書面で表明しなければならない (EU仲裁条約11①)。仲裁決定は，仲裁委員会の構成員の単純多数決により決せられ，EU仲裁条約4条に定める独立企業原則に拘束される (EU仲裁条約11①

②)。仲裁決定の書面は，(a) 仲裁委員会の構成員の氏名，(b) 仲裁付託事項（関係する企業の名称・所在地，関係する権限のある当局，紛争に係る事実と状況，権限のある当局の主張の明確な記載），(c) 仲裁決定に至る要約，(d) 仲裁決定の基礎となった議論と方法，(e) 仲裁決定，(f) 仲裁決定の送達の場所，(g) 仲裁決定の送達の日付，(h) 仲裁委員会の構成員の署名を記載する（実施規範7.4)。

権限のある当局は，仲裁委員会がその決定を表明した日から6か月以内に別の合意に達しなかった場合は，仲裁決定に拘束される（EU仲裁条約12①)。権限のある当局は，仲裁決定から6か月以内であれば，仮に，仲裁決定から乖離している内容であるとしても，二重課税を除去することができる限りにおいて，別の合意に達することができる（EU仲裁条約12①)。権限のある当局の合意は最終の決定である（EU仲裁条約⑬)。権限のある当局が仲裁決定を相互協議の合意とした場合，権限のある当局は相互協議の合意文書の写しとともに仲裁決定の書面の写しを相互協議の申立てを行った納税者である企業に送付する。権限のある当局は，納税者の書面による同意を条件として，納税者の名称を示さず，かつ，納税者を特定することができるあらゆる詳細を取り除いた様式で，相互協議の合意及び仲裁決定の公表に同意することができる（EU仲裁条約12②，実施規範7.4)。

EU仲裁条約は，仲裁決定が先例としての価値を有するか否かについて明示的に述べていないものの，現在のところ公表された事例がなく，仮に，今後，仲裁決定が公表されたとしても詳細を欠き，納税者が依拠する確固たる法源とはなり得ないことを示唆するものにとどまるであろうと言われている[54]。

EU仲裁条約の実例として，現在までのところ，次の2件があるとされ，効率的でもなく効果的でもないと評価されているという[55]。すなわち，最

---

(54) Leonard B. Terr, supra note 46 at 490.
(55) Craig A. Sharon, Treaty Arbitration: Where Art Thou? 41 Tax Management International Journal(2/10/12) at 92.

初の2003年の事案は，フランス及びイタリアを当事国とし，(EU仲裁条約11条は仲裁手続の開始から仲裁決定までの期間を6か月と定めているにもかかわらず）仲裁委員会の構成員の選任，並びに，仲裁人の報酬，事務関連費及び旅費等の負担などの仲裁手続に関する合意に18か月を要したため，仲裁に要したコストが事案の係争額を上回ったという。また，もう一つの事案は（噂の域を出ないとしつつ）スウェーデンとドイツを当事国とし，手続の甚だしい遅延から仲裁決定に3年超を要し，最終的には仲裁決定でなく相互協議による合意が2009年に成立しているという。

なお，EU仲裁条約は，OECDモデル租税条約や国際連合モデル租税条約が二国間の相互協議（仲裁手続を含む）であるのに対して，多国間の仲裁手続を規定上定める唯一の条約例（EU仲裁条約6，実施規範1.1，6.2）であるが，これまでのところ多国間協議の実例は報告されていない[56]。

3 OECDモデル租税条約25条5項に定める相互協議に係る仲裁手続

日本は，前述のとおり2008年改正OECDモデル租税条約25条5項と基本的に同じ仲裁手続を2010年改正オランダ租税条約において初めて導入し，2010年香港新租税協定，2011年ポルトガル新租税条約[57]（署名・未発効），2012年改正ニュージーランド条約（署名・未発効）と続いている。そこで，先に検討した2008年改正OECDモデル租税条約25条5項の意義を，次のとおり確認しておこう[58]。

① 仲裁は，相互協議の申立てから2年以内に権限のある当局が合意していない未解決事項について，納税者の要請により，相互協議の一部とし

---

(56) Leonard B. Terr, supra note 46 at 485.
(57) ポルトガル租税条約の相互協議は，移転価格課税のみを対象とする。ただし，条約の定めに適合しない課税に対象を拡大することについて，日本に最恵国待遇を定める（議定書12 (a)(b)）。
(58) 詳細については，赤松・前掲注 (34) 224, 229〜235頁参照。

て，その手続にそって実施される。
② 　権限のある当局は，上記①の未解決事項について納税者から仲裁の要請を受けた場合に，仲裁の付託をしなければならない義務を有する（強制仲裁）。ただし，裁判所又は行政審判所が決定を下している事項については仲裁の対象とならない。
③ 　仲裁は，相互協議において未解決の「条約の規定に適合しない課税」[59]を対象とする。したがって，両締約国の権限のある当局が条約の規定に適合する課税であると合意した場合に，二重課税が生じていても仲裁の対象外である[60]。
④ 　仲裁は，租税条約に基づく政府間協議であることに変わりはないが，国家間の課税権の配分の問題としてのみでなく，仲裁決定の拘束力（下記⑦）を通じて，納税者に二重課税の排除を保証する仕組みを採用している。
⑤ 　仲裁決定は，先例としての価値がないとした上で仲裁の理由を付す「独立意見方式」とし，納税者及び両締約国の権限のある当局の同意に基づき，匿名性に配意して編集した形での公開を原則とする。
⑥ 　仲裁決定は，両締約国の権限のある当局を拘束するが[61]，納税者は仲裁決定の受け入れを拒否できる。すなわち，仲裁の要請によって納税

---

(59) EU仲裁条約は，前述のとおり，租税条約に定める相互協議とは別の移転価格課税を対象とする仲裁に係る多国間条約である。他方，米国のドイツ及びカナダとの租税条約では，仲裁対象となる事案を，原則として4条（居住者），5条（恒久的施設），7条（事業所得），9条（特殊関連企業）又は12条（使用料）に限定している（後掲注(79)参照）。
(60) OECDモデル租税条約25条5項は「条約の規定に適合しない課税」の排除を目的としており，仮に両締約国の権限のある当局が条約の規定に適合しない課税は生じていないと合意した場合（OECDモデル租税条約25条コメンタリーパラグラフ64，68），仲裁規定の適用はなく，したがって二重課税が生じていても相互協議により救済されない。これに対して，EU仲裁条約は二重課税の排除の達成を仲裁決定の目的としている点において根本的に異なる（Marlies de Ruiter, supra note 30, at 496）。
(61) EU仲裁条約では，権限のある当局は仲裁委員会の仲裁決定から6か月以内であれば，二重課税の排除のために別の結論で合意することができる。

者の国内救済の権利（裁判を受ける権利）は奪われない。
⑦　仲裁決定を内容とする相互協議の合意に納税者が同意した場合には，国内法の規定にかかわらず実施されなければならない（仲裁手続の定めのないこれまでの相互協議の合意と同様に国内執行力を有する）。
⑧　権限のある当局は，仲裁手続の適用の具体的実施項目について，別途書面により合意する[62]。
⑨　仲裁は相互協議の補完手続であり，仲裁が進行中であっても相互協議は継続し，相互協議が成立した場合には仲裁は仲裁決定を得ることなく終了する[63]。

　2008年改正OECDモデル租税条約25条5項に定める相互協議としての仲裁手続が，前述のEU仲裁条約，及び，次に述べる米国の任意仲裁を定める租税条約の経験に関する調査研究に基づくものであることが理解される。

4　米国租税条約が定める相互協議に係る仲裁手続の発展と現状
(1)　任意仲裁手続の導入

　米国では，1989年に署名したドイツ租税条約（2006年議定書による改正前のもの）が仲裁手続を有する最初の租税条約であり[64]，その後のカナダ（2007年議定書による改正前のもの），フランス（2008年議定書による改正前のもの），アイルランド（1997年発効），メキシコ（1992年発効），オランダ（1993年発効）及びスイス（1997年発効）との租税条約はいずれも権限のある当局に仲裁への付託を義務づけない任意仲裁を定める。これらの任意仲裁を定める各租税条約では，納税者が仲裁決定に拘束されることに同意する書面を提出することを条件として仲裁に付託される[65]。しかし，任意仲裁を定める租税条約

---

(62)　OECDモデル租税条約25条コメンタリーパラグラフ85。
(63)　OECDモデル租税条約25条コメンタリーパラグラフ64。
(64)　谷口勢津夫「租税条約上の権利救済手続－ドイツにおける展開－」甲南法学40巻3・4号（2000年3月）101～142頁参照。

に基づき仲裁が実施された事例はこれまで一つもなく[66]，任意仲裁は，より迅速な相互協議の合意が達せられるためのインセンティブとしてはいささか制限的であって，条約それ自体に単に任意仲裁に移行することができる権限を定めるだけでは，強制仲裁を提供する場合に比して効果的ではないことが明らかになってきたとの認識に基づき，今日では，強制仲裁が主流となっている[67]。

2006年11月15日に公表されている米国モデル租税条約25条（相互協議）は仲裁手続を定めていない[68]。米国は，下記（2）で検討する強制仲裁手続を2007年改正ドイツ租税条約において最初に導入し，ベルギー，カナダ，フランス，スイス，そして日本というように条約改正を進める一方で，同時期において，アイスランド，ブルガリア，ハンガリーとは任意仲裁で合意し

---

(65) 仲裁決定に従うことを書面で両締約国の権限のある当局に提出することが義務づけられており，裁判を受ける権利を放棄する定めとなっている（例えば，現行のスイス租税条約25条6項，改正前のフランス租税条約26条5項）。

　なお，2011年国際連合モデル租税条約が導入した仲裁手続は，相互協議を定める25条の選択肢Aは仲裁手続を定めず，選択肢Bが，次を内容とする「任意仲裁」手続を定める。
① （納税者でなく）いずれか一方の権限のある当局が仲裁の要請をすることができる。すなわち，双方の権限のある当局が望まない場合は，納税者の意向にかかわらず，仲裁手続に入ることはない。
②仲裁決定が示されてから6か月以内に両締約国の権限のある当局が異なる合意をした場合は，当該仲裁決定に拘束されない。

　国際連合モデル租税条約の意義と動向については，青山慶二「2011年国連モデル条約改定について」租税研究756号（2012年10月）270頁参照。

(66) John Harrington, "No Dispute About the Increasing Importance of Arbitration in Tax Treaties", Tax Note International, Vol. 59 (2010), no. 10, September 6, 2010, at 753. 日本語訳として，岡田至康訳「租税条約上の仲裁における重要性の高まりに異論なし」租税研究742号（2011年8月）296頁。

(67) Opening Statement of Manal Corwin Treasury Deputy Assistant Secretary (International Tax Affairs) Senate Committee on Foreign Relations, June 7, 2011, at 7.
　http：//www.treasury.gov/resource-center/tax-policy/Documents/OTPTest-2011-6-7-Corwin-SenFR.pdf

(68) Craig A. Sharon, supra note 55, at 92. 米国モデル租税条約は次により入手できる。
　http://www.irs.gov/pub/irs-trty/model006.pdf

ている。このように仲裁手続を条約に規定するかどうか，規定する場合に任意仲裁とするか強制仲裁とするかは，条約交渉におけるケースバイケースの合意によるのが現状である[69]。

米国モデル租税条約の改正が期待されているところ[70]，2009年フランス租税条約に係る改正議定書を承認する米国上院外交委員会決議は，米国の強制仲裁手続を定める租税条約に基づく仲裁手続の実施事例が10件集積したところで，詳細な報告書を提出するよう定めている[71]。

(2) 強制仲裁手続の導入

強制仲裁を最初に導入したドイツ租税条約及びベルギー租税条約の改正議定書に関する米国上院外交委員会において，米国財務省国際税務担当顧問John Harrington は「差し迫った強制仲裁の見込みは，仲裁手続の開始に先立って妥協する大いなる動機づけをもたらし……相互協議手続における最後の手段として強制かつ拘束力のある仲裁は米国の租税条約に定める相互協議を手助けする有効かつ適切な道具となり得る」[72]と述べている。

こうして米国は，2006年議定書に基づくドイツ租税条約（2007年発効）以後，ベルギー（2007年発効），カナダ（2008年発効），フランス（2009年発効），スイス（2009年署名・未発効）[73]との条約改正において強制仲裁手続を導入し，日本とは2013年1月に改正議定書に署名（未発効）している。英国との改正

---

(69) John Harrington, supra note 66 at 755. 岡田・前掲注（66）298頁。
(70) Craig A. Sharon, supra note 55, at 92.
(71) John Harrington, supra note 66 at 758, foot note 17. 岡田・前掲注（66）303頁脚注17。
(72) Testimony of Treasury International Tax Counsel, John Harrington before the Senate Committee of Foreign Relations on Pending Income Tax Agreement, 17 July 2007, HP-494, Consideration of Arbitration.
http://www.treasury.gov/press-center/press-releases/Pages/hp494.aspx
(73) スイス租税条約改定議定書は米国外交上院委員会での審議を了し（2011年7月26日），上院の承認待ちである。改正の内容については，Explanation of Proposed Protocol to the Income tax treaty between the United States And Switzerland, JCX-31-11（May 20, 2011）. 参照。
https://www.jct.gov/publications.html?func=startdown&id=3791

も近いとされる。

「強制仲裁」を定める上記4つの租税条約（ドイツ，ベルギー，カナダ，フランス）の間には細部について相当の違い[74]はあるものの，権限のある当局が2年以内に事案を解決できなかった場合には，両締約国の権限のある当局が当該事案は仲裁に適さないという合意をしない限り，納税者の要請により権限のある当局は未解決事項を仲裁委員会に付託しなければならず，仲裁委員会は，両締約国の権限のある当局のいずれか一方のポジションを採用することで事案を解決しなければならないことにおいて共通する。具体的な共通点として次が挙げられる[75]。

(1) 仲裁手続は，2年にわたる相互協議において合意が成立しない場合に限り発動される。

(2) 強制仲裁は完全に強制適用という訳ではない。なぜならば，権限のある当局は相互協議において仲裁の対象とならないとすることを決定できるからである。

(3) 仲裁人及び仲裁委員会の長の選任手続，並びに，仲裁手続の一般的なタイムラインに関する合意を定める。仲裁人の選任については，権限のある当局の各々が1人の仲裁人を選任し，選任された2人の仲裁人が仲裁委員会の長となる3番目の仲裁人（いずれの国の居住者でない）を合議して選任する。

(4) 条約例は，仲裁人が自ら適切と考える任意の解決を選ぶことはできず，

---

(74) IRSは，強制仲裁手続を定める租税条約で発効しているものについて，解決案，意見書（ポジションペーパー），応答書，これらの文書の提出時期，文書の頁数などに関する詳細な覚書を相手国の権限のある当局と合意している。次のホームページより入手することができる。
http://www.irs.gov/Businesses/International-Businesses/Mandatory-Arbitration-with-Germany,-Belgium-and--Canada
平成25（2013）年4月30日現在で未発効の改正スイス租税条約及び改正日本租税条約についての掲示はなく，2013年議定書による改正日本租税条約に係るTechnical Explanationは公開されていない。

(75) Leonard B. Terr, supra note 46, at 486〜487. 参照。

両締約国の権限のある当局の最終提案のどちらかの中から選ばなければならない，いわゆる「ベースボール方式」を採用する。
(5) 仲裁委員会（arbitration panel）の決定は金額決定である。両締約国の権限のある当局の仲裁委員会に対する解決案は，所得，利得，収益又は費用の金額などである。
(6) 仲裁委員会の決定は，その実施に先立ち，納税者の同意を得なければならず，同意が得られた場合には両締約国の権限のある当局を拘束する。一方，納税者は，相互協議による救済の申立てを取り下げることにより仲裁手続を何時でも取りやめることができるし，仲裁決定に同意せず，国内救済手続を追及することもできる。
(7) 仲裁に要するコストは，両締約国の権限のある当局が等分に負担する。
(8) すべての関係者（仲裁手続の要請をした者及び権限のある当局の合意によっていずれかの締約国に対する納税義務が直接に影響を受ける可能性のある他のすべての者）及びその権限を与えられた代理人が仲裁に関する情報の秘密保持を遵守することを，仲裁開始に先立って書面により誓約する。
(9) 仲裁決定は，先例としての価値を有しない。

上記の共通点がある一方で，最近のフランス及びスイスとの租税条約に定める強制仲裁手続は，強制仲裁手続の導入初期の租税条約であるカナダ，ドイツ及びベルギーの各条約とはいくつかの点で異なっている。この点について，スイス租税条約に強制仲裁を定める改正議定書に関する米国上院外交委員会の Manal Corwin 米国財務省次官補（国際税務担当）はオープニング・ステートメントとして「スイス租税条約に係る議定書案に定める仲裁手続は，フランス租税条約の議定書に定める仲裁手続と非常に良く似ているが，カナダ，ドイツ及びベルギーのそれとは少し異なる。これは，フランスとの議定書の改正交渉において，導入初期にカナダ，ドイツ，ベルギーと合意された仲裁手続の規定に関して当委員会が表明した懸念を考慮した結果である」と述べている[76]。具体的には次の3点が挙げられる[77]。

① 仲裁の要請をした者が，仲裁委員会にポジションペーパーを直接提出することを認めていること。
② 権限のある当局がその自国の税務官庁の職員を仲裁人に任命することを認めないこと。
③ 仲裁委員会がその決定に当たり適用される法原則の定めを置いていないこと（条約の解釈に関する国際慣習法（ウィーン条約法条約31～33条に定める条約の解釈）は適用される[78]）。

なお，ベルギー及びフランス租税条約に定める仲裁手続では，権限のある当局は「条約の規定に適合しない課税」として要請のあったすべての問題を対象とする定めとなっているが，他方，ドイツ及びカナダ税務条約の仲裁手続では，条約に定める特定の規定（自然人の居住地，恒久的施設，事業所得，特殊関連企業及び使用料）に関する紛争は自動的に仲裁手続の対象となるが，条約の他の規定に関する紛争についての仲裁は両締約国の権限のある当局の裁量に委ねられている。換言すれば，条約のいずれの規定に関する紛争も権限のある当局が相互協議において仲裁手続に適すると合意すれば，仲裁対象とすることができる[79]。

---

[76] Opening Statement of Manal Corwin, supra note 67, at 8.
[77] John Harrington, supra note 66 at 754, foot note 8. 岡田・前掲注（66）297頁脚注8で引用されている Senate Executive Report 111-1 は次により入手できる。
http://www.gpo.gov/fdsys/pkg/CRPT-111erpt1/html/CRPT-111erpt1.htm
[78] Opening Statement of Manal Corwin, supra note 67, at 8.
[79] John Harrington, supra note 66 at 754. 岡田・前掲注（66）297頁。
ドイツについては，2006 Protocol: Revisions to 1989 Protocol, Article XVI, 22. 参照。RHOADES & LANGER, U.S. International Taxation and Tax Treaties, Volume 4 (2008), at GERM-197.
カナダについては，Technical Explanation, at 43. 参照。
http://www.treasury.gov/resource-center/tax-policy/treaties/Documents/tecanada08.pdf

米国の強制仲裁が，EU 仲裁条約や OECD モデル租税条約が採用する「独立意見方式」でなく，いわゆる「ベースボール方式」を採用している意義について，上記のオープニング・ステートメントは「仲裁委員会は両締約国のポジションのいずれかを選択することができるのみであるから，仲裁決定により近くなるように，両締約国の権限のある当局のポジションの違いが狭まることが期待されている。実際，仲裁手続が成功であるとすれば，困難な問題は仲裁に委ねることなしに解決されるであろう。すなわち，財務省の目的は，仲裁手続が利用されることが稀である一方で，仲裁手続の存在自体が，両締約国の権限のある当局が仲裁手続を開始することなしに相互が合意可能な結論に至る交渉を続けるというアプローチを助長することにある」[80]と述べている。

　それにもかかわらず仲裁手続が開始されることとなった場合，「正しい答え（right answer）」でなく，むしろ「最も誤りの少ない答え（least wrong answer）を得て，適時に納税者の救済を達成することに「ベースボール方式」の意義があると理解されている[81]。すなわち，両締約国の権限のある当局が示す提案は理論的には「正しい答え（right answer）」を含むものであるかもしれないが，「ベースボール方式」という制度設計上，それは保証され得ない[82]。従って，「ベースボール方式」の理論的帰結として，①仲裁決定は

---

(80) Opening Statement of Manal Corwin, supra note 67, at 8. この点について，例えば，IRS に新設された APMA（Advance Pricing and Mutual Agreement Program）の Director である Richard McAlonan は，2012 年度の移転価格課税に関する相互協議の処理件数（90 件）が，2011 年度（137 件）及び 2010 年度（146 件）の処理件数と比較して大幅に減少しているのは，2011 年度及び 2010 年度の処理件数の増大が（2 年を過ぎて合意に至らないことが条件の）仲裁手続が開始される前に事案を解決するという圧力によるためのものであって，2012 年度の件数は過去の処理件数の水準に復したものと説明する（Tax Management Transfer Pricing Report (Vol. 21, No. 22), 3-21-13 at 1082.）。

(81) Joint Committee on Taxation, Explanation of Proposed Protocol to the Income Tax Treaty Between the United States and France, JCX-49-09 (November 6, 2009) at 67.
https://www.jct.gov/publications.html?func=startdown&id=3629

(82) Leonard B. Terr, supra note 46, at 487, foot note at 496.

金額合意であり，②理由説明を含まず，③先例としての価値を有しないのであるが，この特性は，移転価格課税に係る相互協議の合意の成立に関する通知文書（相互協議事務運営指針19）の記載内容と同じである（前述Ⅲ．3参照）。このことから，「ベースボール方式」は，移転価格課税処分の紛争解決の方法として（合意理由及び金額の計算根拠の説明を義務づける EU 仲裁条約や OECD モデル租税条約 25 条 5 項に定める仲裁手続と比較すると）極めて実践的な制度設計となっていることが理解される。

　米国の租税条約に定める「強制仲裁」による解決の例としては，「噂」であるが，2008 年カナダ租税条約に基づき，カナダ税務当局による米国法人のカナダ子会社と米国に所在する関連会社との取引に係る 3 件の移転価格課税事案があるという[83]。

　前述してきた米国租税条約の相互協議に係る仲裁手続の発展と現状の理解を踏まえるならば，「仲裁は成長し発展している分野であり，その態様にも数多くの選択肢がある」[84]とされるなかで，2013 年改正日米租税条約（署名・未発効）の相互協議に係る仲裁手続は，2009 年フランス租税条約以後の強制仲裁の系譜に連なるものであることが理解される。その具体的内容については，次の「5　日本の租税条約に定める相互協議に係る仲裁手続」で検討する。

5　日本の租税条約に定める相互協議に係る仲裁手続

　日本は，既に検討したとおり 2008 年改正 OECD モデル租税条約 25 条 5 項が定める相互協議としての「強制仲裁」・「独立意見方式」による仲裁手続

---

[83]　Opening Statement of Manal Corwin, supra note 67, at 9. において複数件と言及され，Craig A. Sharon, supra note 55, at 93 が「噂」であるとした上で 2 件の相互協議が仲裁決定により合意し更に数件が仲裁手続に係属しているとしていたが，その後の Leonard B. Terr, supra note 46, at 486. によれば 3 件の仲裁決定による相互協議の合意の成立が広く知られているとする。

[84]　Testimony of John Harrington, supra note 72, Consideration of Arbitration.

を2010年改正オランダ租税条約（日蘭租税条約）において初めて導入し，2010年香港新租税協定，2011年ポルトガル新租税条約（署名・未発効），及び，2012年改正ニュージーランド租税条約（署名・未発効）と続き，2013年改正日米租税条約（署名・未発効）では，前述の最近の米国の租税条約締結ポリシーに従い「強制仲裁」・「ベースボール方式」による仲裁手続を採用している（2013年3月21日に基本合意している改正日英租税条約が「独立意見方式」又は「ベースボール方式」のいずれを採用しているのかは，2013年4月30日の執筆時点では明らかでない）。他方で，2010年日蘭租税条約以後に締結された，例えば，サウジアラビア（2011年発効）との新租税条約，ジャージー（2011年署名・未発効），ガーンジー（2011年署名・未発効），バハマ（2011年発効），及び，ケイマン（2011年発効）との新租税協定に定める相互協議には仲裁手続は定められていない（2013年4月30日現在）。

　今後の日本の仲裁手続を有する租税条約の展開に当たっては，もとより相互協議の合意に困難が生じている国との条約改正が優先的に望まれるのであるが，「もし，仲裁規定は事案の解決に協力的でないという前歴もしくは評判のある条約相手国との租税条約にのみ盛り込まれるべきである，と米国などの国が主張すれば，その国は，租税条約交渉で当該規定の導入を求める場合には，明白なメッセージを送ることになる。それは皮肉なことに，当該規定が最も必要な相手国がその採用に最も抵抗することになる可能性となる」[85]との指摘を踏まえれば，2010年日蘭租税条約以後の日本の租税条約交渉のあり方は妥当なものといえる。

(1) 2010年日蘭租税条約の仲裁手続の検討

　日本は，OECDモデル租税条約25条5項及び同コメンタリー「仲裁手続見本」と同様の「独立意見方式」による強制仲裁手続を定める相互協議を，

---

(85) John Harrington, supra note 66 at 760. 日本語訳は岡田・前掲注（66）305頁を引用。
　　なお，インドが，相互協議に仲裁手続を導入することに強く反対していることについて，Tax management Transfer Pricing Report, Vol.19, No.16 (December 16, 2010)at 873. 参照。

2010年日蘭租税条約24条5項，議定書（日蘭議定書）12及び実施取決め（日蘭取決め）[86]により初めて導入した。従って日蘭租税条約は，前述の「Ⅳ.3」において検討した①～⑨の特性を有している。そこで，日本のOECDタイプの仲裁手続の代表例として日蘭租税条約の相互協議に係る仲裁手続を以下で検討する（香港租税協定は24条5項，議定書6及び実施取決め[87]において基本的に同一の仲裁手続を定めている）。

日蘭租税条約24条（相互協議手続）5項
「(a) 一方の又は双方の締約国の措置によりある者がこの条約の規定に適合しない課税を受けた事案について，1の規定に従い，当該者が一方の締約国の権限のある当局に対して申立てをし，かつ，

(b) 当該一方の締約国の権限のある当局から他方の締約国の権限のある当局に対し当該事案に関する協議の申立てをした日から2年以内に，2の規定に従い，両締約国の権限のある当局が当該事案を解決するための合意に達することができない場合において，

当該者が要請するときは，当該事案の未解決の事項は，仲裁に付託される。ただし，当該未解決の事項についていずれかの締約国の裁判所又は行政審判所が既に決定を行った場合には，当該未解決の事項は仲裁に付託されない。当該事案によって直接の影響を受ける者が，仲裁決定を実施する両締約国の権限のある当局の合意を受け入れない場合を除くほか，当該仲裁決定は，両締約国を拘束するものとし，両締約国の国内法令上のいかなる期間制限にもかかわらず実施される。両締約国の権限のある当局は，この5の規定の実施

---

(86) 平成22年9月1日「所得に対する租税に関する二重課税の回避及び脱税の防止のための日本国とオランダ王国との間の条約第二十四条5に係る実施取決め」
http://www.nta.go.jp/sonota/kokusai/kokusai-sonota/1009/01.htm
(87) 平成22年12月7日「所得に対する租税に関する二重課税の回避及び脱税の防止のための日本国政府と中華人民共和国香港特別行政区政府との間の協定第二十四条5に係る実施取決め」
http://www.nta.go.jp/sonota/kokusai/kokusai-sonota/1011/01.htm

方法を合意によって定める。」

　日蘭議定書12は，24条5項の規定の実施方法について，次のとおり定める。
- (a)　仲裁の要請から2年以内（両締約国の権限のある当局の合意により別途定めることができる）に仲裁決定が実施されることを確保するための仲裁手続を合意によって定めること。
- (b)　仲裁人の資格，選任，仲裁委員会の構成，仲裁手続に関して知り得る情報の秘密保持及び仲裁人の費用負担。
- (c)　仲裁人に対して，両締約国の権限のある当局は必要な情報を不当に遅滞なく提供。
- (d)　仲裁決定の取扱い。
- (e)　仲裁決定に先立ち相互協議により成立した合意の効力。
- (f)　改正条約の発効前から相互協議が係属していた事案の取扱い。

　日蘭取決めは，「仲裁の要請から2年以内に仲裁決定が実施されることを確保するための仲裁手続」（日蘭議定書12(a)）を，次のとおり定める。

① 　仲裁の要請は相互協議の「開始日（Commencement date）」から2年を経過した日からすることができるが，「開始日」とは協議を行うに必要な資料（権限のある当局が相互協議の申立てを受領した日の翌日から90日以内に特に求めた追加的情報を含む）がすべて提出されたと両締約国の権限のある当局が認めた日をいい，仲裁の要請を行った者に通知される（日蘭取決め2）。いずれかの締約国の裁判所又は行政審判所が決定を行っている事案の仲裁の要請は認められていない（日蘭条約24⑤(b)，日蘭取決め1）。仲裁の要請を受領した権限のある当局は，受領した日の翌日から10日以内に，その写しを他方の締約国の権限のある当局に送付する（日蘭取決め1）。

② 両締約国の権限のある当局は，仲裁の要請を受領した日の翌日から 90 日以内に「付託事項」を決定し，仲裁の要請を行った者に通知する（日蘭取決め 3，4）。
③ 仲裁の要請を行った者が「付託事項」を受託した日からの翌日から 90 日以内（付託事項の不通知の場合は，両締約国の権限のある当局が仲裁要請を受領した日の翌日から 120 日以内）に，両締約国の権限のある当局は，各々 1 名の仲裁人を任命する（日蘭議定書 12(b)，日蘭取決め 5）。
④ 2 人目の仲裁人が任命された日の翌日から 60 日以内に，2 名の仲裁人は，仲裁員会の長となる第三の仲裁人を任命する（日蘭議定書 12(b)，日蘭取決め 5）。
⑤ 「委員会の長」が事案の検討を開始するために必要なすべての情報を受領した旨を両締約国の権限のある当局及び仲裁の要請を行った者に対して書面で通知した日の翌日から 180 日以内に「仲裁決定」を通知する（日蘭議定書 12(c)，日蘭取決め 15）。
⑥ 仲裁の要請を行った者は，仲裁人に対して書面又は口頭で立場を表明することができる（日蘭取決め 10）。
⑦ 「仲裁決定」は，ウィーン条約法条約に定める条約の解釈に関する原則に従い，OECD モデル租税条約コメンタリーに配意しつつなされる。移転価格課税事案については OECD 移転価格ガイドラインに配意してなされる（日蘭取決め 13）。両締約国の権限のある当局が仲裁の要請を受領する前に入手できなかった情報は，原則として仲裁決定に関し考慮されない（日蘭取決め 9）。
⑧ 仲裁の要請を行った者に仲裁決定の通知をする前に，相互協議の合意が成立した場合は，仲裁決定は行われない（日蘭議定書 12(e)）。
⑨ 仲裁決定は両締約国を拘束し，先例としての価値を有しない（日蘭議定書(d)，日蘭取決め 14，17）。「仲裁決定」は仲裁人の単純多数決による（日蘭取決め 14）。
⑩ 仲裁決定は文書で提示され，両締約国の権限のある当局が決定した場

合には，依拠した法の出所及び結論に至った理由が示される。いずれか一方の締約国の権限のある当局から要請があった場合には，仲裁委員会の長は，両締約国の権限のある当局に対して，当該仲裁のための委員会における議論の概要を示す。仲裁決定は，仲裁の要請を行った者及び両締約国の権限のある当局が公表の形式及び内容に関して書面により同意しない限り，公表されない（日蘭取決め14）。

⑪　両締約国の権限のある当局は，仲裁の要請を行った者に仲裁決定の通知が行われた日の翌日から180日以内に，当該仲裁決定を実施する（日蘭取決め18）。

上記を整理すると，「図表4：日蘭租税条約の仲裁手続の概要（タイムライン）」となる。

実務の取扱いにおいて最も重要な問題は，仲裁の要請をすることができる起算日の相互協議の「開始日」であるが，前述のとおり相互協議を行うに必要な資料がすべて提出されたと両締約国の権限のある当局が認めた日であり（日蘭取決め2），相互協議の申立てを行った日ではないことに留意する必要がある[88]。この点について，EU仲裁条約の実施における経験に照らすと，権限のある当局が求める情報の水準が異なることなどから，いずれか一方の権限のある当局が必要な情報の提供がなされていないと主張することで，仲裁手続の開始が遅延する恐れがあることが指摘されている[89]。傾聴に値すべき指摘であろう。

日蘭租税条約の仲裁手続がOECDモデル租税条約「仲裁手続見本」に定

---

(88)　例えば，国際税務研究会編集「最近の相互協議の状況について」国際税務33巻3号（2013年3月）46頁参照。
(89)　Hugo Vollebregt et al, "Arbitration under the New Japan- Netherlands Tax Treaty", Bulletin for International Taxation, Vol. 65, No. 4/5-2011, at 225.

第7章 移転価格課税に係る紛争の処理 281

図表4：日蘭租税条約の仲裁手続の概要（タイムライン）

```
┌─────────────────────────────────────────────┐
│ 相互協議の申立てから2年を経過しても合意が成立しない │
│ （条約24条5(b)）（事前確認は対象外）           │
└─────────────────────────────────────────────┘
                    ⇩
┌─────────────────────────────────────────────┐
│ 仲裁の要請（取決め1, 2）                       │
│ ・仲裁の要請を行う者（仲裁要請者）が，居住地国の権限のある当 │
│   局に書面で要請                                │
│ ・仲裁の要請を受領した権限のある当局は，10日以内に，その写し │
│   を他方の締約国の権限のある当局に送付              │
└─────────────────────────────────────────────┘
                    ⇩ 90日以内
┌─────────────────────────────────────────────┐
│ ・権限のある当局からの特定の追加情報提供依頼          │
│ 付託事項の決定（取決め3）                         │
│ ・権限のある当局間で解決されるべき事項について合意し，仲裁要 │
│   請者に通知                                    │
└─────────────────────────────────────────────┘
                    ⇩ 90日/120日以内
┌─────────────────────────────────────────────┐
│ 仲裁人の選任（取決め5）                          │
│ ・権限のある当局は，それぞれ1名の仲裁人を任命         │
└─────────────────────────────────────────────┘
                    ⇩ 60日以内
┌─────────────────────────────────────────────┐
│ ・任命された仲裁人は，仲裁委員会の長となる第三の仲裁人を任命 │
│ 事案の検討（取決め9, 10）                        │
│ ・権限のある当局は，仲裁人が必要とする資料を提供        │
│ ・仲裁委員会の長は，事案の検討に必要なすべての情報を受領した │
│   旨を通知                                     │
└─────────────────────────────────────────────┘
                    ⇩ 180日以内
┌─────────────────────────────────────────────┐
│ 仲裁決定の通知（取決め15）                       │
│ ・権限のある当局及び仲裁要請者に対して，仲裁決定を書面で通知 │
└─────────────────────────────────────────────┘
                    ⇩ 180日以内
┌─────────────────────────────────────────────┐
│ 仲裁決定の実施（取決め18）                       │
│ ・仲裁要請者への同意の意向の確認                    │
│ ・仲裁決定に基づく相互協議の合意，対応的調整の実施      │
└─────────────────────────────────────────────┘
```

原則として2年以内　議定書12

（出典）国際税務30巻10号（2010年10月）9頁に掲載の図を参照し加筆・補充。

める仲裁手続と異なる主要な点は次のとおりである。

① 仲裁人の資格について，OECDモデル租税条約では，事案に関係していない政府職員の任命は「一旦仲裁人が任命されれば，彼の役割は中立的かつ客観的根拠によって事案を判断すべきであることは明らかであり，彼はもはや自らを任命した国の代弁者として機能するのではない」(仲裁手続見本コメンタリーパラグラフ15) と否定的でないが，日蘭租税条約は，申立事案に関係した者及び現職の税務職員が就任することを明示的に認めていない（日蘭議定書12(b)(iii)，日蘭取決め6）。

② 仲裁決定の理由について，OECDモデル租税条約では，仲裁委員会は両締約国の権限のある当局から提出の解決案及び意見書，さらには，納税者から提出のあった分析と意見書を参照しつつ，自ら根拠法に基づき解決を決定し，仲裁決定とその理由を示さなければならない（仲裁手続見本「15. 仲裁決定」，仲裁手続見本コメンタリーパラグラフ2）。しかしながら，課税実務では，移転価格課税事案に係る相互協議の合意に関する納税者に対する通知の内容として，上述のとおり，①日本における所得調整金額及び相手国における対応的調整金額及び②いかなる意味においても先例としての価値を有しないことの2点のみが記載され，合意の理由や金額の計算根拠などは示されない。こうした相互協議の合意の実際に鑑みるならば，OECDモデル租税条約に定める仲裁決定の理由説明義務は，透明性の確保による相互協議における不適切な合意や合意のブラック・ボックス化を牽制する効果，あるいは，開示される事案の集積による類似事案の発生の抑止効果という理念に基づくものであることは理解できるが（仲裁手続見本コメンタリーパラグラフ39），移転価格課税事案の仲裁決定に当たって，仲裁委員会の構成員である各仲裁人には理念的に過ぎるとも言えよう[90]。

これに対して，日蘭租税条約では，上記のとおり，両締約国の権限のある当局が決定した場合に限り，仲裁決定の文書に法の出所及び結論に至った理由が示される。いずれか一方の締約国の権限のある当局から要請があった場

合に，仲裁委員会の長は両締約国の権限のある当局に対して仲裁委員会の議論の概要を示す。納税者及び両締約国の権限のある当局の書面による合意を得た場合に限り，匿名性に配意した編集がなされた上で公開される（日蘭取決め14）。この取決めは，相互協議の申立てから2年を経過し，解決が何より優先される移転価格課税事案については，仲裁決定に至る詳細な理由説明という実務上の隘路を実態的に解消し，仲裁の要請から2年以内に対応的調整まで実施することで国際二重課税を排除する一方，例えば，ソースルールなど条約文の解釈・適用の先例となるべき事案については，両締約国の権限のある当局の決定に基づき，依拠した法の出所及び結論の理由説明が納税者に示され，さらに，納税者の同意を得て情報を公開することを通じて類似事案の発生の抑止を図るというものである。移転価格課税の紛争解決を「独立意見方式」による仲裁で達成するという理念を実現する取決めとして評価される。

(2) 2013年日米租税条約の仲裁手続の検討

2013年改正日米租税条約（署名・未発効）は，次のとおり，25条5～7項の相互協議に強制仲裁手続を定め，その付随的・補充的事項を条約の不可分の一部をなす議定書（日米議定書）14に定める。

日米租税条約25条（相互協議手続）5項

「5　この条の規定に従い，一方又は双方の締約国の措置によりある者がこの条約の規定に適合しない課税を受けた事案について，当該者が自己が居住者である締約国（当該事案が前条1[91]の規定の適用に関するものである場合には，自己が国民である締約国）の権限のある当局に対して申立てをし，かつ，両締約国の権限のある当局が当該事案を解決するための合意に達することができ

---

(90)　もっとも，それが故に「強制仲裁」は「誰もが仲裁を好むが絶えて実施されたことなし（We love arbitration but we never use it.）」（Marlies de Ruiter, supra note 30, at 499.）という最大の効果を挙げ得るという皮肉な見方も成立する。
(91)　第24条（無差別取扱い）1に定める国籍無差別を指す。

ない場合において，次の(a)及び(b)に定める要件が満たされるときは，当該事案は，この5，6及び7並びに両締約国の権限のある当局が7(i)の規定に従って合意する規則又は手続に定める方法及び要件に従って行われる仲裁を通じて解決される。

(a) 当該事案について申立てをした者が，その申立てをした権限のある当局に対し，当該事案の仲裁による解決を要請する書面を提出したこと。

(b) 全ての関係者及び権限を与えられたその代理人が，仲裁手続の過程においていずれかの締約国の権限のある当局又は仲裁のための委員会から受領した情報（仲裁のための委員会の決定を除く。）を他の関係者以外のいかなる者に対しても開示しない旨を表明した書面を提出したこと。」

日米租税条約25条6項は，仲裁に付託されない場合を次のとおり定める。

(a) 当該事案についていずれかの締約国の裁判所又は行政審判所が既に決定を行った場合。

(b) 両締約国の権限のある当局が，当該事案が仲裁による解決に適しない旨を合意し，かつ，その旨を当該事案について申立てをした者に対して開始日の後2年以内に通知した場合。

(c) 当該事案が3項の最終文の規定（「両締約国の権限のある当局は，また，この条約に定めのない場合における二重課税を除去するため，相互に協議することができる（いわゆる立法的解決協議）」）のみを対象とする場合[92]。

日米租税条約25条7項は，仲裁手続を定める5項及び6項に関する定義及び手続規定を定める。すなわち，(a)関係者，(b)開始日[93]，(c)相互協議に係る仲裁手続の開始の日，(d)事前価格取決め[94]に係る仲裁手続の開始の日，

---

(92) 従って，「条約の規定に適合しない課税」として取り扱われる寄附金課税については，仲裁の対象となり得る。
(93) 「両締約国の権限のある当局の合意のための実質的な検討を開始するために必要な情報を両締約国の権限のある当局が受領した最初の日をいう」（25条⑦(b)）と定義されている。

(e)仲裁委員会の決定の拘束力（仲裁委員会の決定を仲裁の要請をした者が受け入れるときは，両締約国の権限のある当局による相互協議事案全体の解決とみなされる），(f)仲裁委員会の構成員及び職員，(g)権限のある当局による情報の不開示，(h)仲裁委員会の構成員及び職員の仲裁に関して知り得た情報の秘密保持について定義し，(i)仲裁手続の開始に先立ち事前に合意する規則及び手続に関する事項を定める。

日米議定書14は，25条5〜7項に関し次のとおり定める。

---

(94) 米国は，「強制仲裁」を定める条約のうち，ドイツ，ベルギー及びカナダとの間では事前価格取決めを仲裁の対象としているが，フランスと日本との間では対象としていない。
U.S./Germany Tax Treaty Modified to Include Mandatory Arbitration in Certain Circumstances.
http://www.irs.gov/Businesses/International-Businesses/U.S.-Germany-Tax-Treaty-Modified-to-Include-Mandatory-Arbitration-in-Certain-Circumstances.

Announcement Concerning Mutual Agreement Procedure Arbitration under the Recent Income Tax Treaty Between the United States and Belgium.
http://www.irs.gov/Individuals/International-Taxpayers/Announcement-Concerning-Mutual-Agreement-Procedure-Arbitration-under-the-Recent-Income-Tax-Treaty-Between-the-United-States-and-Belgium

Memorandum of Understanding Between The Competent Authorities of Canada and The United States of America.
http://www.irs.gov/Businesses/International-Businesses/U.S.-Germany-Tax-Treaty-Modified-to-Include-Mandatory-Arbitration-in-Certain-Circumstances
　ただし，日本との間では「いずれかの締約国の税務当局がある関係者に関する事前価格取決めの要請の対象となる取引又は移転の価格の更正について又は当該価格の調整の意図について正式な通知を発出した日の後6箇月を経過した」（25条⑦(d)(i)）ことを条件として仲裁手続に入るとしている。相互協議を伴う事前確認の申出をし，既往年度（オープンイヤーを含む）について遡及適用（ロールバック）を希望していたところ，既往年度について（除斥期間等を理由として）移転価格調査が開始され移転価格課税処分を受けることとなったときに，既往年度に対する課税と将来年度の事前確認を一括して仲裁手続の対象とすることを可とする規定と解される。

(a) 「締約国の措置により課税を受けたもの」を定義する。
(b) 仲裁委員会の構成員の資格及び選定並びに仲裁委員会の長の資格及び選定について定める。
(c) 仲裁手続の終了について，次のとおり定める。
　(i) 両締約国の権限のある当局が，条約 25 条の規定に従い，当該事案を解決するための合意に達する場合
　(ii) 当該事案について申立てをした者が仲裁の要請を撤回する場合
　(iii) 仲裁手続中に，当該事案についていずれか一方の締約国の裁判所又は行政審判所が決定を行う場合
　(iv) 当該事案の関係者又は権限を与えられたその代理人のいずれかが，条約 25 条 5(b)の規定により求められる開示しない旨の書面に故意に違反し，かつ，両締約国の権限のある当局が，その違反があったことによって仲裁手続を終了させるべきであることに合意する場合
(d) 両締約国の権限のある当局が仲裁委員会に提出する解決案は，金額（所得，利得，収益又は費用の金額など）又は税率の上限に限られることを定める。解決案は，当該事案全体を解決するために，相互協議の未解決の各事項について提出されなければならず，かつ，相互協議における解決済みの事項に抵触する解決案であってはならない。両締約国の権限のある当局は仲裁委員会に意見書を提出することができる。
(e) 課税の前提となる事実認定が関係する次のいずれかの事案の場合，両締約国の権限のある当局は，事実の認定に関する解決案及び当該解決案に係る金額を提出する[95]。

---

(95) 従って，恒久的施設（PE）の認定課税が仲裁に付託された場合，両締約国の権限のある当局は，仲裁委員会に対して，①恒久的施設の存在の有無に関する解決案と②恒久的施設が存在すると仲裁決定された場合の当該恒久的施設に帰属する所得金額の解決案という2段構えで解決案を提出することになる。仲裁委員会が恒久的施設は存在しないとの解決案を選択し仲裁決定をした場合，金額の解決案は不要となる。他方，仲裁委員会が恒久的施設は存在するとの解決案を選択し仲裁決定をした場合，仲裁委員会は両締約国の権限のある当局から提出される金額の解決案のいずれかを選択して仲裁決定する。

(i) 個人に対する課税に関し，両締約国の権限のある当局が，当該個人が居住者とされる締約国について合意に達することができなかった事案

(ii) 企業の事業利得に対する課税に関し，両締約国の権限のある当局が，恒久的施設（PE）が存在するか否かについて合意に達することができなかった事案

(iii) これらに類似する課税の前提となる問題の解決に応じて決定される他の事項に係る事案

(f) 仲裁手続が，二以上の調整又は類似の事項を対象とし，その各々が金額（所得，利得，収益又は費用の金額など）又は税率の上限に関するものである場合には，解決案は，当該調整又は類似の事項のそれぞれについての決定を提案する[96]。

(g) 各締約国の権限のある当局は，他方の締約国の権限のある当局が提出した解決案及び意見書に対する応答書を仲裁委員会に提出することができる。

(h) 仲裁の要請をした者は，仲裁委員会に対して，自己の分析及び意見を記載した書面を提出することができる。当該書面は，両締約国の権限のある当局の合意のための手続において事前に両締約国の権限のある当局に提供されなかった情報を含まないものとし，両締約国の権限のある当局が入手することができるものとする。

(i) 仲裁委員会は，両締約国の権限のある当局が提出した解決案のうちのいずれかから，仲裁決定を選び，その決定を書面で両締約国の権限のある当局に送付する（いわゆる「ベースボール方式」を定める）。決定には，理由その他の説明を含まない。仲裁委員会の決定は，他の事案における

---

[96] 従って，仲裁委員会は，例えば，仲裁に付託された3つの事項のうち，最初の事項についてはA国の提案を，次の事項についてはB国の提案を，最後の事項についてはA国の提案を採用するという仲裁決定により事案全体の一括解決をすることになる。

条約の適用に関して先例としての価値を有しない。
(j) 仲裁の要請をした者が仲裁委員会の決定を受け入れるときは、仲裁委員会の決定を受領した日の後45日以内に、当該決定を受け入れる旨を書面により通知する。仲裁の要請をした者が期限内に、その旨を通知しない場合には、当該決定は仲裁の要請をした者に受け入れられなかったものとする。当該事案について訴訟又は審査請求が行われている場合に、仲裁の要請をした者が、関連する裁判所又は行政審判所に対して当該訴訟又は審査請求を取り下げる旨の通知を上記45日以内にしないときは、当該決定は仲裁の要請をした者に受け入れられなかったものとする。当該決定が受け入れられない場合には、当該事案について、両締約国の権限のある当局による更なる検討は行われない。
(k) 仲裁委員会の構成員の報酬及び費用並びに両締約国が実施する手続に関連して生ずる費用については、両締約国が衡平に負担する。

日米租税条約の相互協議に係る仲裁手続は、日蘭租税条約と異なり、付託事項の決定手続を定めず、納税者の要請により相互協議の未解決事項を仲裁に付託するという強制仲裁の原則によっており、これは同時に仲裁手続の仕組みとして仲裁の要請から仲裁決定に至る期間の短縮に寄与している。ただし、権限のある当局は、開始日の後2年以内に、仲裁に付託しない未解決事項について合意することができる（日米租税条約25⑥(b)）。条約に定めのない場合における二重課税を除去するための立法的解決協議のみを対象とする場合はそもそも仲裁に付託されない（日米租税条約25⑥(c)）。仲裁に付託された相互協議の未解決事項に関する仲裁委員会の「ベースボール方式」による決定は、仲裁の要請をした者が受け入れるときは、両締約国の権限のある当局による相互協議事案全体の解決とみなされる（日米租税条約25⑦(e)、日米議定書14(d)〜(f)）。従って、納税者が仲裁を要請した相互協議の未解決事項は（上記の付託のない特定の場合を除き）仲裁決定により全部解決される。なお、日米租税条約では、日蘭租税条約では行政取決めである「日蘭取決め」に定め

る手続規定の主要部分を、議会の統制が及ぶ条約の不可分の一部を成す「日米議定書」において詳細に定めている。

先に検討したように2013年改正日米租税条約（署名・未発効）の相互協議に係る仲裁手続が2009年米仏租税条約の系譜に属するものとの理解に立つならば、日米両締約国の権限のある当局により遠からず合意される仲裁手続の実施に関する係る取決めの内容は、2009年米仏租税条約（米仏租税条約）[97]に関する覚書（米仏覚書）[98]及び実施取決め（米仏取決め）[99]の内容に類似したものになると思われる。米仏租税条約に関する米仏覚書及び米仏取決めは、次のとおり、仲裁委員会に提出する両締約国の権限のある当局の解決案、意見書（ポジションペーパー）、応答書、これらの文書の提出時期、文書の頁数などに関して、極めて詳細かつ具体的に政府間合意の内容を定めている。日米両締約国の権限のある当局による「仲裁手続の実施取決め」の先例として検討する価値があると思われる。

① 米仏租税条約には、米国の「強制仲裁」の特徴である仲裁適格者の定めがある。すなわち、(i)事案で問題となっている課税年度につき、少な

---

[97] Protocol Amending the Convention between the Government of The United States of America and the Government of The French Republic for the Avoidance of Double Taxation and the Prevention of Fiscal Evasion with Respect to Taxes on Income and Capital, Signed at Paris on August 31, 1994, as Amended by the Protocol Signed on December 8, 2004.
http://www.treasury.gov/resource-center/tax-policy/treaties/Documents/Treaty-Protocol-France-1-13-2009.pdf

[98] United States-France Competent Authority Memorandum of Understanding は次により入手できる。
http://www.treasury.gov/resource-center/tax-policy/treaties/Documents/Treaty-Protocol-Memorandum-of-Understanding-France-1-13-2009.pdf

[99] United States-France Arbitration Board Operating Guidelines は次により入手できる。
http://www.irs.gov/Businesses/International-Businesses/UnitedStatesFranceArbitrationBoardOperatingGuidelines

くともいずれか一方の締約国に税務申告書の提出があり，(ii)権限のある当局が（仲裁手続の開始が可能となる日前に）事案が仲裁による決定に適さないという合意をしておらず，(iii)全ての関係者及びその権限を与えられた代理人が仲裁に関して知り得た情報の秘密保持に同意するという，3要件の充足である（米仏租税条約26⑤(a)～(c)）。なお，いずれかの締約国の裁判所又は行政審判所が決定を行っている事案を仲裁要請することはそもそも許されていない（米仏租税条約26⑤）。

② 仲裁手続の開始は，相互協議の「開始日（Commencement date）」から2年経過した日（権限のある当局の合意により他の日とすることができる），又は，両締約国の権限のある当局が秘密保持に関する同意書面を受領した日のいずれか遅い日（米仏租税条約26⑥(c)）である。なお，「開始日」とは両締約国の権限のある当局が実質的な検討を開始するために必要な情報を受領したいずれか早い日をいう（米仏租税条約26⑥(b)）。

③ 仲裁手続の開始日から90日以内に両締約国の権限のある当局は，仲裁委員会の1名の構成員を選定し，互いに相手国に通知する（米仏覚書(e)）。

④ 2番目の通知の日から60日以内に，2名の仲裁委員会の構成員は，仲裁委員会の長となる第三の構成員を選定する（米仏覚書(e)，米仏取決め1.b)）。

⑤ 仲裁委員会の長の選定の日から60日以内に，両締約国の権限のある当局は5頁を超えない「解決案（金額合意）」とともに30頁（添付資料は別）を超えない「意見書（ポジションペーパー）」を提出する（米仏覚書(g)，米仏取決め7.a)）。なお，一方の締約国の権限のある当局が「解決案」を提出しない場合は，他の締約国の権限のある当局の「解決案」が仲裁委員会の決定とみなされる（米仏覚書(g)，米仏取決め7.c)）。

⑥ 仲裁委員会の長の選定の日から90日以内に，仲裁の要請をした者は「仲裁要請者の意見書」を提出することができる。提出される30頁を超えない意見書に記載の意見，議論及び分析（添付資料は別）は，仲裁が

開始される前の相互協議において両締約国の権限のある当局による協議に供されたものでなければならない。添付資料は，仲裁の開始前において両国の権限のある当局が入手可能なものに限る（米仏覚書(h)，米仏取決め 8.a）。

⑦　仲裁委員会の長の選定の日から 120 日以内に，両締約国の権限のある当局は，他方の締約国の権限のある当局が提出した解決案又は意見書に対する 10 頁を超えない「応答書」を提出することができる（米仏覚書(g)，米仏取決め 9.）。

⑧　追加情報は，仲裁委員会からの要請がある場合に限り両締約国の権限のある当局から提出することができる（米仏覚書(g)，米仏取決め 10.a）。仲裁の要請をした者による仲裁委員会への追加情報の提出は認められていない（米仏取決め 10.b）。

⑨　仲裁委員会の長の選定の日から 6 か月以内に，仲裁委員会は，両締約国の権限のある当局が提出した「解決案」のいずれかを「仲裁決定」として，両締約国の権限のある当局に対し書面で通知しなければならない（米仏覚書(i)，米仏取決め 18.a, b）。「仲裁決定」は仲裁人の単純多数決による（米仏取決め 15.c）。

⑩　仲裁決定は特定の事案に係る当該条約に関するものであり，両締約国を拘束し，当該決定の理由を含まず，先例としての価値を有しない（米仏覚書(j)，米仏取決め 18.d, e）。

⑪　仲裁決定を受領した日から 30 日以内に，事案について仲裁の要請をした者は仲裁決定を受け入れるか否かを，要請をした権限のある当局に通知しなければならない（米仏覚書(k)）。

⑫　事案について仲裁の要請をした者が権限のある当局に通知しない場合は，仲裁決定の受け入れを拒否したものとされる（米仏覚書(k)）。

⑬　当該事案について訴訟又は審査請求が行われている場合，仲裁決定を受領した日から 30 日以内に，仲裁の要請をした者が関連する裁判所又は行政審判所に対して取り下げの通知をしない場合は，仲裁の要請をし

図表5：米仏租税条約の仲裁手続の概要（タイムライン）

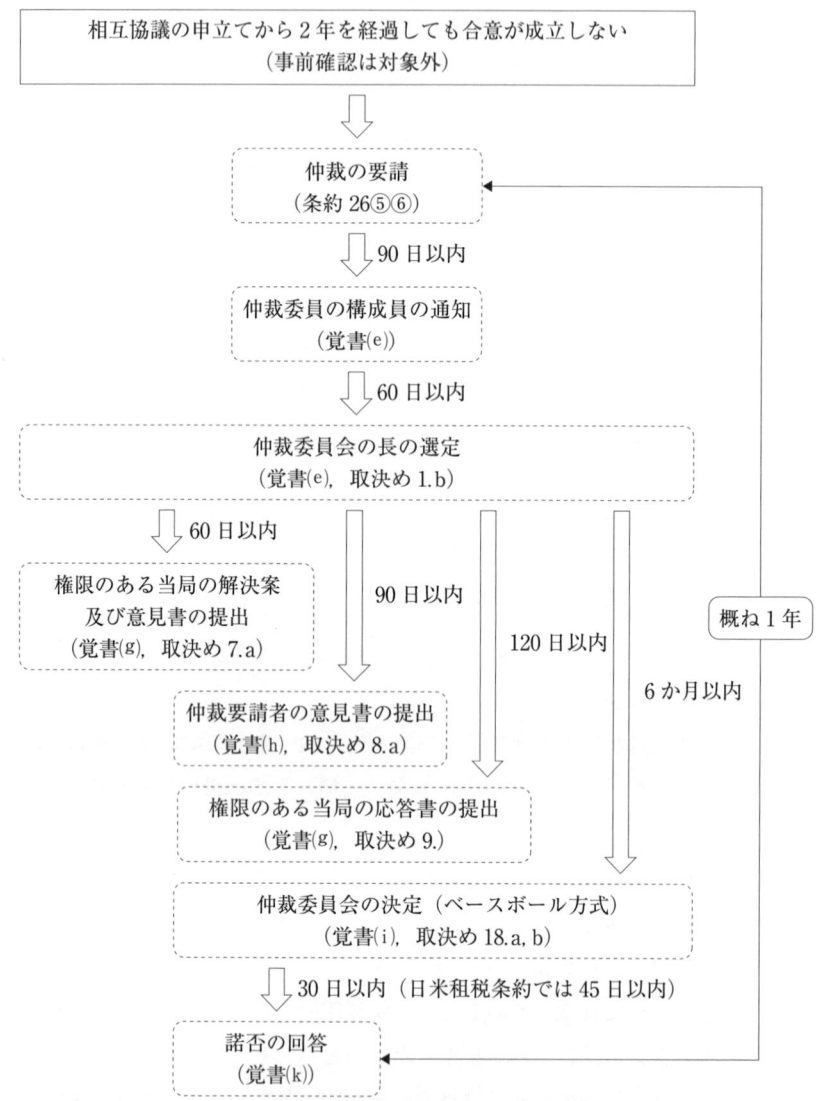

```
┌─────────────────────────────────────┐
│ 相互協議の申立てから2年を経過しても合意が成立しない │
│          （事前確認は対象外）              │
└─────────────────────────────────────┘
                    ↓
         ┌─────────────────┐
         │    仲裁の要請      │ ←──────────────┐
         │  （条約26⑤⑥）     │                │
         └─────────────────┘                │
                    ↓ 90日以内                 │
         ┌─────────────────┐                │
         │ 仲裁委員の構成員の通知 │                │
         │     （覚書(e)）     │                │
         └─────────────────┘                │
                    ↓ 60日以内                 │
         ┌─────────────────┐                │
         │   仲裁委員会の長の選定  │                │
         │ （覚書(e)，取決め1.b） │                │
         └─────────────────┘                │
                    ↓ 60日以内                 │
┌─────────────────┐                         │
│ 権限のある当局の解決案 │   90日以内                │ 概ね1年
│    及び意見書の提出  │                         │
│ （覚書(g)，取決め7.a）│   120日以内               │
└─────────────────┘                         │
                    ↓                         │
         ┌─────────────────┐                │
         │ 仲裁要請者の意見書の提出│   6か月以内        │
         │ （覚書(h)，取決め8.a）│                │
         └─────────────────┘                │
                    ↓                         │
         ┌─────────────────┐                │
         │ 権限のある当局の応答書の提出│             │
         │  （覚書(g)，取決め9.）│                │
         └─────────────────┘                │
                    ↓                         │
         ┌─────────────────────┐            │
         │ 仲裁委員会の決定（ベースボール方式）│        │
         │  （覚書(i)，取決め18.a, b） │            │
         └─────────────────────┘            │
                    ↓ 30日以内（日米租税条約では45日以内）│
         ┌─────────────────┐                │
         │     諾否の回答     │ ───────────────┘
         │    （覚書(k)）     │
         └─────────────────┘
```

（注）米仏租税条約26条5項に係る覚書及び取決めから作成。

た者が仲裁決定の受け入れを拒否したものとする（米仏覚書(k)）。
⑭　仲裁決定の受け入れが拒否された場合は，当該事案について両締約国の権限のある当局による更なる検討は行われない（米仏覚書(k)）。

　上記のほか，極めて実務的であり興味深い事項として，仲裁委員会の構成員（仲裁人）が自らのスタッフを利用することは好ましくなく，スタッフは仲裁人と同様に仲裁に関して知り得た情報の秘密保持に従い，その報酬は仲裁人の自弁であることを定め（米仏取決め12），仲裁人に支払われる報酬の金額上限，日数制限や飛行機の利用の費用はエコノミークラスとすることなどを定める（米仏覚書(o)，米仏取決め13）。

　上記を整理すると，「図表5：米仏租税条約の仲裁手続の概要（タイムライン）」となる。
　米仏租税条約は，能率的方式＝簡易方式とも呼ばれる「ベースボール方式」を採用し，「仲裁手続の開始」から概ね1年の解決を目標としていることが理解できる。他方，日蘭租税条約は，「独立意見方式」を採用し，「仲裁の要請から2年以内に仲裁決定が実施されることを確保する」（日蘭議定書12(a)）タイムラインとなっている。なお，「仲裁決定の実施」についてOECDモデル租税条約では仲裁決定の通知から6か月以内の実施（「仲裁手続見本」19），日蘭租税条約では180日以内の実施（日蘭取決め18）と定めているが，米仏租税条約では実施に関する期限の定めは特に置いていない。

Ⅴ　ま　と　め

1　移転価格課税に係る紛争の処理の選択肢と租税条約に定める相互協議の機能と限界

　日本の移転価格税制の納税義務者は法人であり，国外関連取引を対象とし，独立企業間価格と異なる価格の設定により所得が国外関連者に移転している

とみなされるときに移転価格課税処分がなされる。国外関連取引に係る国外関連者の所在地国と日本との間に租税条約が締結されている場合には，国内救済手続（不服申立前置主義による取消訴訟）とは別に，租税条約に定める両締約国の権限のある当局による相互協議の申立てをすることができる。相互協議とは，納税者が租税条約の規定に適合しない課税を受け，又は受けると認められる場合において，その条約に適合しない課税を解決するために，条約締結国の税務当局間が外交チャネルによらず直接に交渉する手続をいう。日本が締結している 54 の租税条約（適用対象国・地域は 65 か国）（平成 25 年 4 月末現在）すべてに，相互協議に関する規定が置かれている。

　移転価格課税は本質的に国家間の所得の配分の問題である。従って，その国外関連者の所在地国と日本との間に租税条約が締結されている場合は，権限のある当局による，租税条約に定める独立企業原則に従った相互協議の合意に基づく対応的調整が納税者にとっての実効性ある紛争解決である（もっとも，相互協議が成立し条約相手国による対応的調整を受けても日本と相手国との税率差は納税者にとって追加的負担となり得る）。他方，国内救済手続の場合は，原処分が完全に取り消されない限り国際二重課税は救済されない（移転価格課税処分を受けた場合に，条約に定める相互協議を実施せずに相手国において対応的調整に相当する所得の減額を受けることは，一般に期待できない）。従って，税務訴訟は，①国外関連者の所在地国と日本との間で租税条約が締結されていない場合，②国外関連者の所在地国と日本との間で租税条約が締結されていても相互協議が機能しておらず実効性が期待できないと評価される場合，あるいは，③事実認定が主たる争点であるため相互協議における合意の可能性が期待し難い場合に，長期間にわたりかつ高額に上るとされる訴訟に要する費用と勝訴の蓋然性とのバランスに基づき選択されることになる。

　しかしながら，租税条約に定める相互協議は，合意努力義務規定にとどまり，両締約国の権限のある当局に合意を義務づけるものではなく，納税者に

とっては合意の保証がないという基本的な問題がある（従って，課税実務では，相互協議が不成立の場合に備えて，法定の国内救済手続をとることにより取消訴訟を提起し得る権利を留保している）。そこで，2008 年に OECD モデル租税条約が改正され，相互協議の申立てから 2 年以内に事案が解決されない場合に，権限のある当局の仲裁への付託が（納税者が望む限り）条約上義務づけられ，かつ，仲裁決定を（納税者が拒否する場合を除き）権限のある当局の合意とすることが義務づけられるという拘束力のある強制仲裁手続が，相互協議の一部として導入されている。

2　相互協議の一部としての仲裁手続の類型

租税紛争に係る「仲裁は成長し発展している分野であり，その態様には数多くの選択肢がある」[100]ことから，本稿において検討した移転価格課税に係る紛争の処理のための仲裁手続の類型を次のとおり確認し，その上で，日本の個別の租税条約例における相互協議に係る仲裁手続を評価することとしたい。

EU 仲裁条約は，EU 加盟国の企業（associated enterprises）及び恒久的施設（PE）に係る移転価格課税事案に限定し，相互協議の申立てから 2 年以内に合意に達しない場合，（納税者の意向にかかわらず）権限のある当局は仲裁委員会を設置し，その意見を徴すことが義務づけられている（権限のある当局は納税者の同意を得て 2 年の期間制限を延長することができる）。EU 仲裁条約は，国内法で権限のある当局の合意が裁判所又は行政審判所の決定と異なることが許容されていない場合は，仲裁の付託の条件として，納税者が争訟を取り下げることを条件とする。EU 仲裁条約は（二国間租税条約とは別の）多国間条約であり，条約の文脈上，複数の EU 加盟国が関係する移転価格課税事案を仲裁により解決することができる。仲裁委員会は，その長が必要な全ての

---

(100)　Testimony of John Harrington, supra note 72, Consideration of Arbitration.

資料・情報を受け取ったことを確認した日から6か月以内に，仲裁決定を書面で表明しなければならない。権限のある当局は，仲裁決定から6か月以内であれば，仮に，仲裁決定から乖離している内容であるとしても，二重課税を除去することができる限りにおいて，別の合意に達することができる。権限のある当局の合意は最終の決定である。権限のある当局は，仲裁付託事項，仲裁決定の基礎となった議論と方法及び仲裁決定などを納税者に対し書面により通知する。権限のある当局は，納税者の同意を得て，匿名性を条件として，相互協議の合意及び仲裁決定の公表に同意することができる。EU仲裁条約の実例は少なく，これまでのところ，仲裁委員会の構成員の選任並びに仲裁人の報酬，事務関連費及び旅費等の負担などの仲裁手続に関する合意が隘路となっており，効率的でもなく効果的でもないと評価されている（前述Ⅳ.2参照）。

　OECDモデル租税条約25条（相互協議）に係る仲裁手続は，「条約に適合しない課税」の救済に関する相互協議の申立てから2年以内に権限のある当局が合意していない未解決事項について，納税者の要請により，相互協議の一部として，その手続にそって実施される。権限のある当局は，納税者から仲裁の要請を受けた場合に，仲裁の付託をしなければならない義務を有する（強制仲裁）。ただし，裁判所又は行政審判所が決定を下している事項については仲裁の対象とならない。仲裁は，相互協議において未解決の「条約の規定に適合しない課税」を対象とする。したがって，両締約国の権限のある当局が条約の規定に適合する課税であると合意した場合に，二重課税が生じていても仲裁の対象外である。仲裁委員会による仲裁決定は，先例としての価値がないとした上で仲裁の理由を付す「独立意見方式」とし，仲裁決定及びその依拠した法の出所及び結論に至った理由が示される。仲裁決定は，両締約国の権限のある当局を拘束するが，納税者は仲裁決定の受け入れを拒否できる。すなわち，仲裁の要請によって納税者の国内救済の権利（裁判を受ける権利）は奪われない。仲裁決定を内容とする相互協議の合意に納税者が同

意した場合には，国内法の規定にかかわらず実施されなければならない。仲裁は相互協議の補完手続であり，仲裁が進行中であっても相互協議は継続し，相互協議が成立した場合には仲裁は仲裁決定を得ることなく終了する（前述Ⅳ.3参照）。

　米国モデル租税条約25条（相互協議）は仲裁手続を定めておらず，相互協議に仲裁手続を規定するかどうか，規定する場合に任意仲裁とするか強制仲裁とするかは，条約交渉におけるケースバイケースの合意による。米国は，権限のある当局に仲裁の付託を義務づけない任意仲裁を定める租税条約例を有する（アイルランド，メキシコ，オランダ，アイスランド，ブルガリア，ハンガリーなど）。任意仲裁を定める租税条約例では，納税者が仲裁決定に拘束されることに同意する書面を提出することを仲裁の付託の条件としている。しかし，任意仲裁を定める租税条約に基づき仲裁が実施された事例はこれまで一つもなく，より迅速な相互協議の合意が達せられるためのインセンティブとして任意仲裁は効果的ではないとされ，今日では，強制仲裁が主流となっている。すなわち「差し迫った強制仲裁の見込みは，仲裁手続の開始に先立って妥協する大いなる動機づけをもたらし……相互協議手続における最後の手段として強制かつ拘束力のある仲裁は米国の租税条約に定める相互協議を手助けする有効かつ適切な道具となり得る」[101]との認識のもと，2006年議定書に基づく改正ドイツ租税条約（2007年発効）以後，ベルギー（2007年発効），カナダ（2008年発効），フランス（2009年発効），スイス（2009年署名・未発効）との条約改正において強制仲裁手続を導入し，日本とは2013年1月に改正議定書に署名（未発効）している（なお，米国は，同時期に，アイスランド，ブルガリア，ハンガリーと任意仲裁手続の導入で合意している）。

　米国の強制仲裁手続は，個別の租税条約の間には細部につき相当の違いは

---

[101] Testimony of John Harrington, supra note 72, Consideration of Arbitration.

あるものの，権限のある当局が2年以内に事案を解決できなかった場合には，両締約国の権限のある当局が当該事案は仲裁に適さないという合意をしない限り，納税者の要請により権限のある当局は解決のために仲裁委員会に当該事案を付託しなければならず，仲裁委員会は，両締約国の権限のある当局のいずれか一方の最終提案を採用することで事案を解決しなければならない（いわゆるベースボール方式の採用）ことにおいて共通する。両締約国の権限のある当局の仲裁委員会に対する解決案は，所得，利得，収益又は費用の金額などであり，ベースボール方式による仲裁委員会の決定は金額決定である。仲裁委員会の決定は，その実施に先立ち，納税者の同意を得なければならず，同意が得られた場合には両締約国の権限のある当局を拘束する。一方，納税者は，相互協議による救済の申立てを取り下げることにより仲裁手続を何時でも取りやめることができるし，仲裁決定に同意せず，国内救済手続を追及することもできる。強制仲裁手続を定める租税条約は，各国の仲裁手続に関する先例を調査し，仲裁の実施に当たって隘路となり得る各種の手続（仲裁委員の選任，仲裁委員会の長の選任，仲裁人の報酬や関連する事務費用の範囲と負担，秘密保持，情報開示など）について議定書，覚書又は取決めとして合意文書化しており，極めて実践的である。なお，導入初期のカナダ，ドイツ，ベルギーとの各租税条約交渉において合意された強制仲裁手続と比較すると，2009年フランス租税条約以後の条約例では，①仲裁の要請をした者が仲裁委員会にポジションペーパーを直接提出することを認めていること，②権限のある当局がその自国の税務官庁の職員を仲裁人に任命することを認めないこと，③仲裁委員会がその決定に当たり適用される法原則の定めを置いていないことが特徴である（前述Ⅳ.4参照）。2013年改正日米租税条約（署名・未発効）は，この系譜に連なる。

3　日本の租税条約に定める相互協議に係る仲裁手続の特徴－実行可能性を高める仕組み

　日本は，2010年改正オランダ租税条約24条（相互協議手続）5項に初めて

OECD モデル租税条約を範とする納税者の要請による強制仲裁手続を「独立意見方式」で導入し，2010年香港新租税協定，2011年ポルトガル新租税条約（署名・未発効），2012年改正ニュージーランド租税条約（署名・未発効）と続いている。他方，2013年改正日米租税条約（署名・未発効）では，米国型とも言うべき「ベースボール方式」による強制仲裁手続を採用している（2013年3月21日に基本合意している改正日英租税条約が「独立意見方式」又は「ベースボール方式」のいずれを採用しているのかは，2013年4月30日の執筆時点では明らかでない）。仲裁の要請の日から，「独立意見方式」では原則として2年以内に解決するタイムラインを定めており（前掲：図表4参照），「ベースボール方式」では概ね1年で解決するタイムラインとなっている（前掲：図表5参照）。

移転価格課税に係る紛争の処理のための仲裁手続に当たり，「独立意見方式」の場合は，両締約国の権限のある当局による「2つの決定案」の間のどこかに仲裁決定が落着することが見込まれるため，両締約国の権限のある当局及び仲裁の要請をした者は自ずと強気のアプローチをとると考えられる。他方，仲裁委員会が両締約国の権限のある当局の「2つの決定案」のいずれか一方を選択しなければならない「ベースボール方式」の仕組みの下では，両締約国の権限のある当局及び仲裁の要請をした者は，仲裁委員会に提出する解決案及びポジションペーパーにおいて自ずと弾力的な姿勢をとると考えられる（さもなければ，仲裁委員会は相対的により合理的な他方の締約国の権限のある当局の解決案を採用する結果となろう）[102]。このように考えると，米国が，国際租税原則につき共通の理解を有する日本を含む重要な treaty partner とは，相互協議で2年を経過して未だ合意に至らない，いわば例外的な事案（その多くは移転価格課税事案（恒久的施設（PE）の認定と帰属する所得を含む）と考えられる）を「迅速」に解決するために「ベースボール方式」を採用する

---

(102) John Harrington, supra note 66, at 757-758. 岡田・前掲注（66）301〜302頁参照。

立場につき理解することができる。

　米国型の「ベースボール方式」とは異なるが，日本のオランダ及び香港の権限のある当局との相互協議に係る仲裁手続は，両締約国の権限のある当局及び仲裁の要請をした者から事実と主張の提示を受け，仲裁人が自ら適切と考える任意の解決を意見として決定する「独立意見方式」を採用する一方で，仲裁の要請の対象となる事案の多くが移転価格課税事案となるであろう現実を踏まえて，仲裁決定の文書は，両締約国の権限のある当局が決定した場合に限り，仲裁決定の依拠した法の出所及び結論に至った理由を示すと定める。いずれか一方の締約国の権限のある当局から要請があった場合に，仲裁委員会の長は両締約国の権限のある当局に対して仲裁委員会の議論の概要を示す。すなわち，相互協議の申立てから2年を経過し，解決が何より優先される移転価格課税事案については，仲裁決定に至る詳細な理由説明という実務上の隘路を実態的に解消する一方で，例えば，ソースルールなど条約文の解釈・適用の先例となるべき事案については，両締約国の権限のある当局の決定に基づき，仲裁決定が依拠した法の出所及び結論の理由説明が納税者に示され，さらに，納税者の同意を得て情報を公開することを通じて類似事案の発生の抑止を図るという「独立意見方式」の理念が実現できる手続を取り決めている（前述Ⅳ.5（1）参照）。今後の日本の相互協議に係る仲裁手続のモデルと評価される。

4　移転価格課税に係る紛争の処理に関する残された課題

　本稿は，租税条約に定める権限のある当局による相互協議に強制仲裁手続を導入することで，移転価格課税により生じた国際二重課税の排除という紛争解決の確実性が格段に高まることを明らかにした。その上で，移転価格課税に係る紛争の処理に関する残された課題として，次を指摘することができる。

(1) 一層複雑化する国際取引において，従前の二国間租税条約に定める相互協議では救済し難い移転価格課税事案が生じている。本稿では，連鎖する国外関連者との棚卸資産取引に対する引き直し課税及び複数の国外関連者とのライセンス取引に対する一括課税を例として検討し，移転価格課税により複数国の課税権が競合することで生ずる多重課税は，伝統的な二国間租税条約という枠組みでは容易に救済され難いことを示した（前述Ⅲ.6参照）。EU仲裁条約は，それが他に先立って成立したという経緯から，実施に当たっての難点が指摘されているものの，現状，税務紛争解決に係る唯一の多国間条約である。EU仲裁条約がEUの枠組みを超えた多国間の税務紛争解決のプラットホームへと発展する可能性は，今後の様々な類型の仲裁手続における実務経験の集積とその反映にあると言えよう。

(2) 仲裁手続を定めるOECDモデル租税条約第25条5項が仲裁手続の開始の前提として「条約の規定に適合しない課税を受けたこと」と定めていることを理由として，日本は事前確認を仲裁手続の対象としないポリシーをとっている。他方，米国は，重要なtreaty partnerとの間ではベースボール方式による強制仲裁手続を採用することとし，発効済みの4つの租税条約（ドイツ，カナダ，ベルギー，フランス）のうち，ドイツ，カナダ及びベルギーの3か国とは事前確認（BAPA）を仲裁の対象としている。2013年改正日米租税条約（署名・未発効）は，相互協議の申立てをした事前確認対象年度のうち既往年度について移転価格課税処分の蓋然性が認められることとなった場合は，仲裁の対象とする[103]。移転価格課税に係る紛争予防を目的とする相互協議を伴う事前確認（BAPA）の重要性が広く認識されている今日，日本も国際租税原則につき共通の理解を有する重要なtreaty partnerとは，事前確認を仲裁手続の対象に含めることにつき積極的でありたい。今後，事前確認

---

[103] 脱稿後に接した増井良啓「国際課税関係の法令と条約の改正」ジュリスト1455（2013年6月）70頁によれば，2013年1月14日に米国とスペインの間で署名された租税条約26条（相互協議）は，日米租税条約（2013年署名・未発効）と瓜二つの規定であるという。

を対象とする仲裁手続に関する各国の経験を調査研究し,日本のポリシーに適切に反映させる必要があろう。

移転価格税制の研究

日税研論集 第64号 (2013)

平成25年11月20日 発行

定 価 (本体4,000円+税)

編 者 公益財団法人 日本税務研究センター

発行者 宮 田 義 見

　　　東京都品川区大崎1−11−8
　　　　　日本税理士会館1F

発行所 公益財団法人 日本税務研究センター
　　　　　電話 (03) 5435-0912 (代表)

製 作 第一法規株式会社